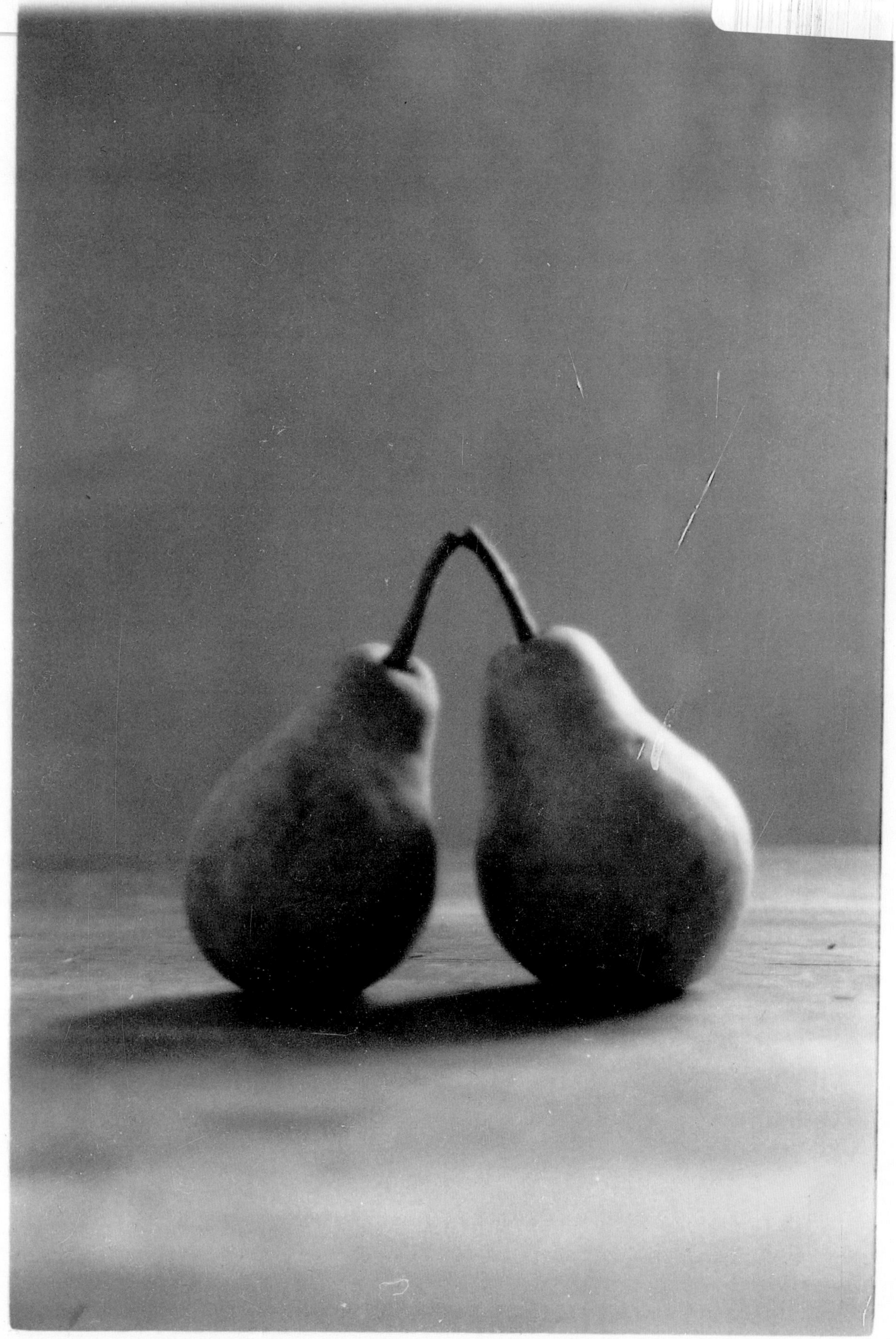

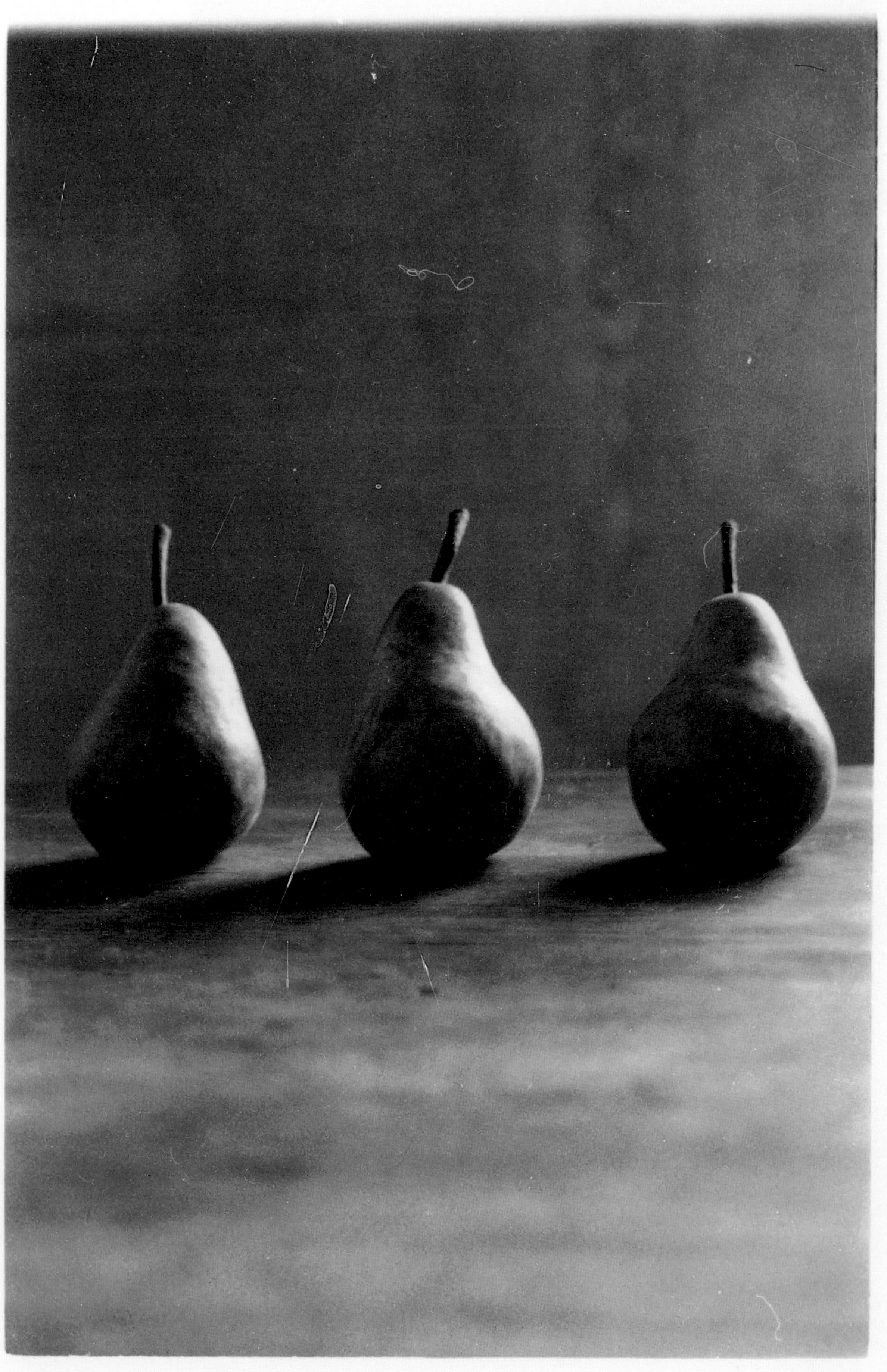

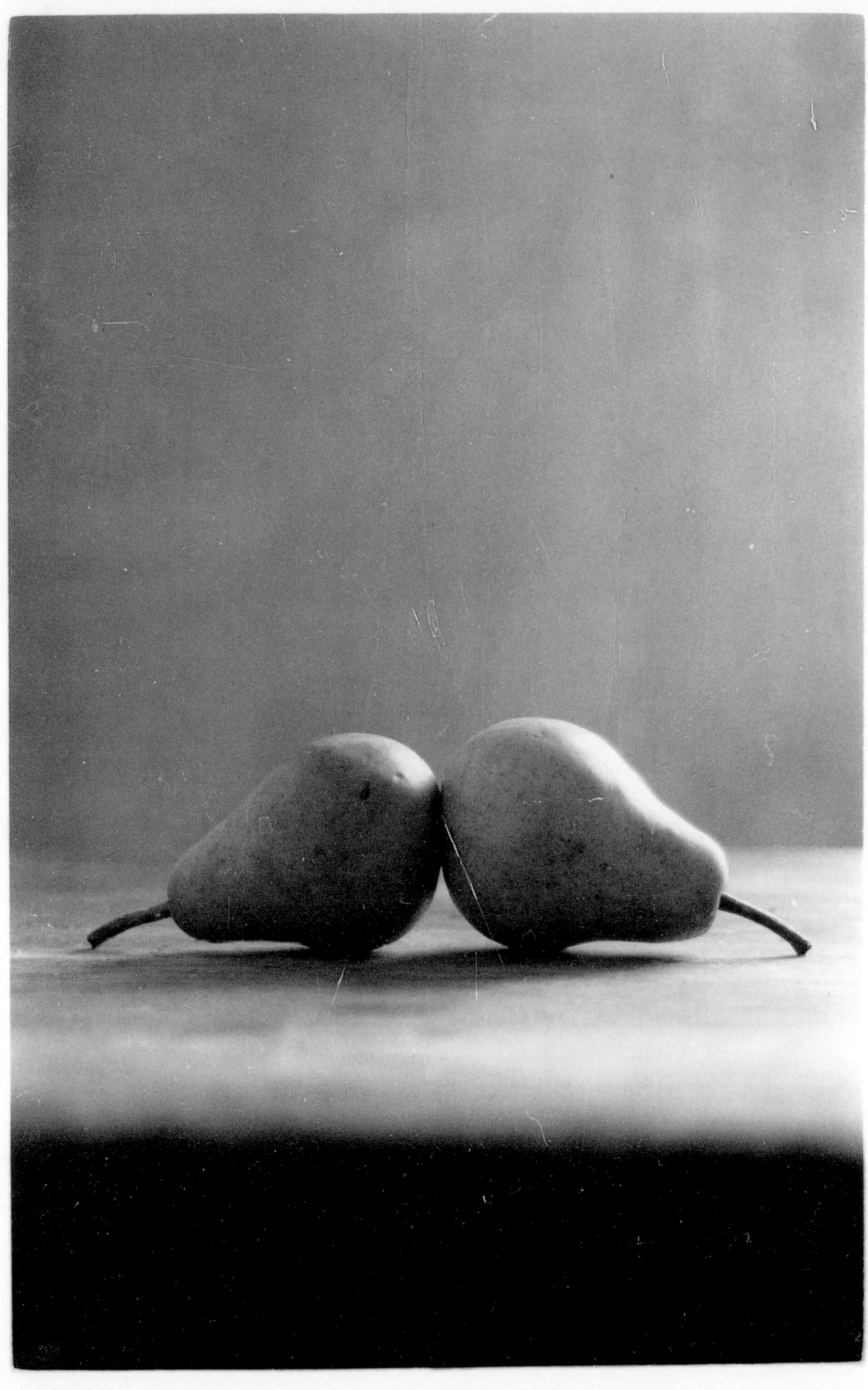

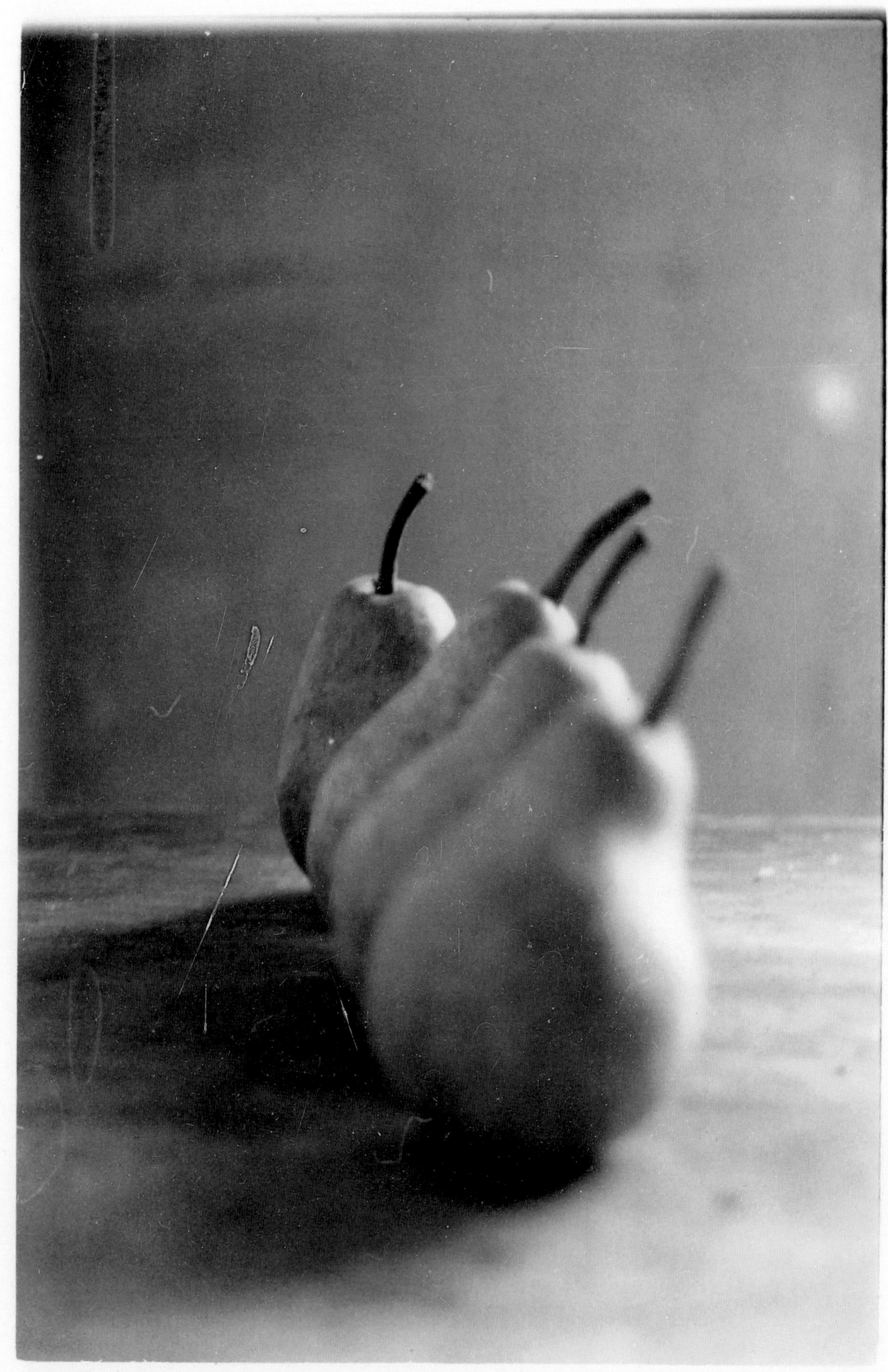

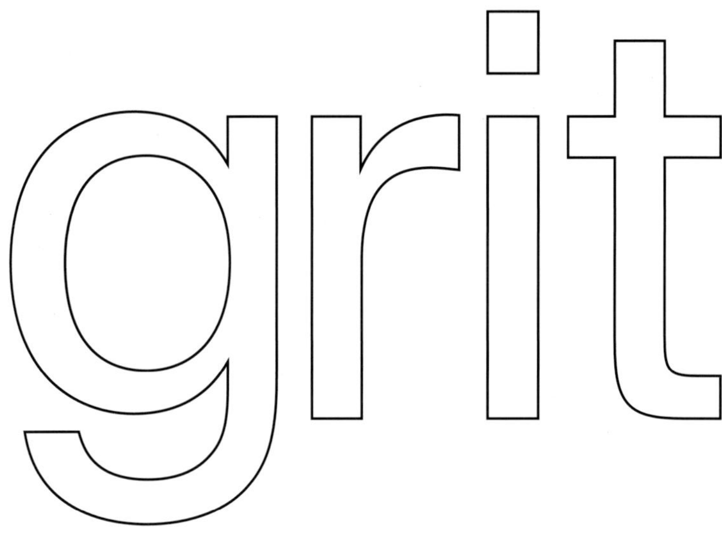

grit hachmeister

spector books

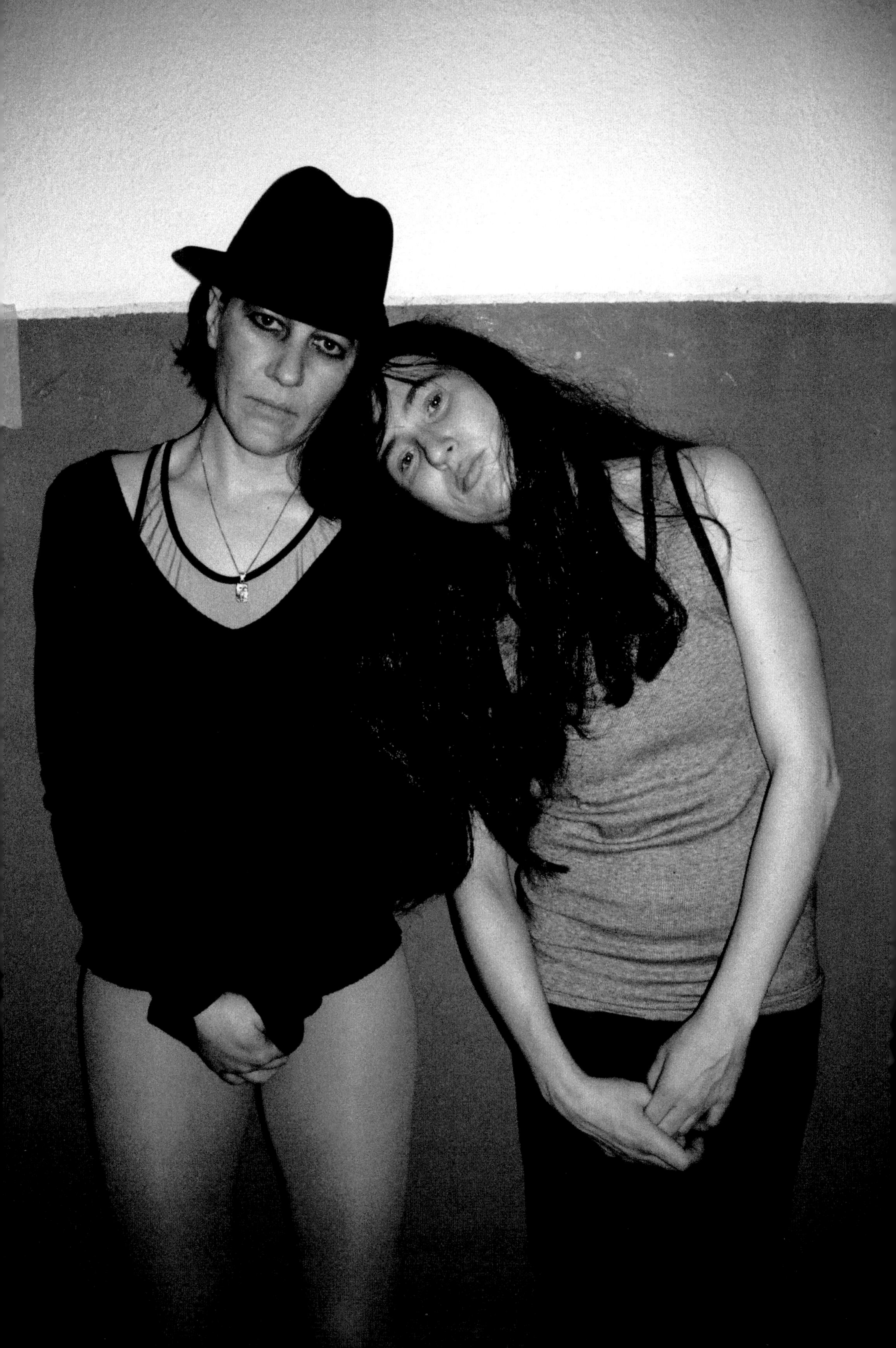

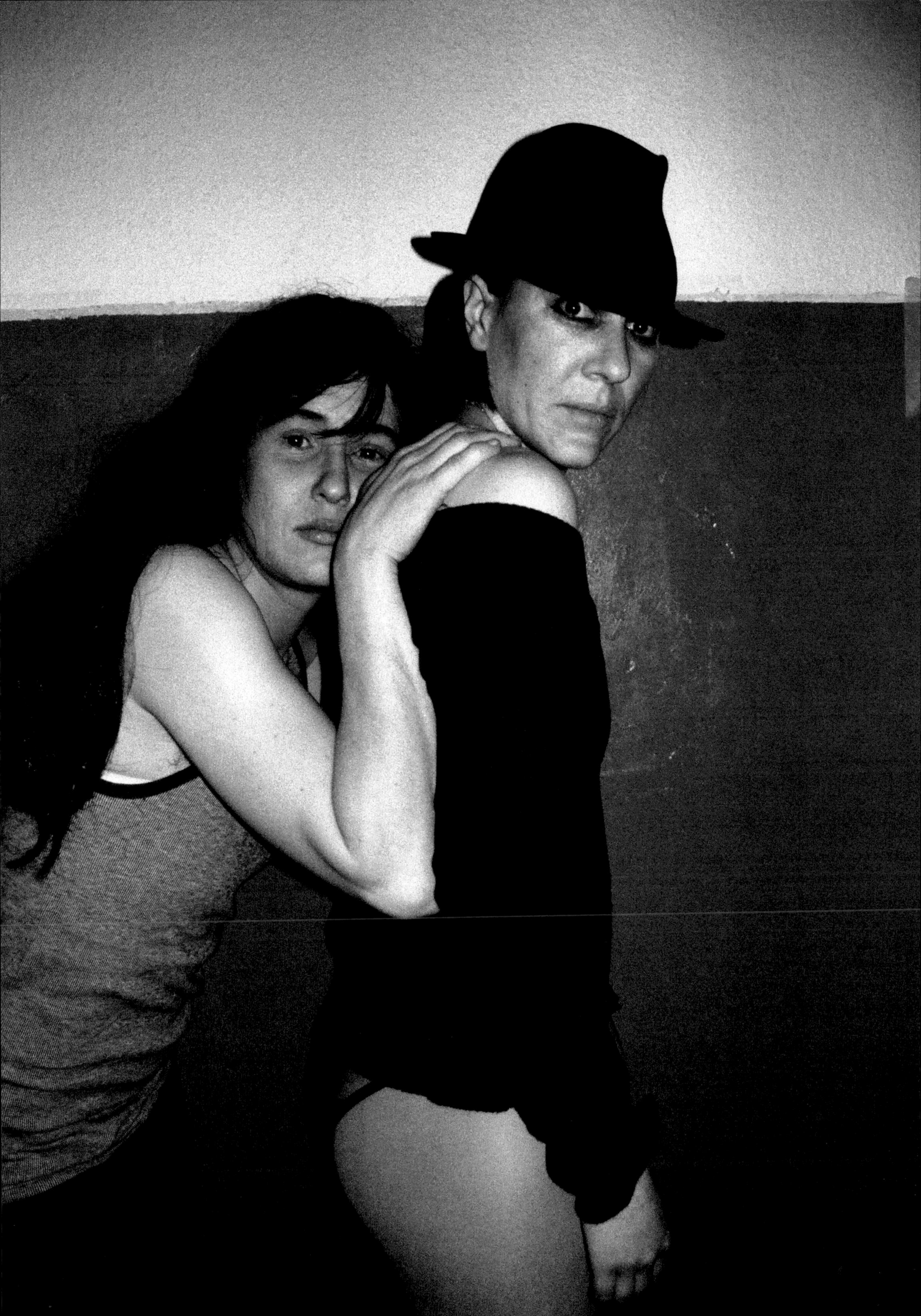

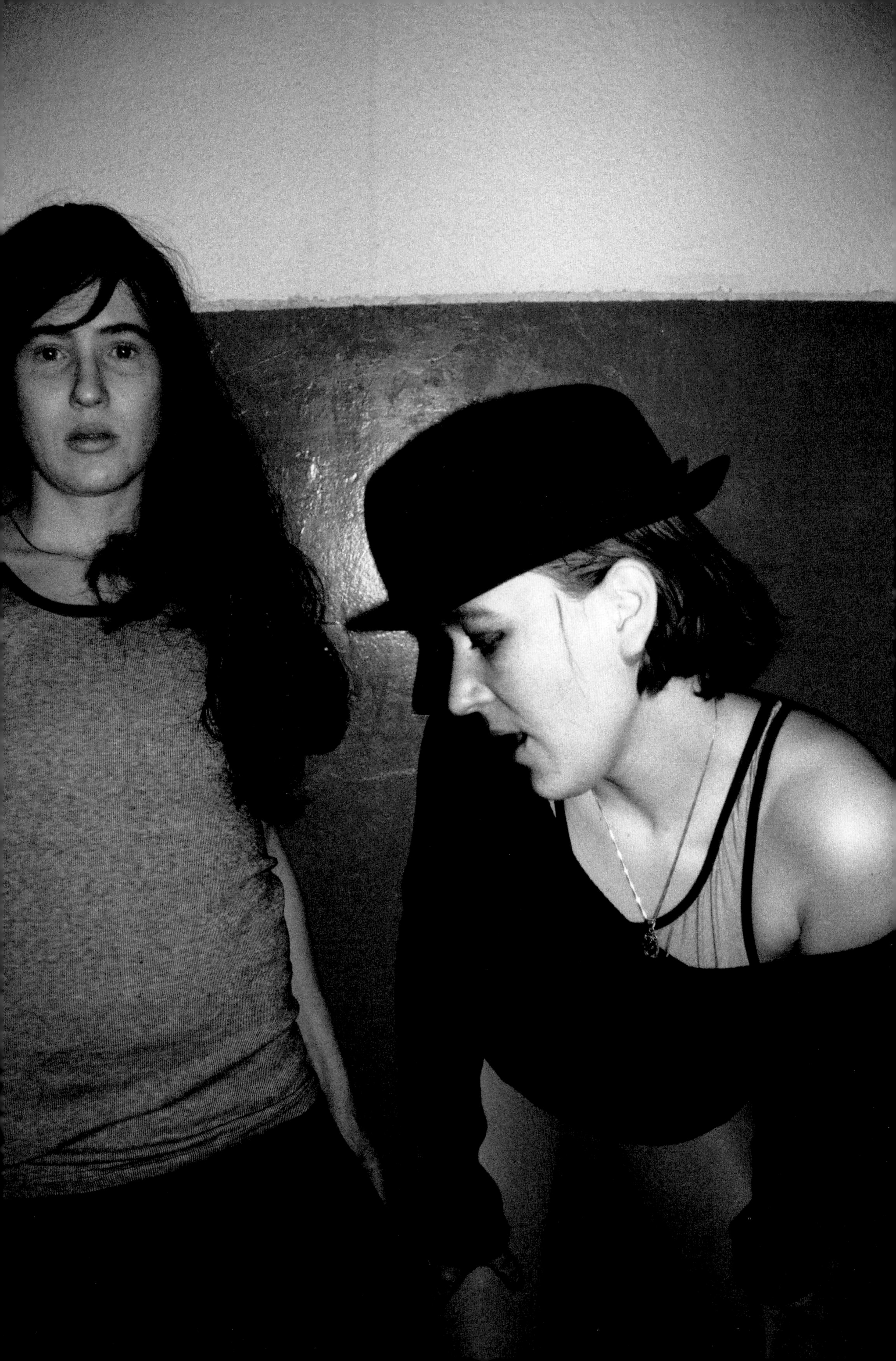

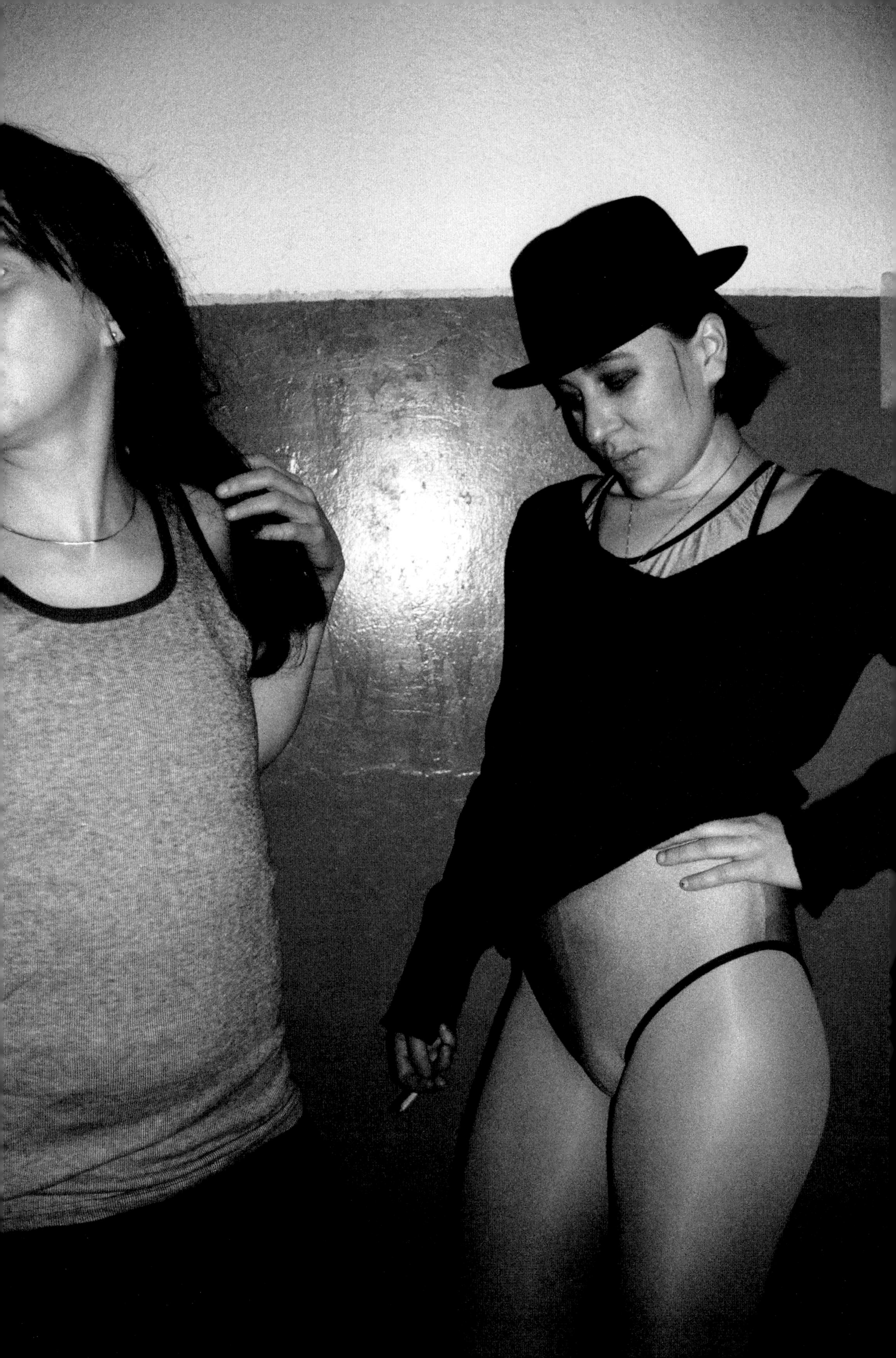

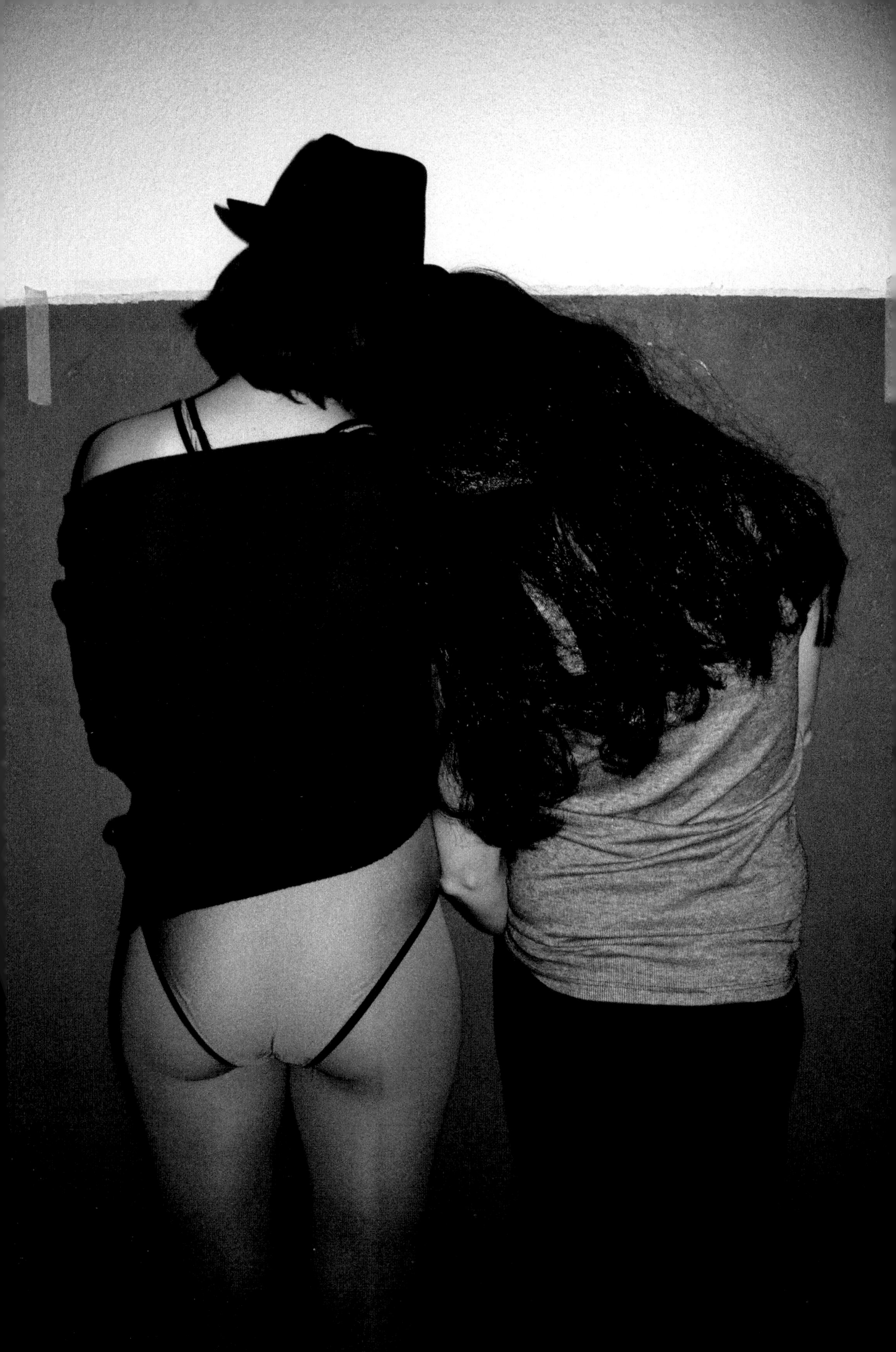

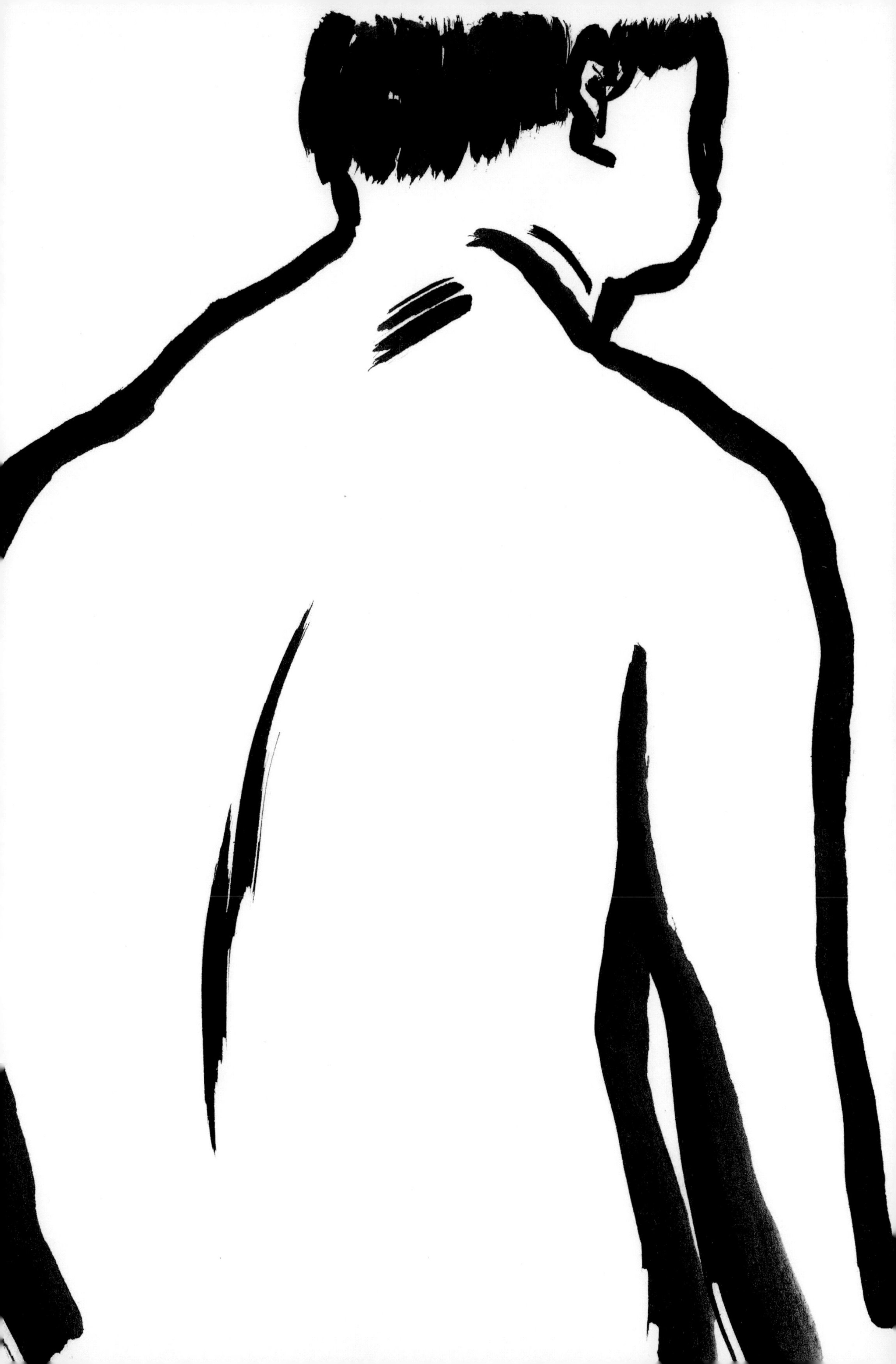

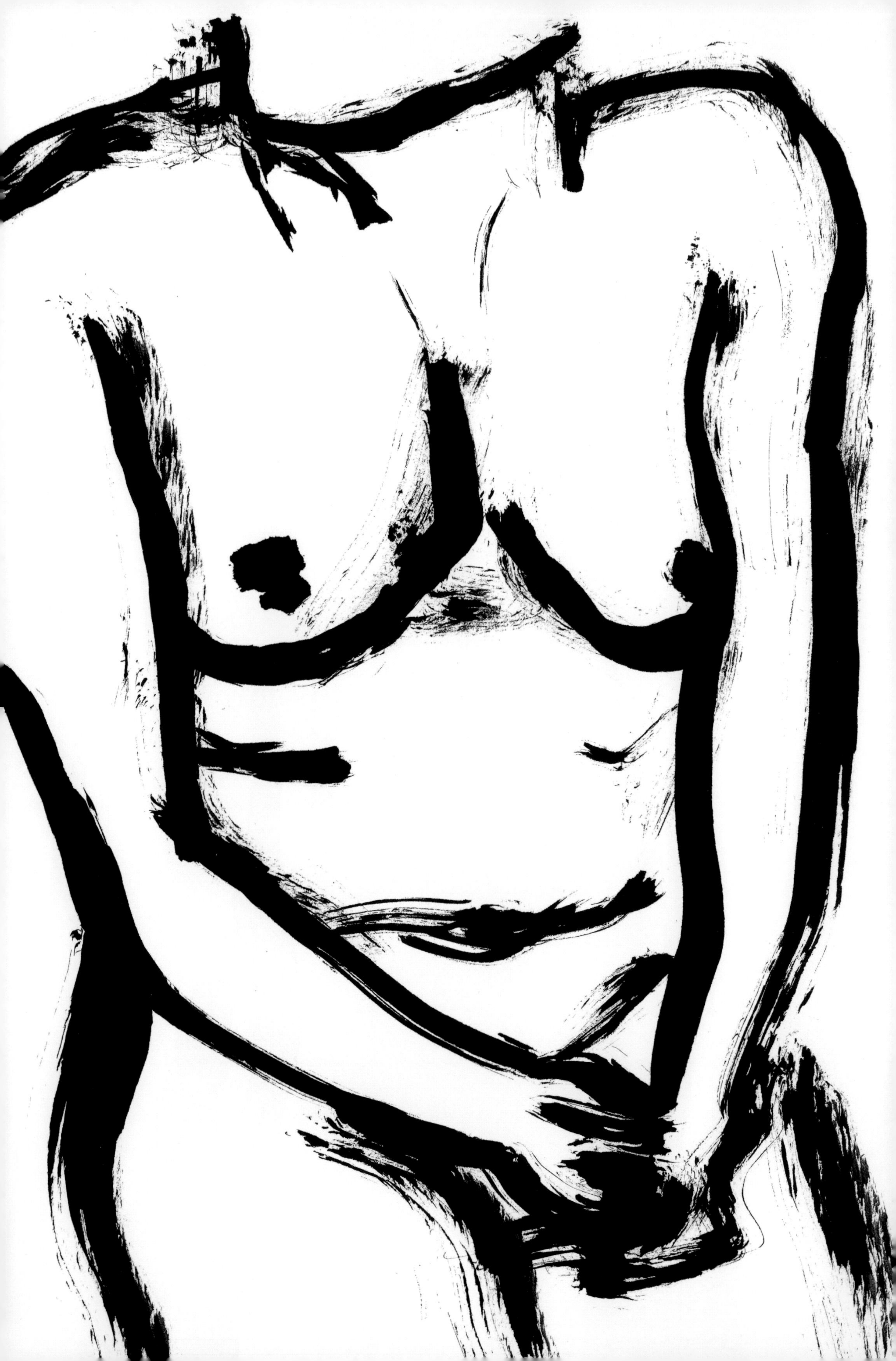

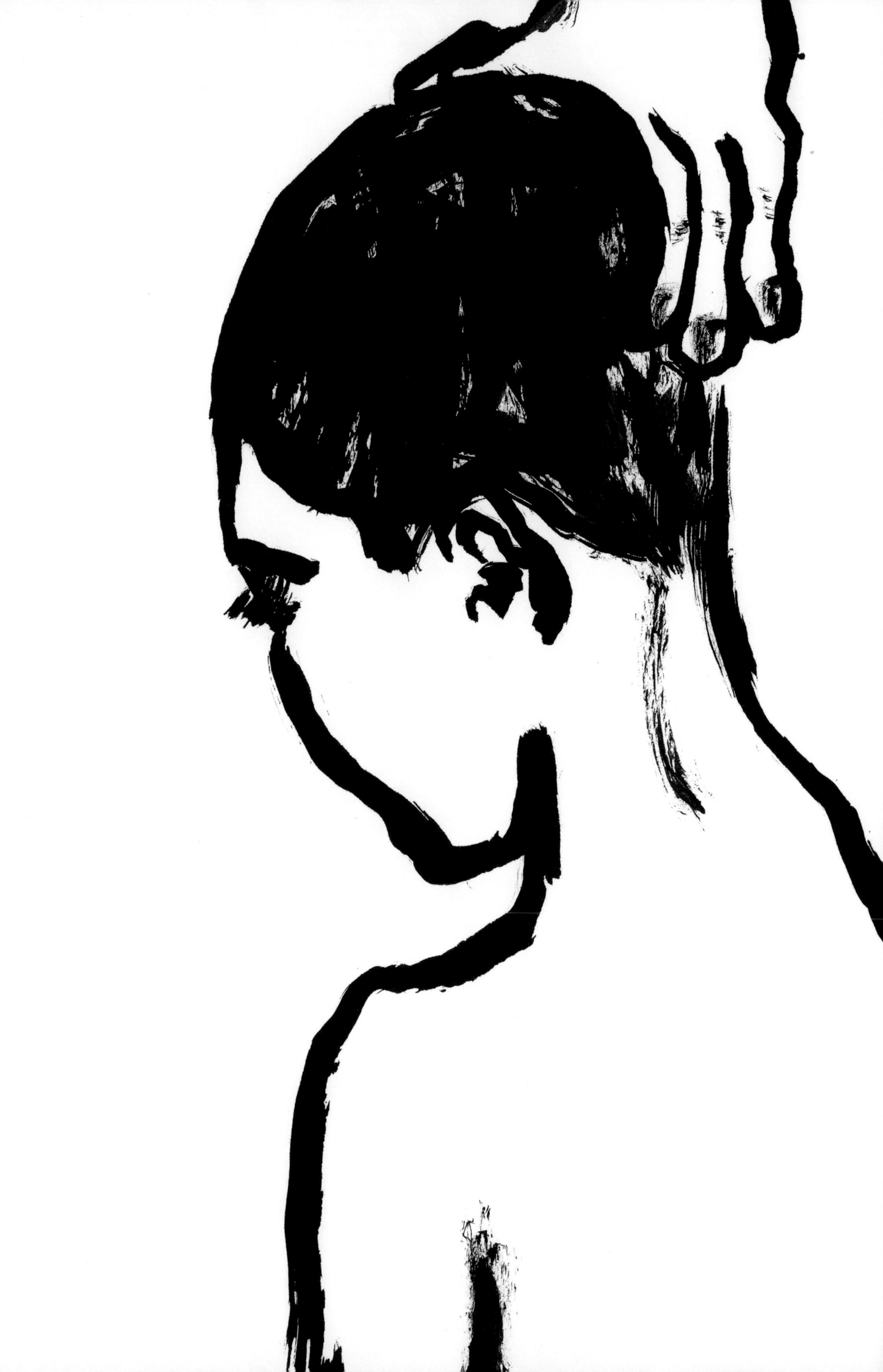

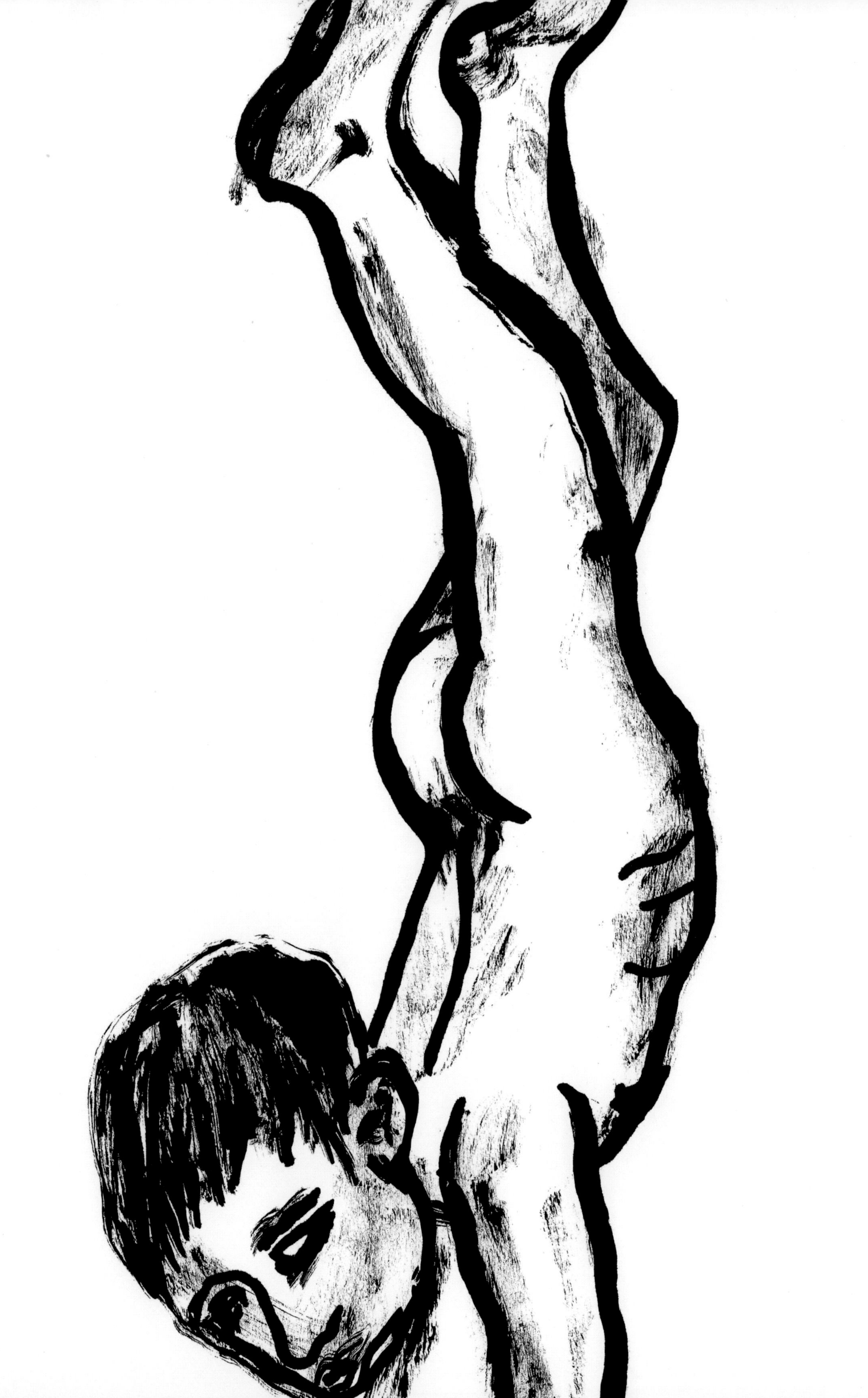

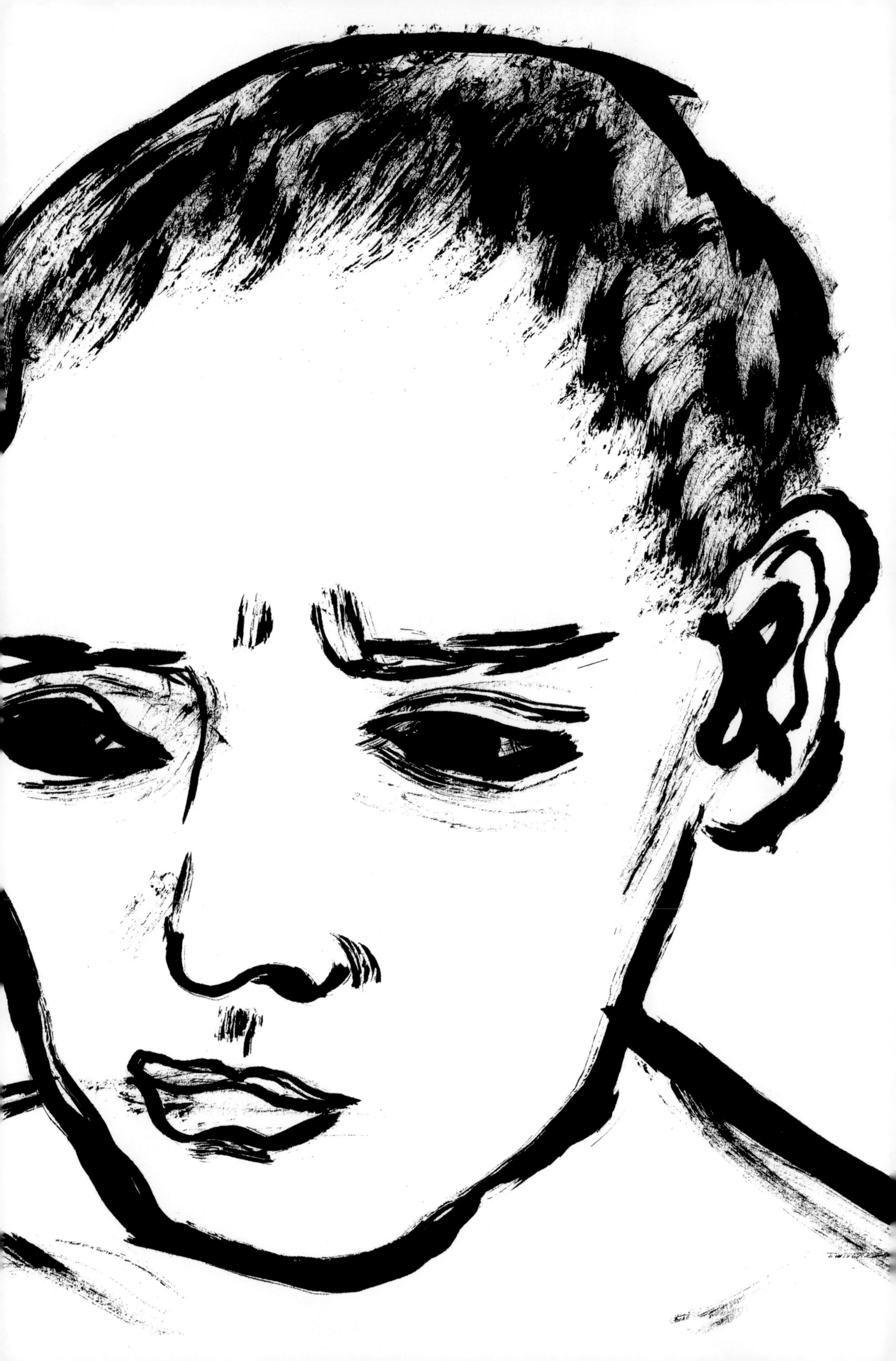

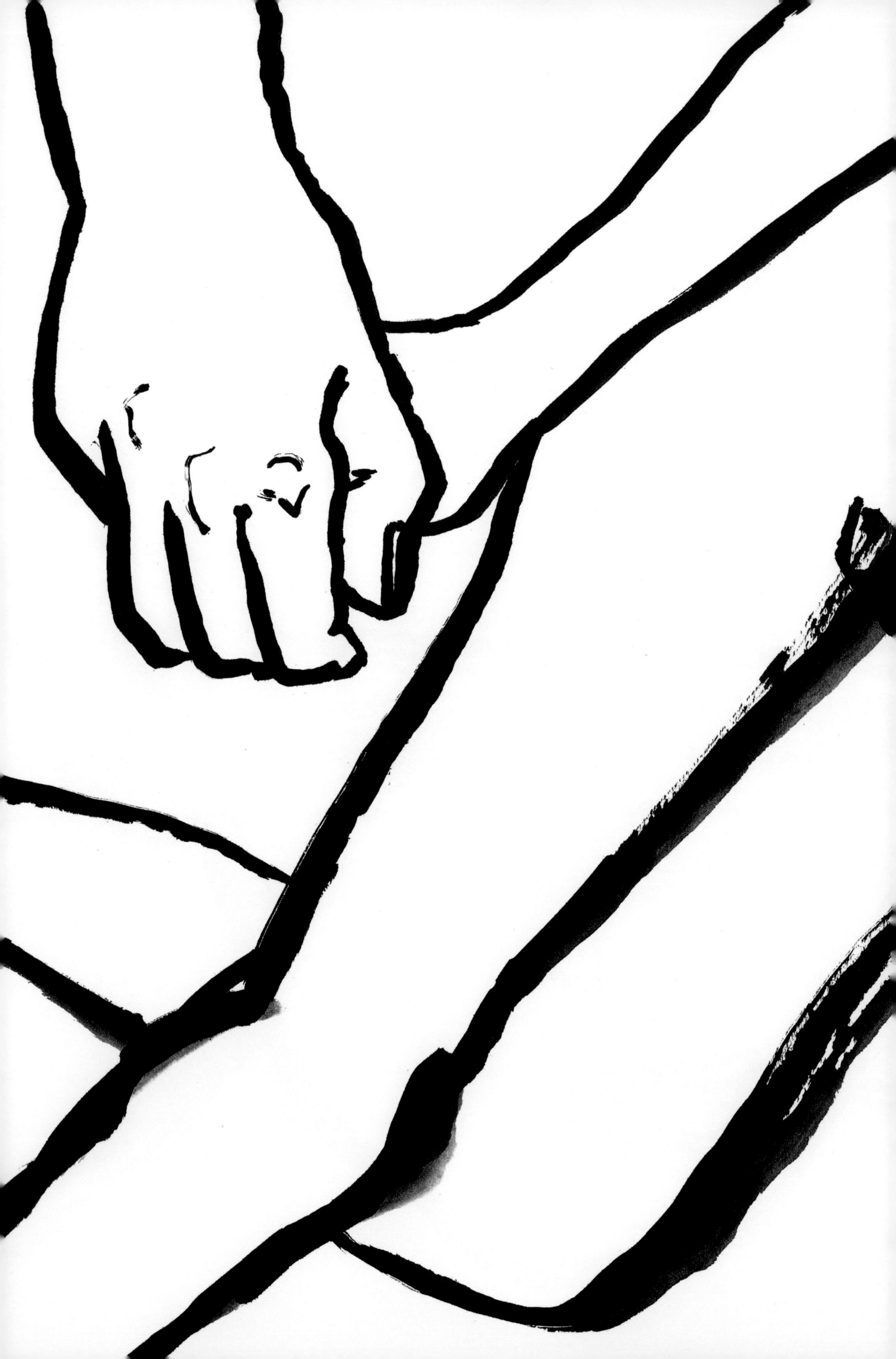

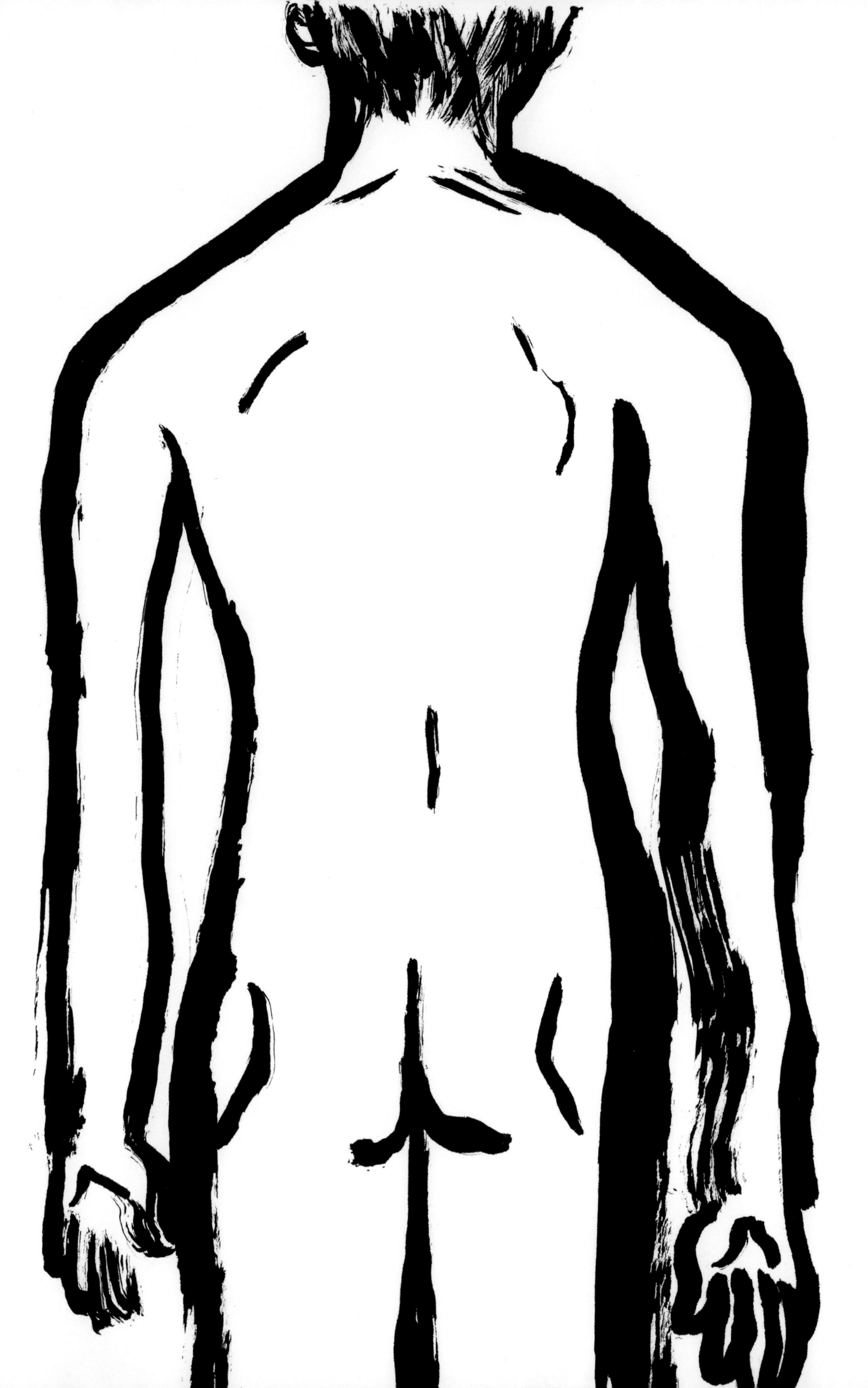

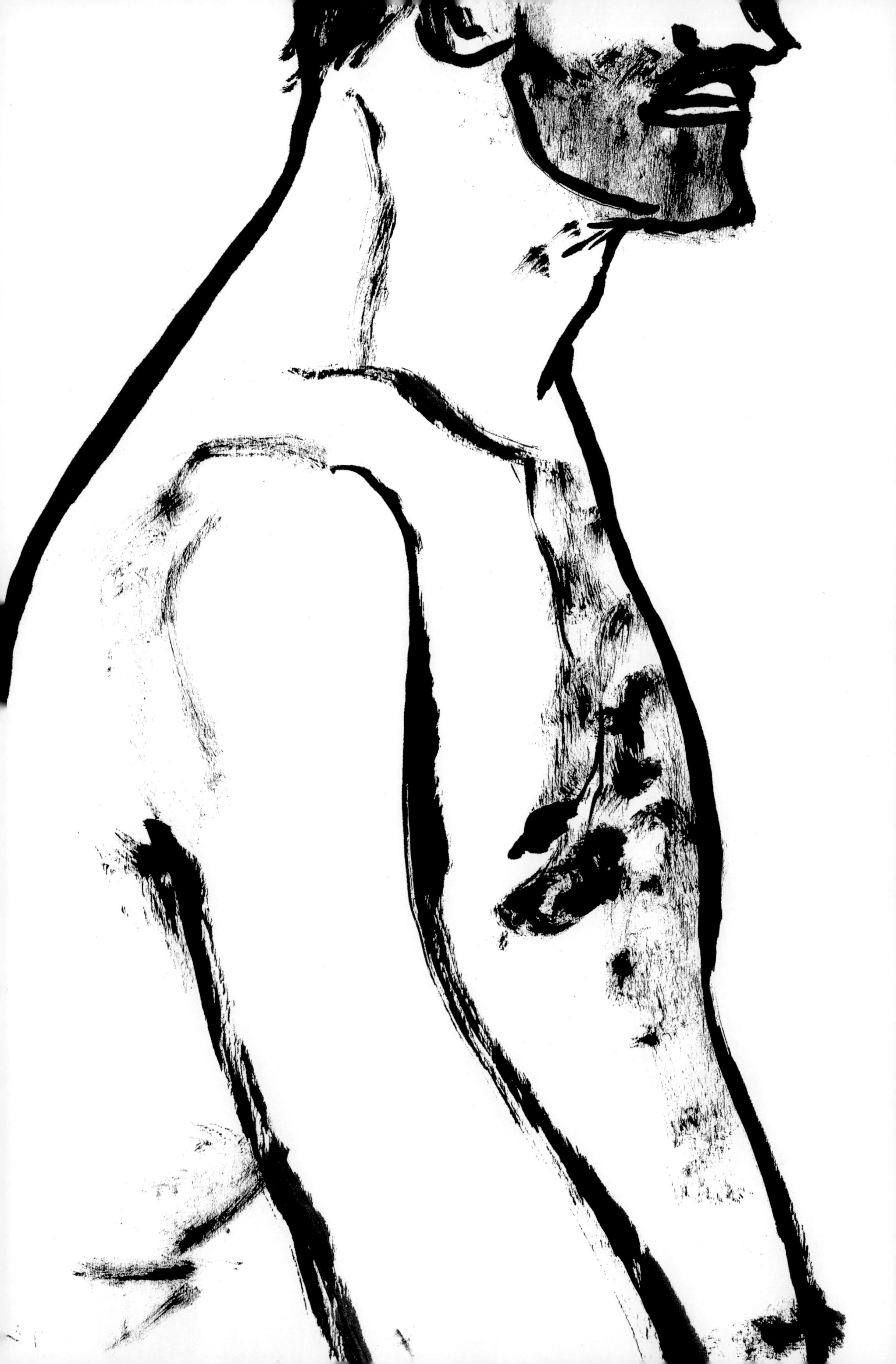

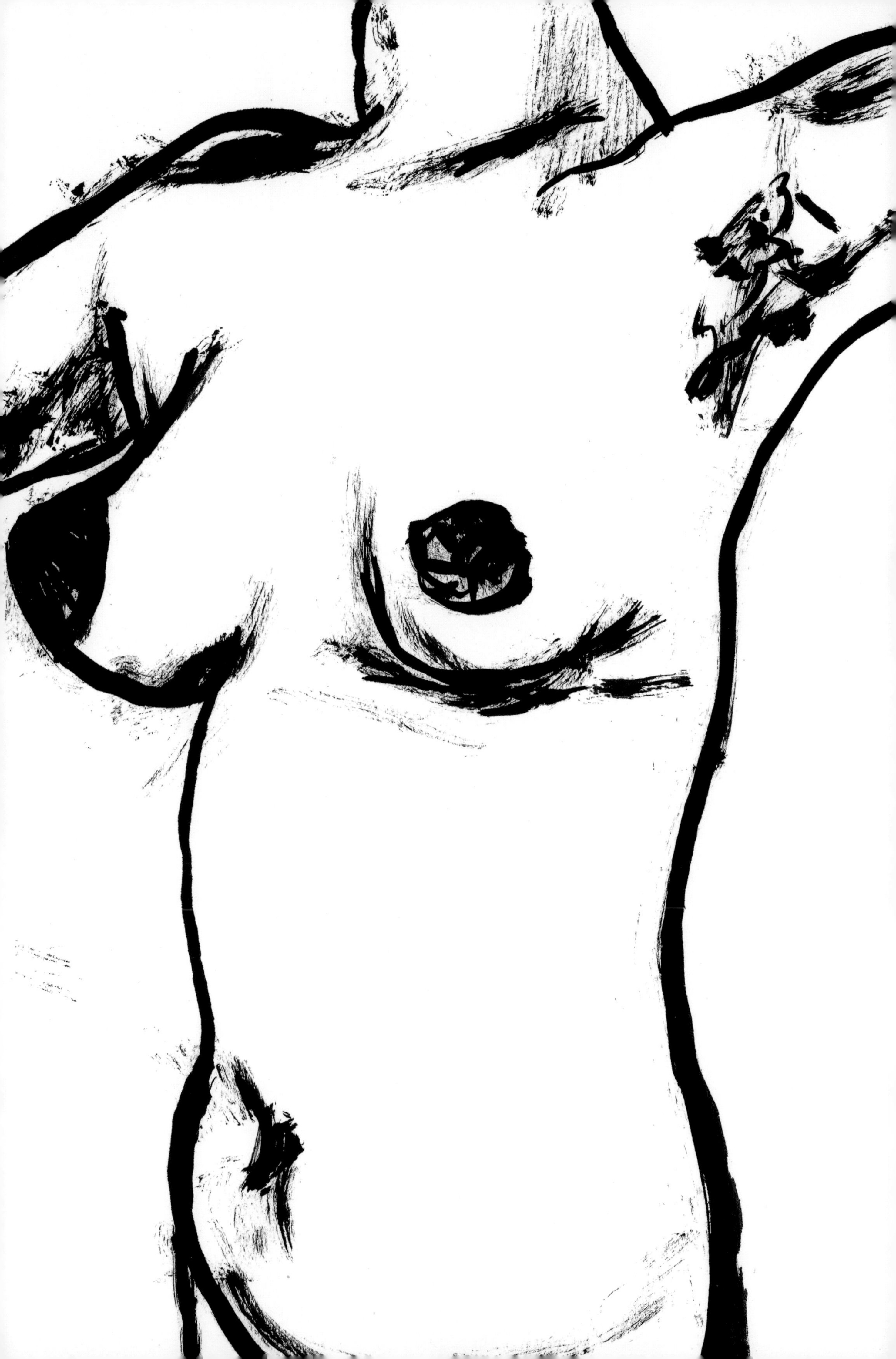

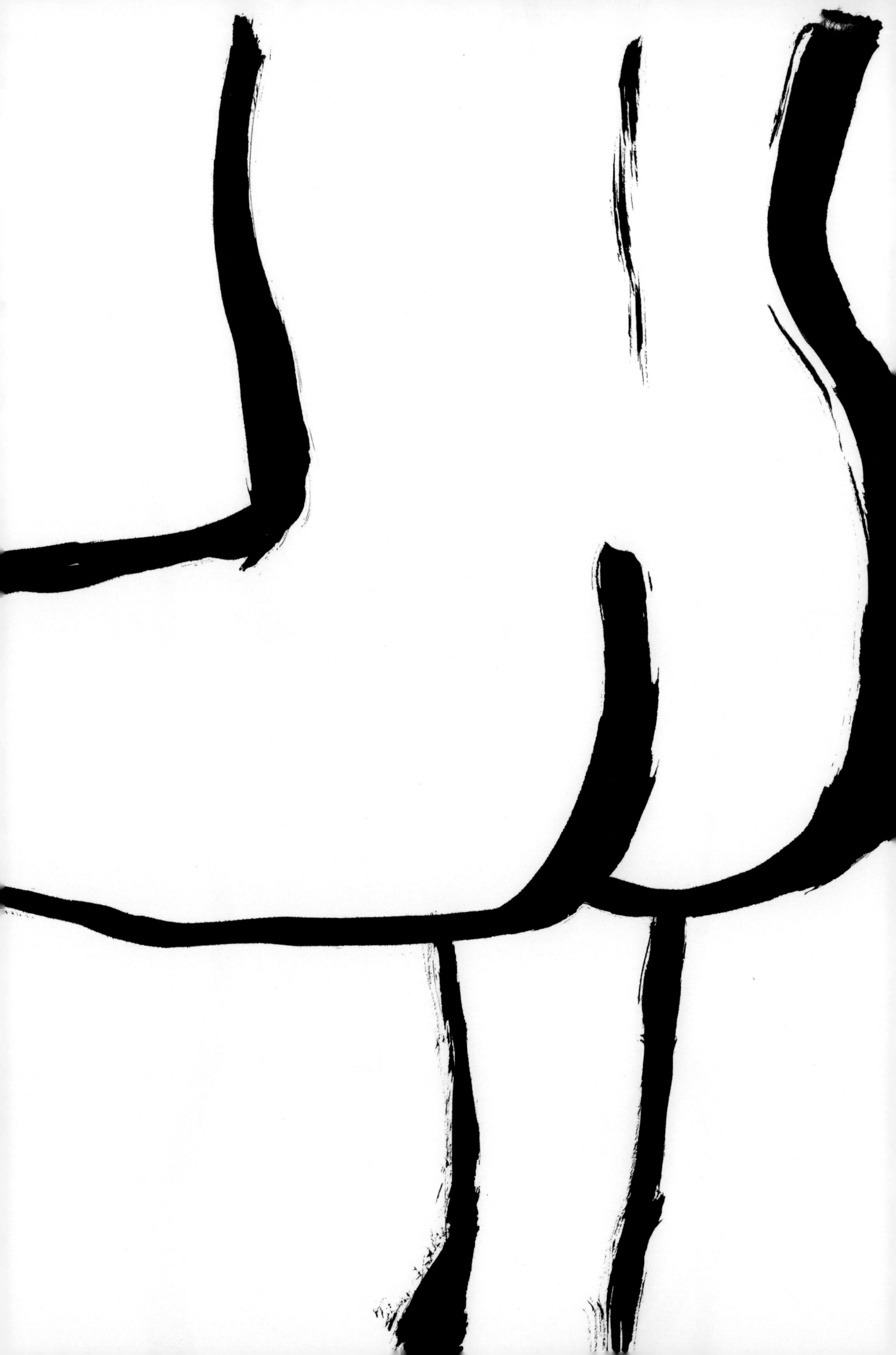

hallo, komm her, du brötchen. du bist allein, aber das macht nichts. „wir sind jung und das war schön". lieber ernst, wenn du mit mir gehst, hol ich dir die sterne aus dem keller und ess sie von deinem teller. körper statt seele, liebe statt freiheit, aktion statt passion. du mädchen mit den trockenen lippen, guck nicht so gierig! eines tages wirst du bekommen, was du nie wolltest. das elend der welt liegt in deinem herzen. aus versehen is nich. die vergangenheit streichelt der gegenwart den rücken und die zukunft sitzt irgendwo rum, keiner weiß es. die geschichte von einer, die weiß, dass das, was sie sucht, nicht existiert. oder die nicht weiß, dass existenz im auge des betrachters liegt. jetzt war sie grad da. und ist wieder gegangen. wer kommt, kann nur kommen, weil er wieder geht. keiner bleibt. aus angst der letzte zu sein. saufen schützt vorm ertrinken nicht. und dann ist die angst wieder ganz vorne, grinst aus der vordersten reihe, streberbank. ich strecke die zunge raus, aber sie wird mir abgebissen. zum gratulieren bleibt keine zeit. ich kann immer an sex denken. an wärmende nässe und trockene häute, die aneinander reiben. ungleich schnelle kräfte, ein reißendes feuer im unterbauch, schwall leuchtendes vergessen. deine einsamkeit kotzt mich an. meine eigene streich ich mir aufs brot und schluck sie runter. tapfer. ein vögelchen für die mama und eins für den papa. der asket schüttelt den kopf und hat die verstopfung schon in der hosentasche. es gibt kein entkommen. es geht immer weiter, bis auch die, die zuviel denken, endlich den mund halten. reflexion kennt keine grenzen, außer ihre eigenen. die wahrheit liegt davor, im fröhlichen schein der erkenntnis. setz die sonnenbrille auf! und wenn es nur eine ahnung ist, sei froh. das leben ist, weil du bist. und bist und bist. schluss.

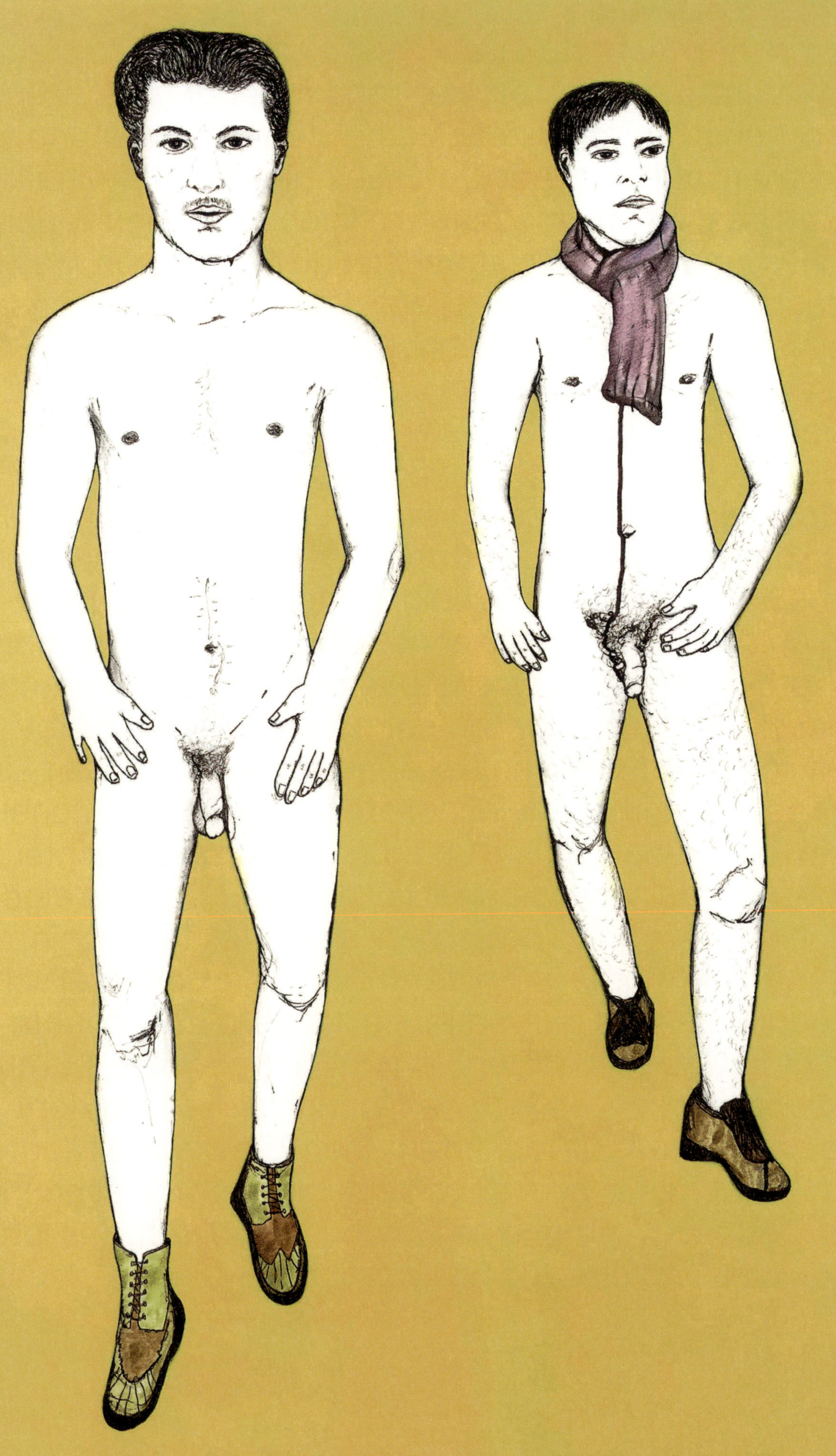

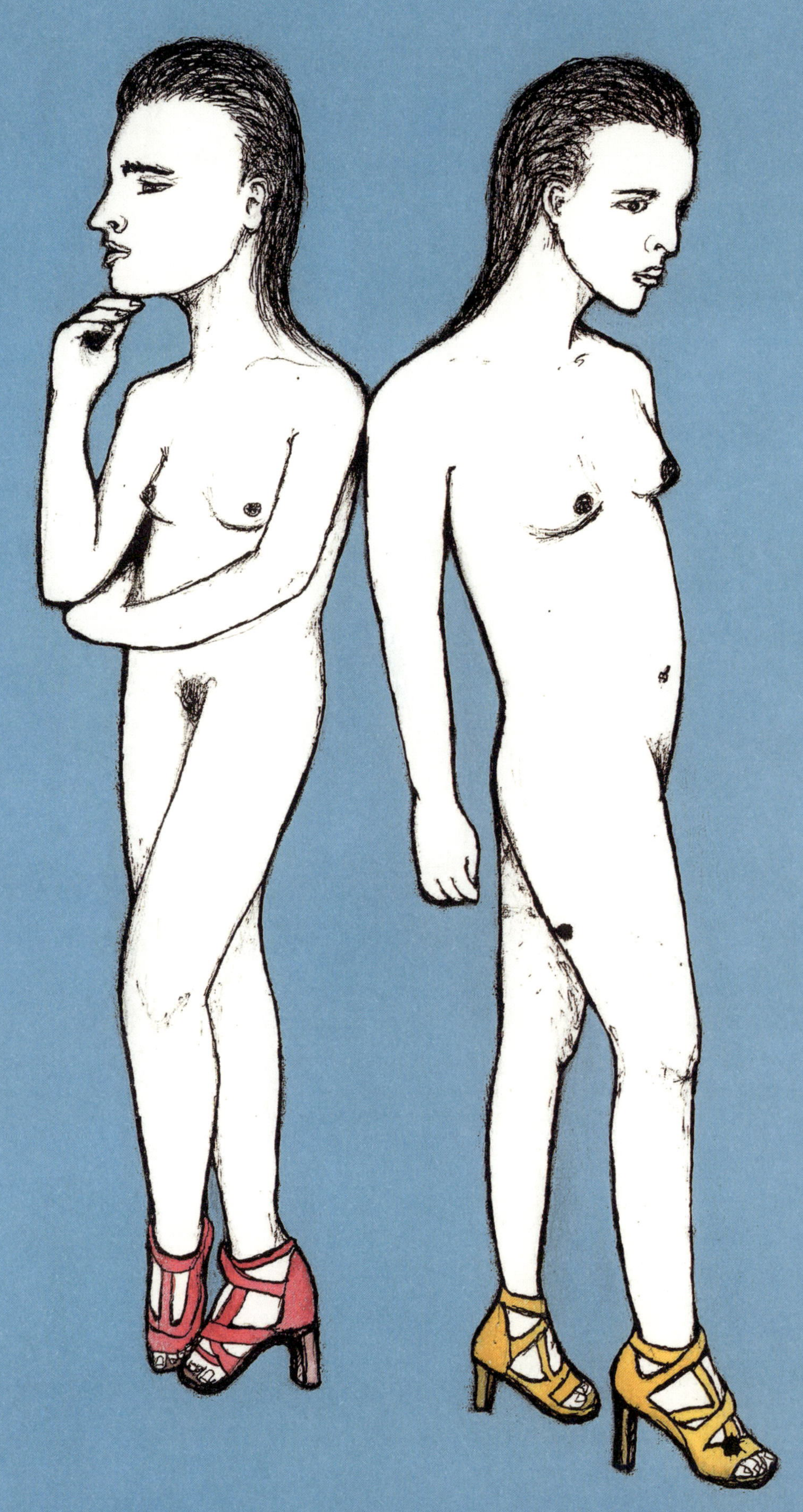

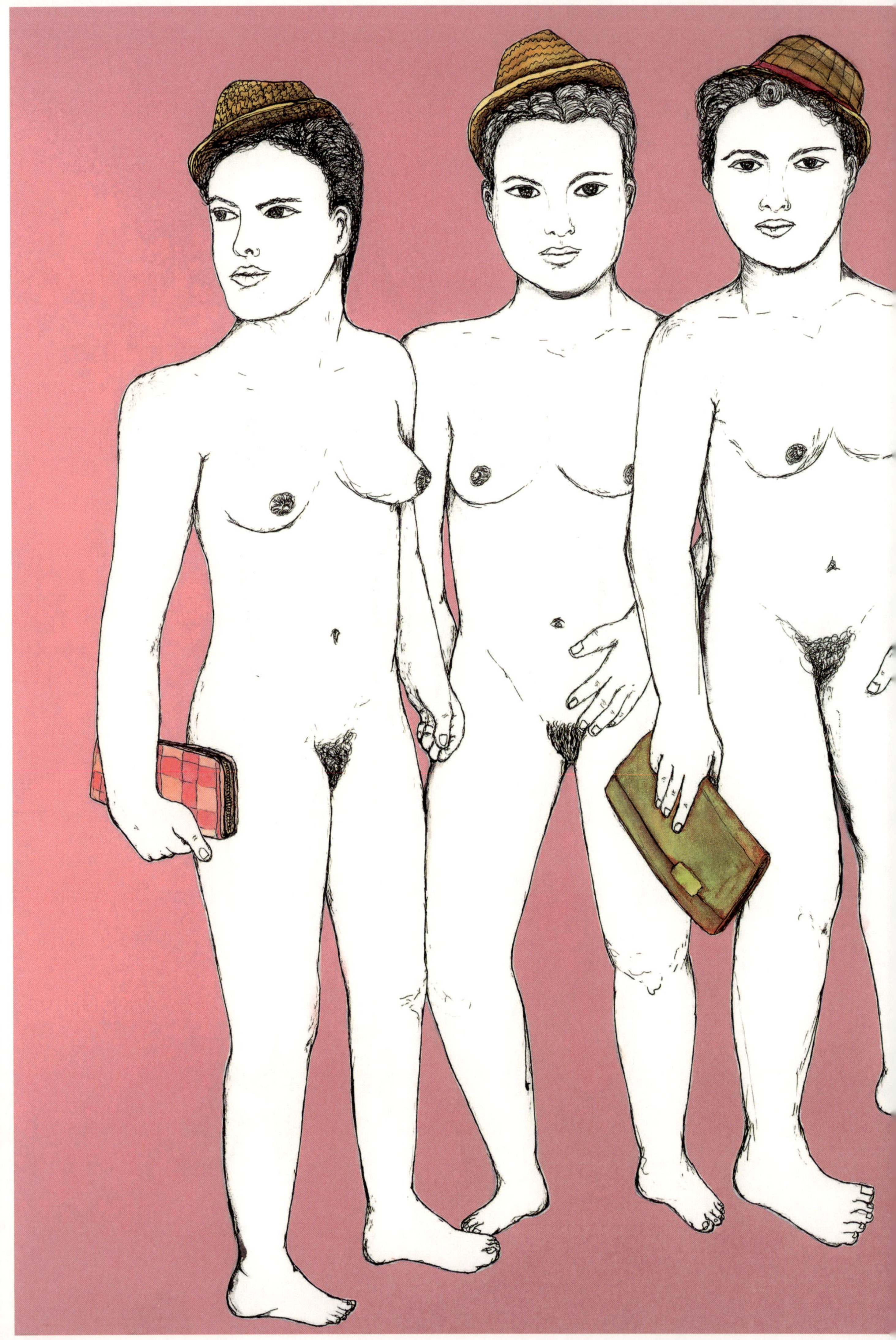

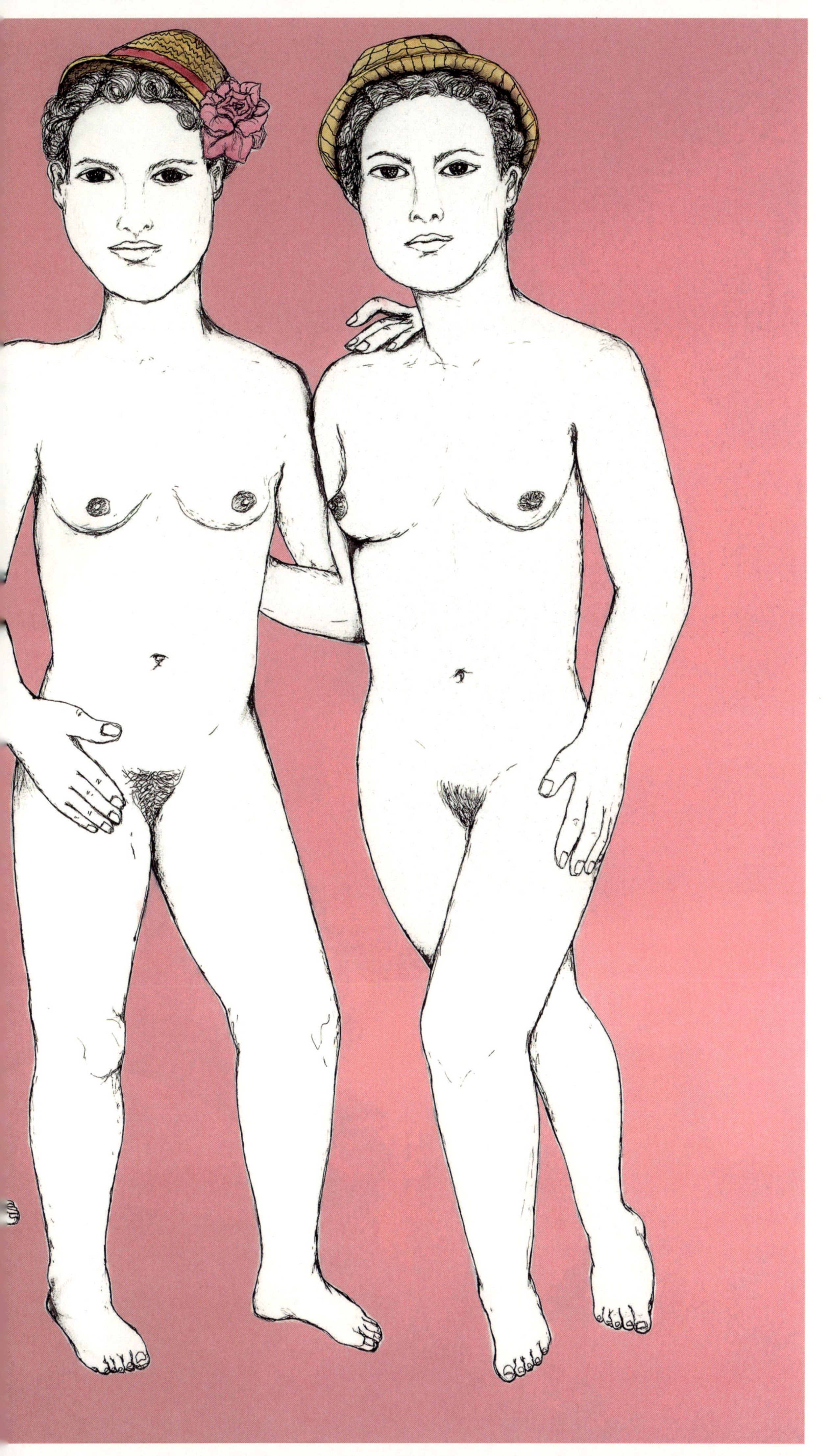

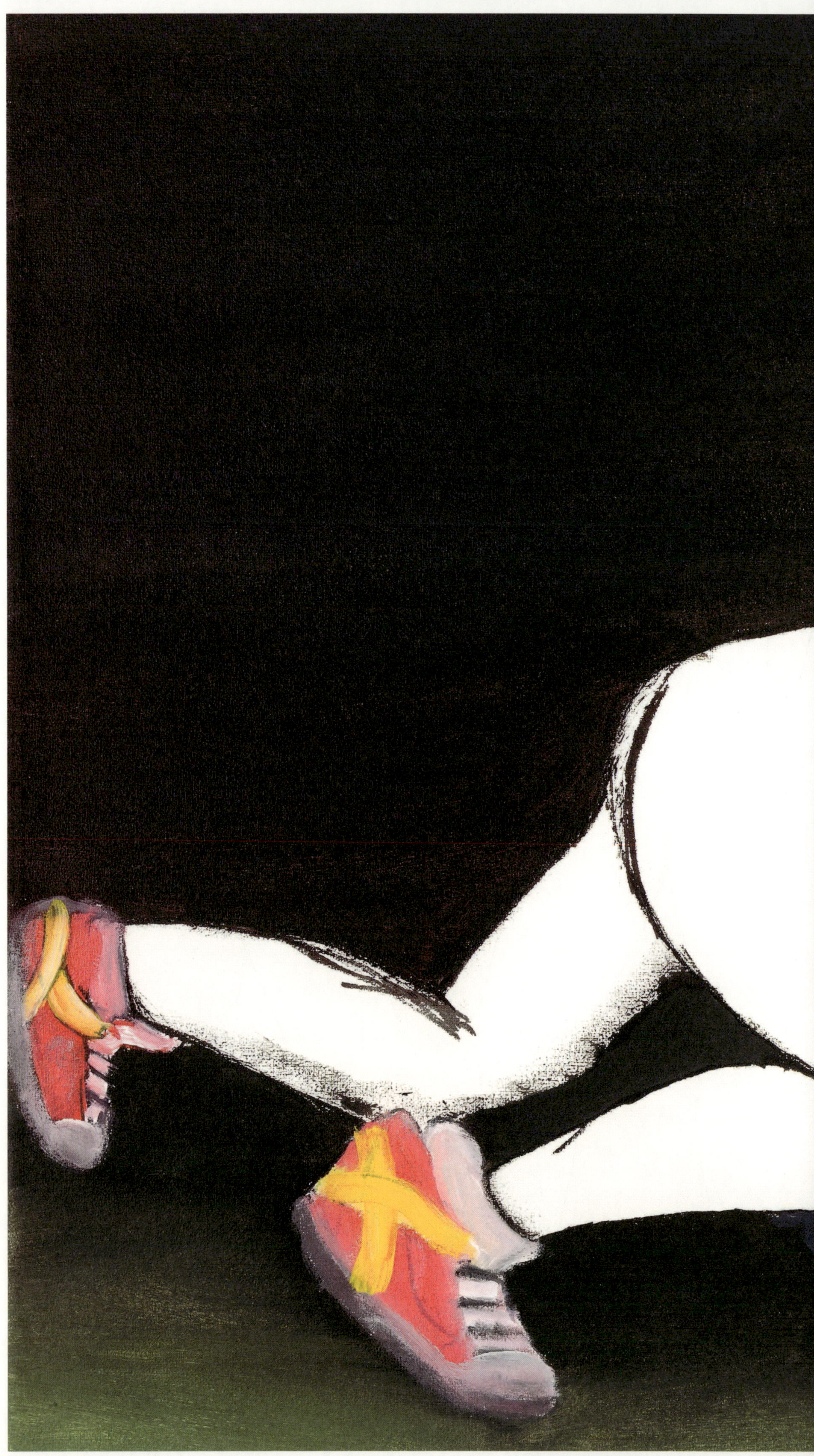

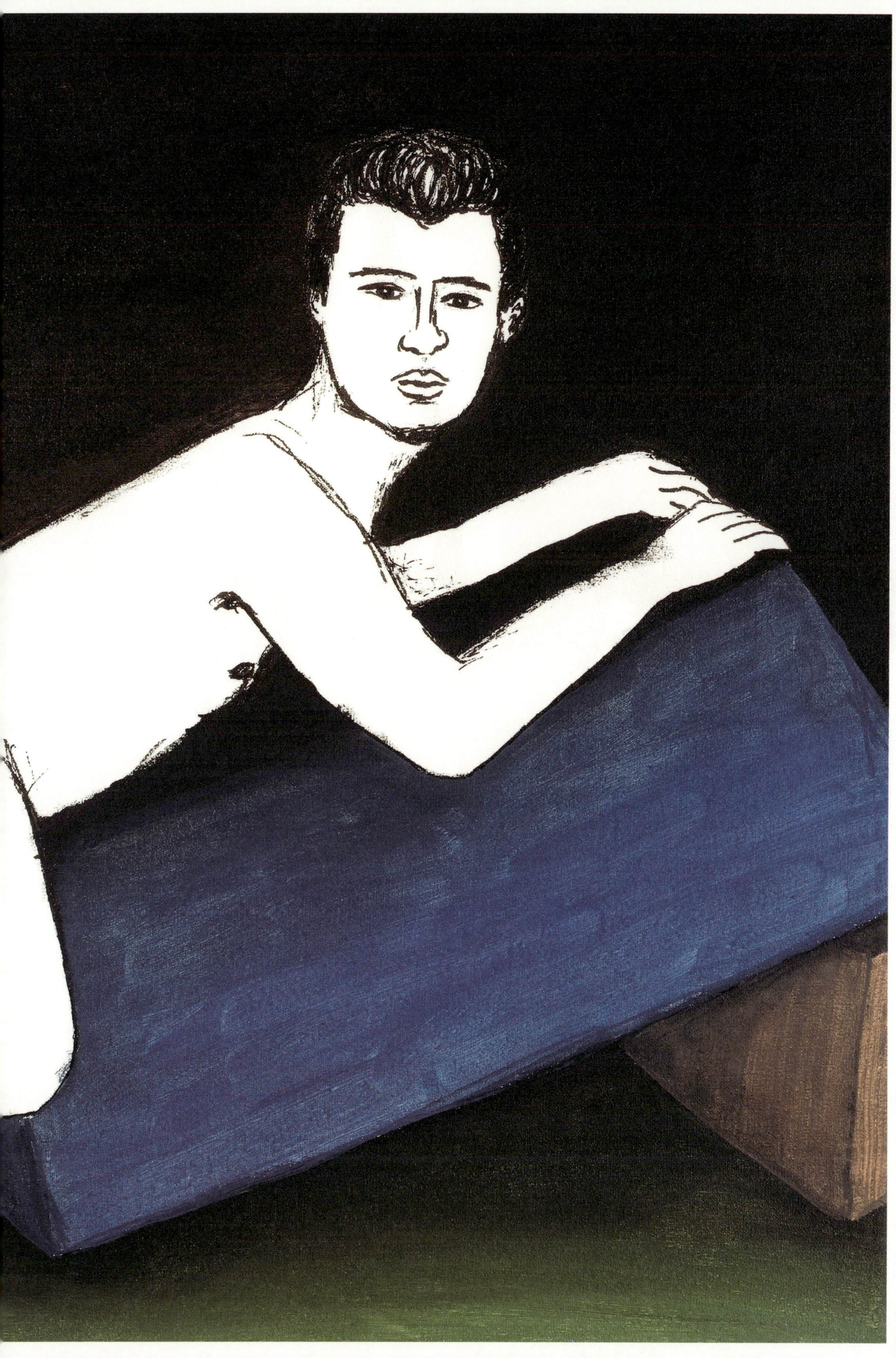

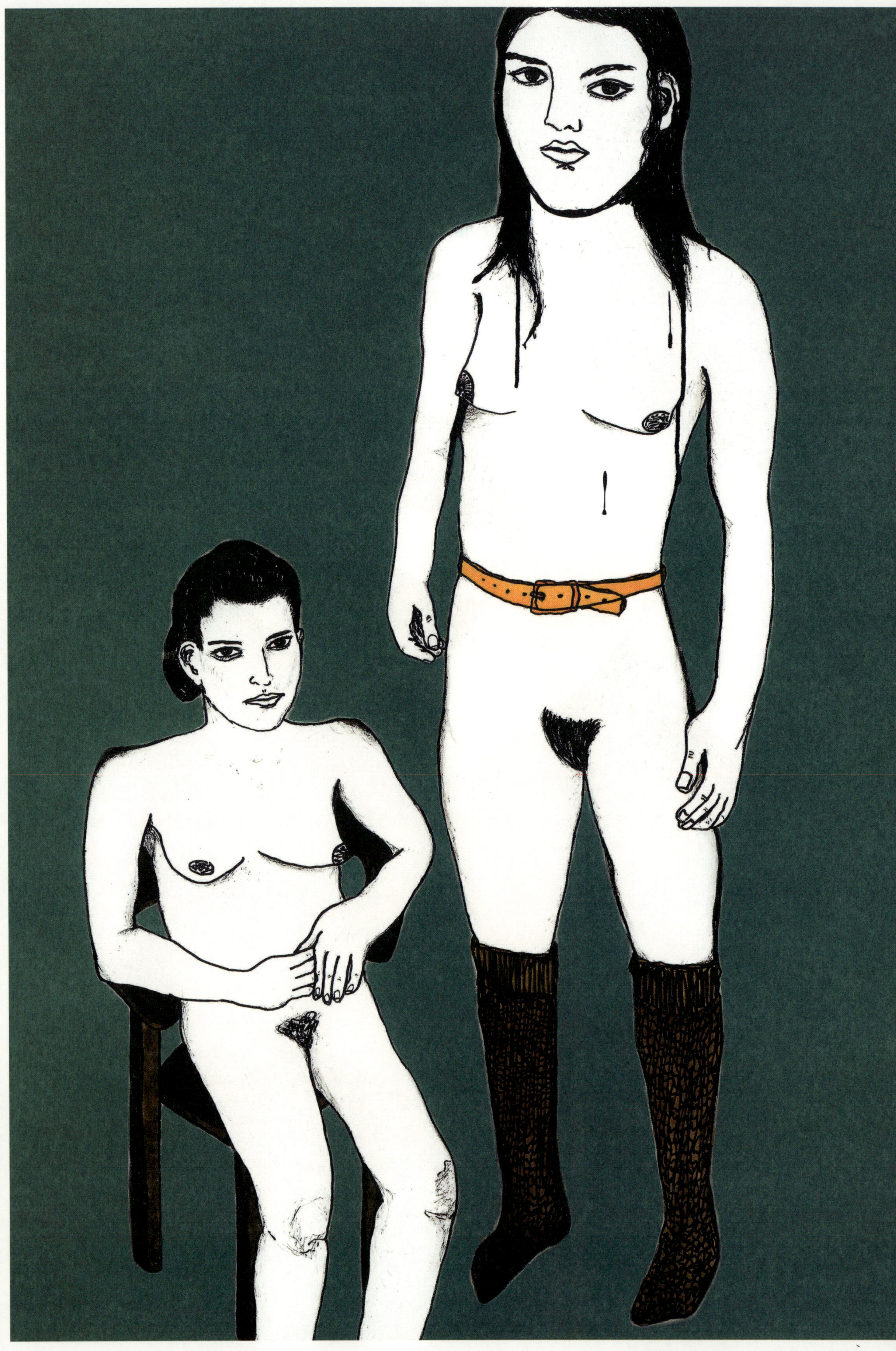

amstag 23.3.13

9^{54} Uhr

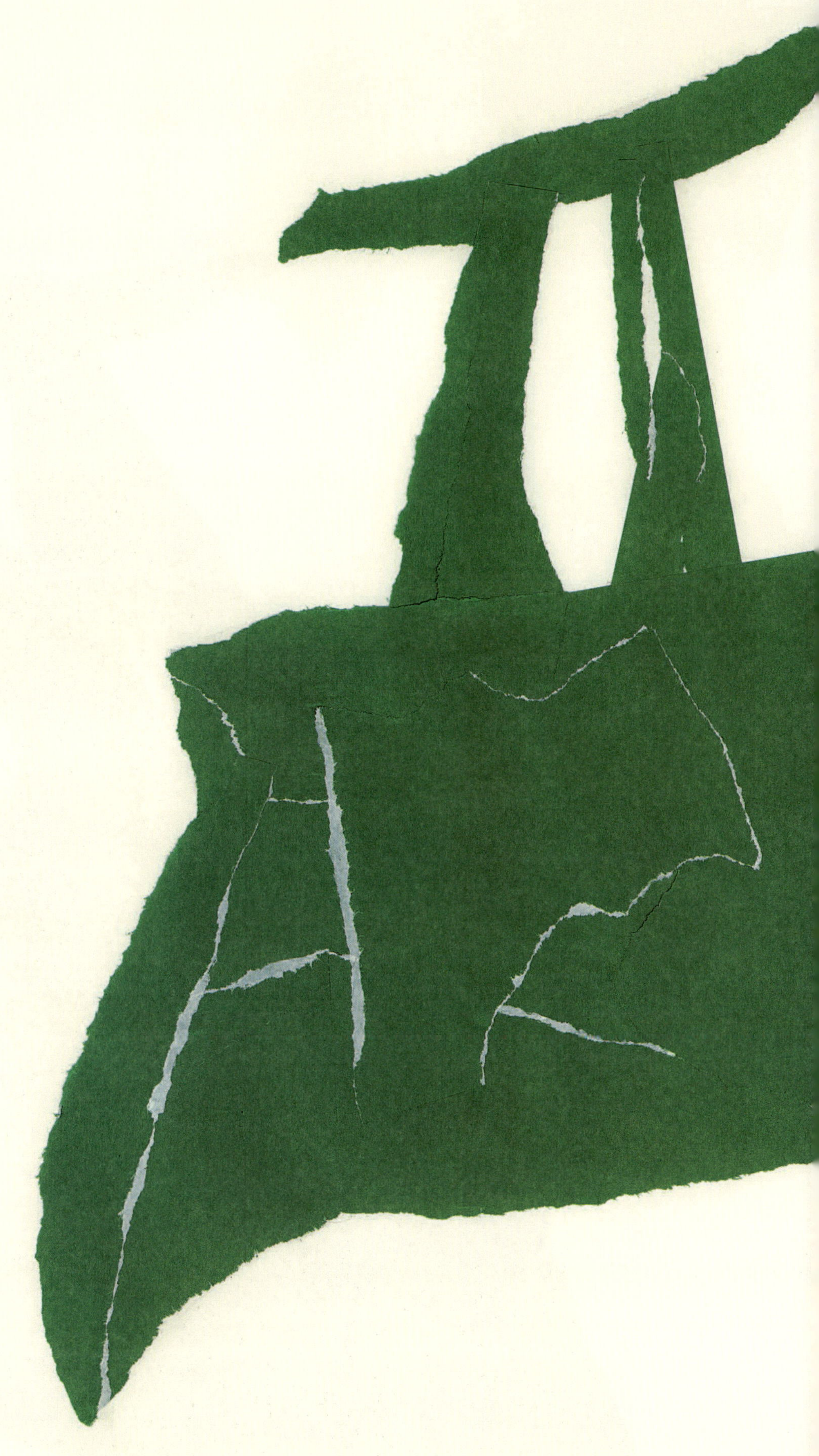

Sonntag 7.4.13

8 47 Uhr

Donnerstag 11.4.13

9^{25} Uhr

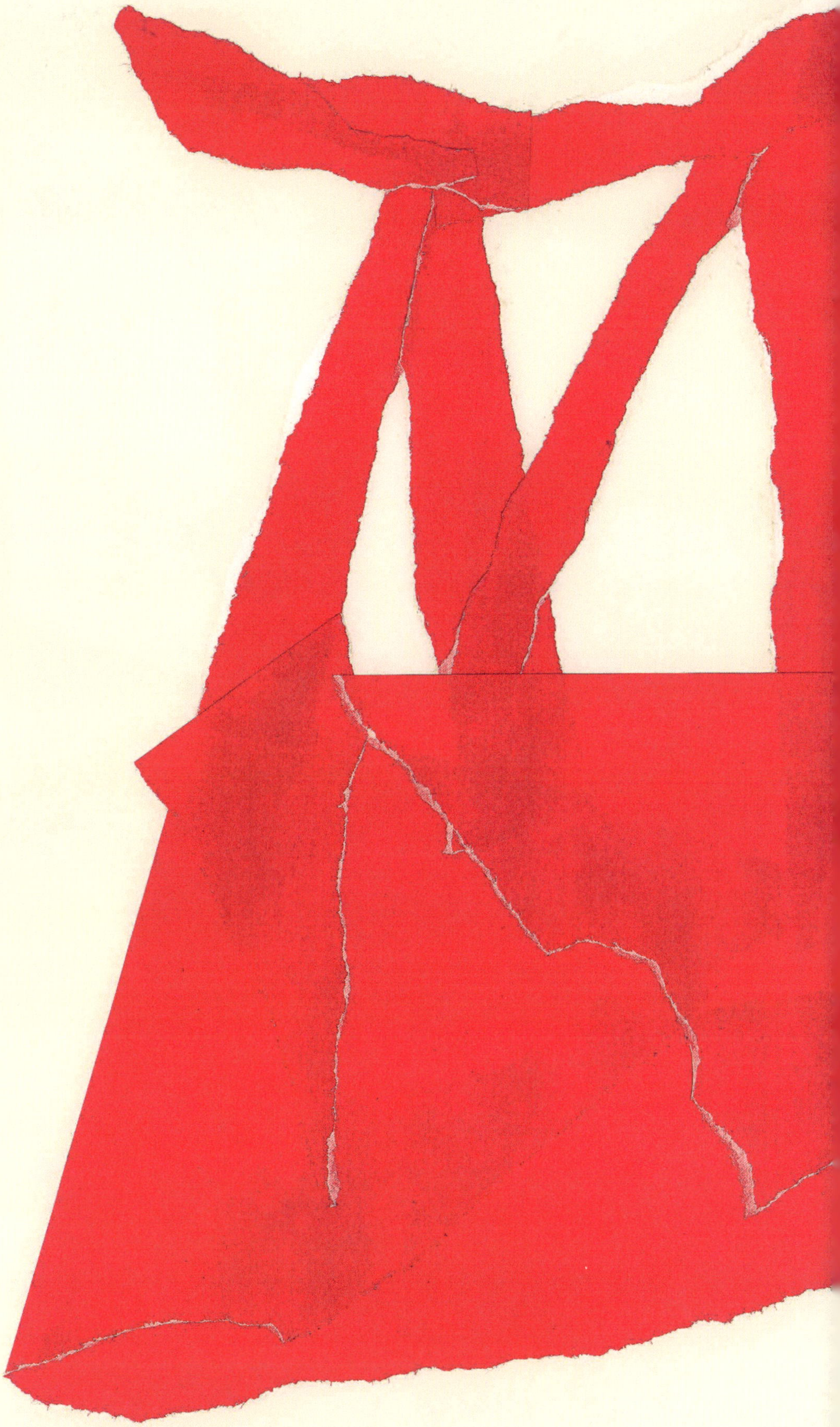

Freitag 12.4.13

9^{36} Uhr

Donnerstag 18. 4. 13
0⁰⁰ Uhr

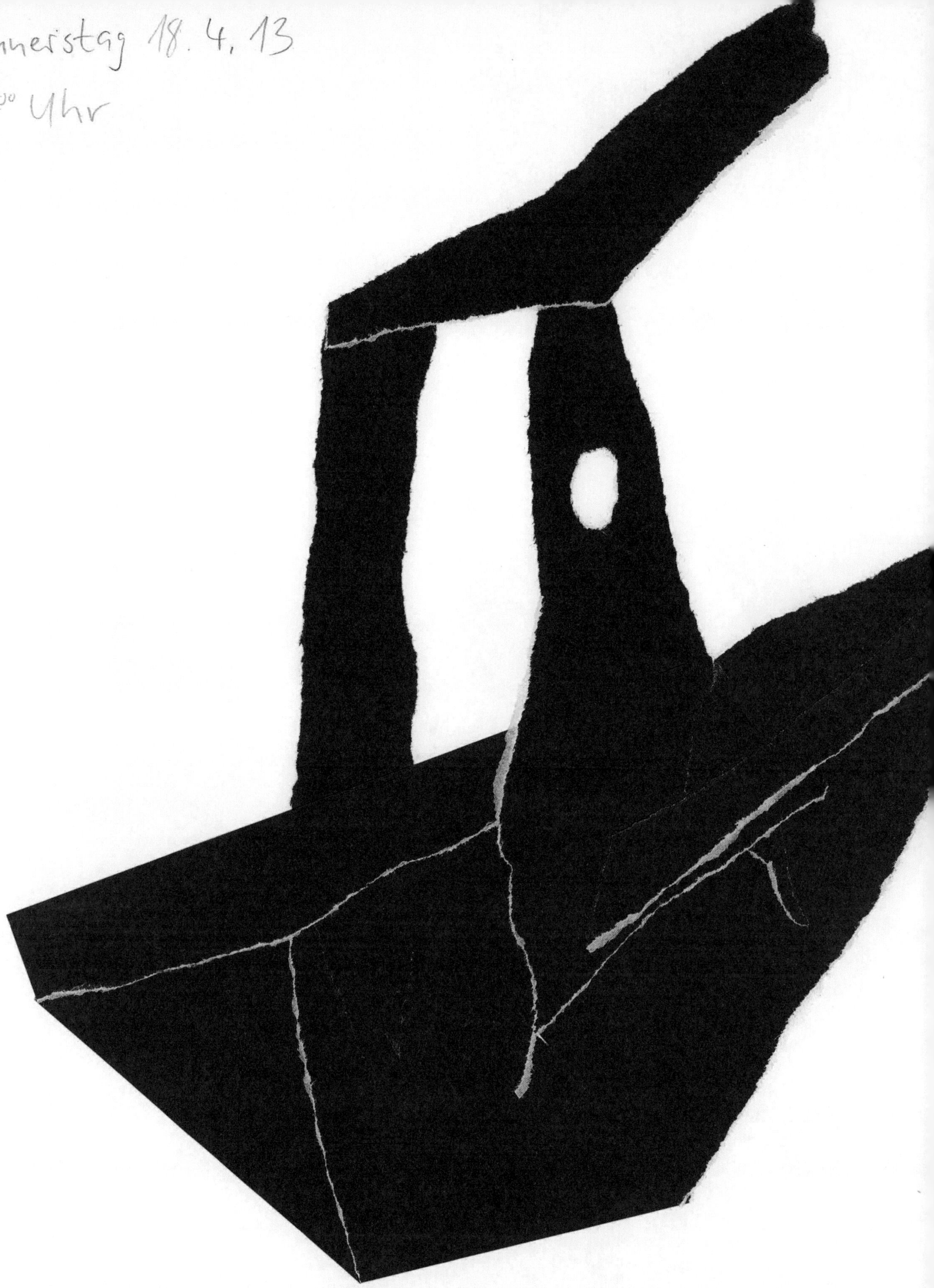

Samstag 20.4.13

9³⁵ Uhr

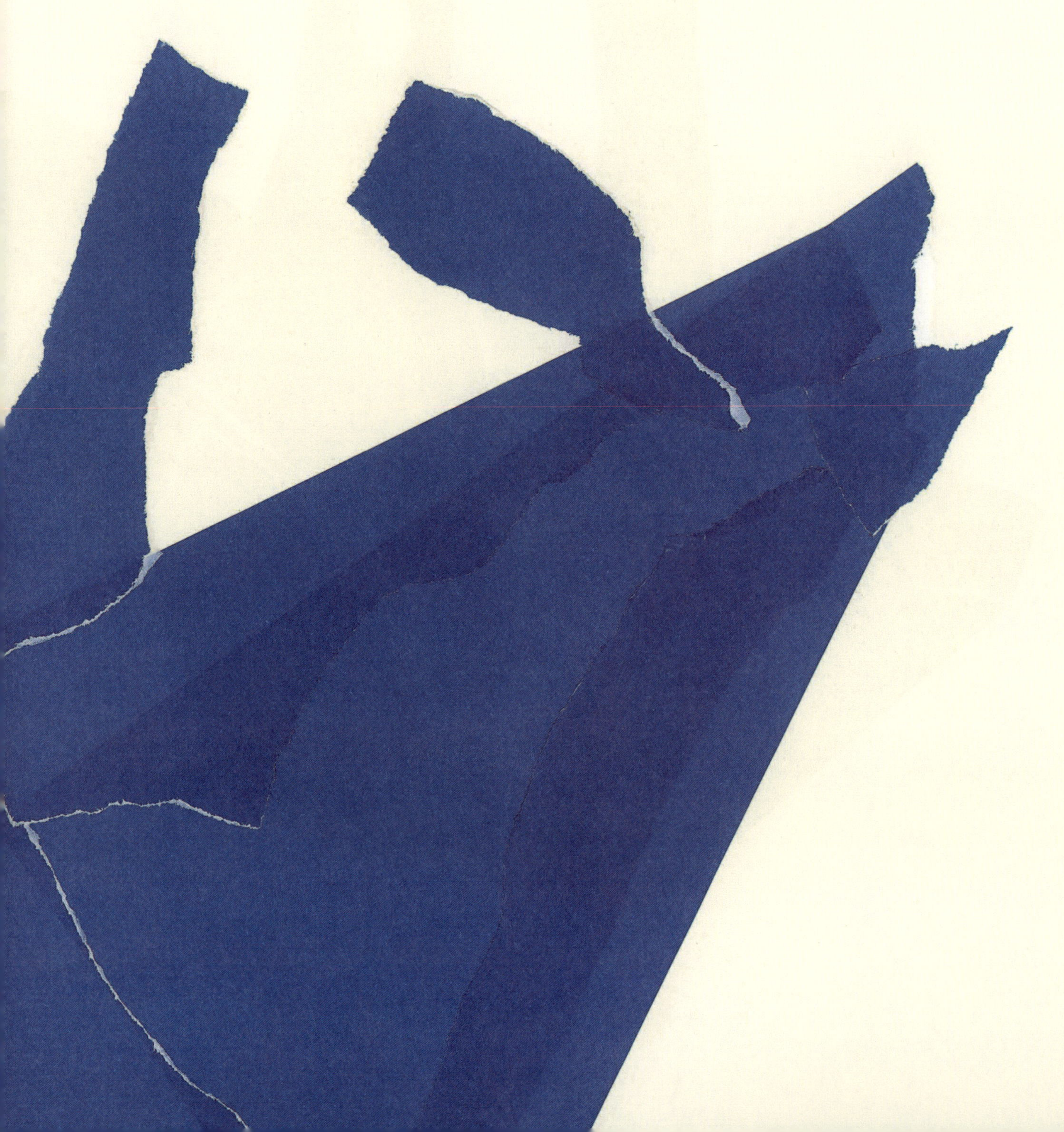

onnerstag. 23. 5. 13

0^{30} Uhr

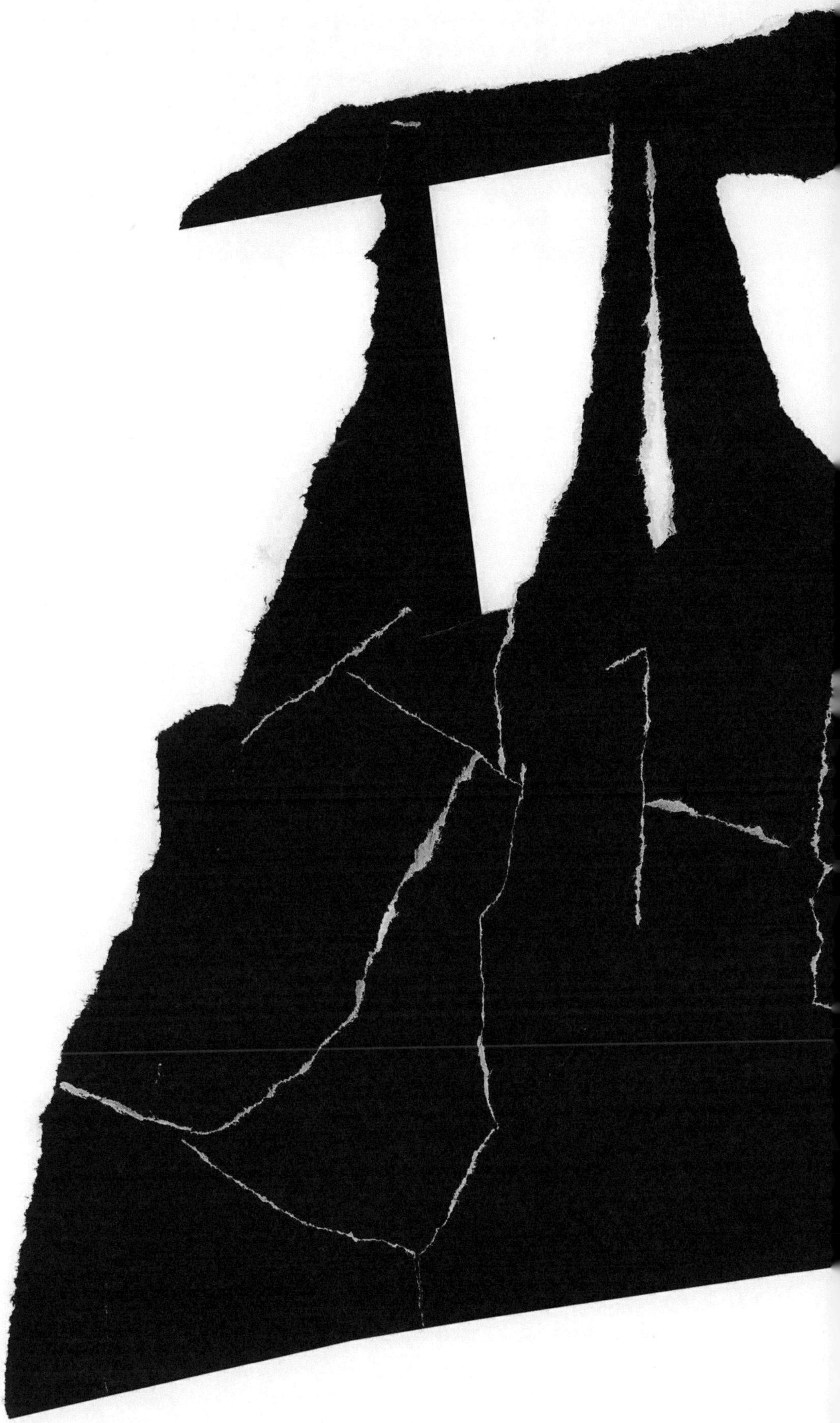

Für eine gesellschaftliche Anerkennung des Popelns!
Popeln ist nicht gesundheitsschädlich!
Popelman hilft allen, die aufgrund des popelns verfolgt, gefoltert oder diskriminiert werden!
alle eltern die ihren kindern das popeln verbieten müssen mit der grausamen rache des Popelman rechnen!
Desweiteren setzt sich Popelman für jegliche Behaarung, ordentliches Schwitzen, das Herauspulen von Ohren Schmalz, das Rülpsen und Furzen sowie für drei Brüste ein.
alle die Popelman's Zorn erregen denen wird er seinen erbarmungslosen Zeigefinger in den Po stecken!

Lang lebe

Popelman

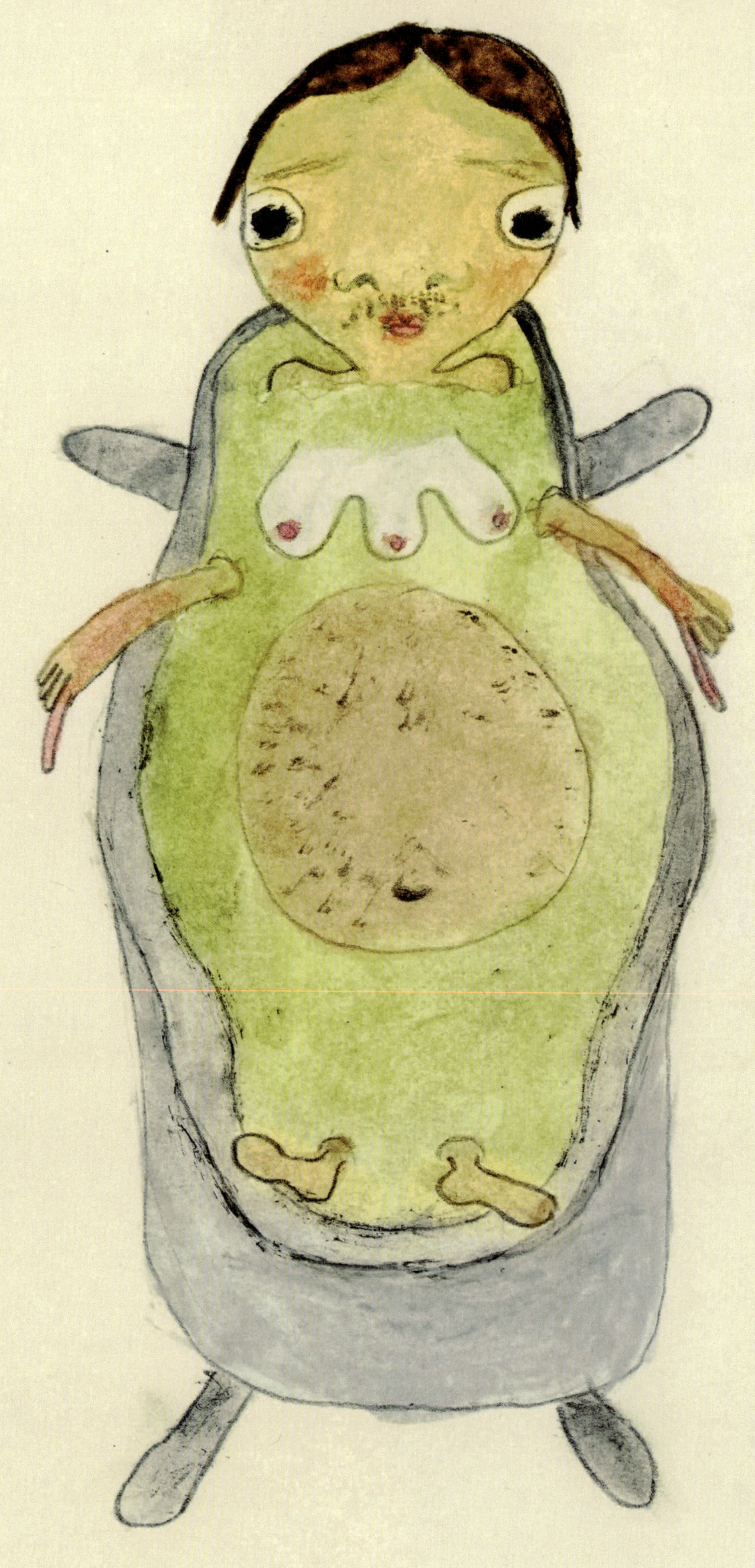

mrs. popel nimmt ein entspannendes bad in urin.

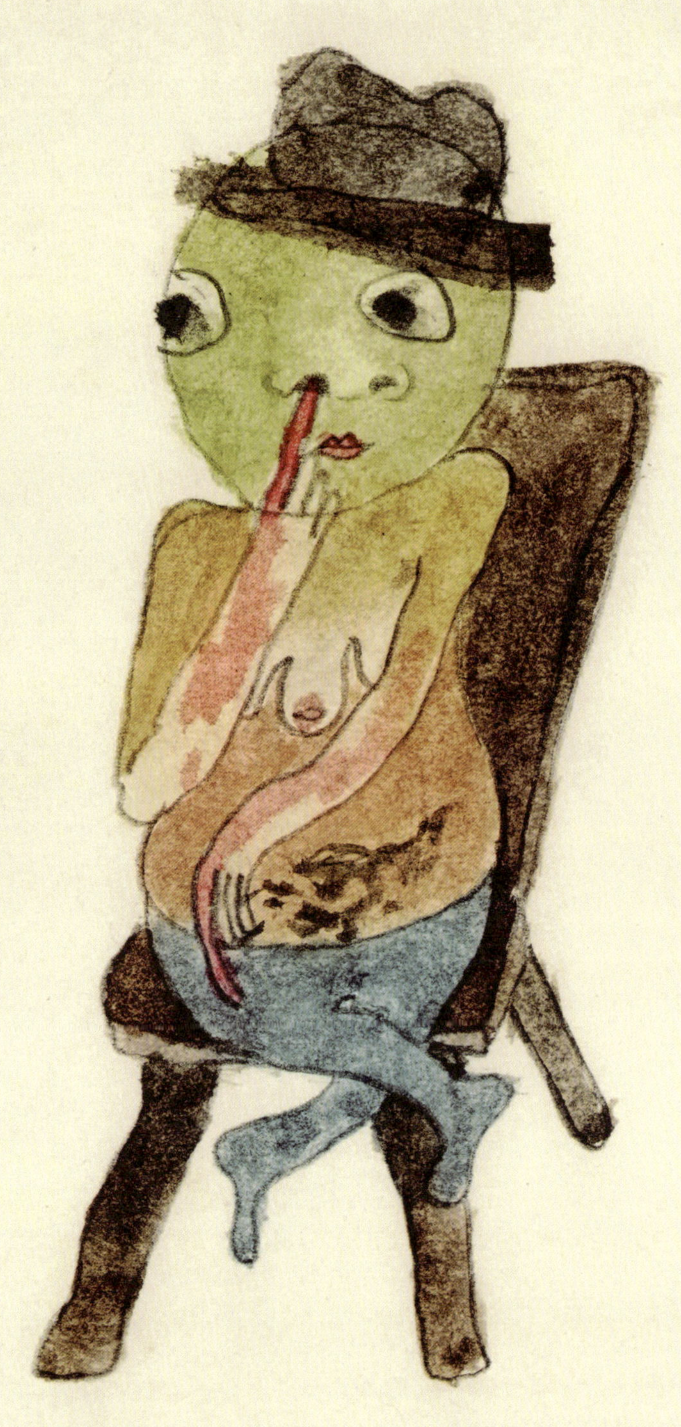

mr. popel leistet ihr dabei gesellschaft.

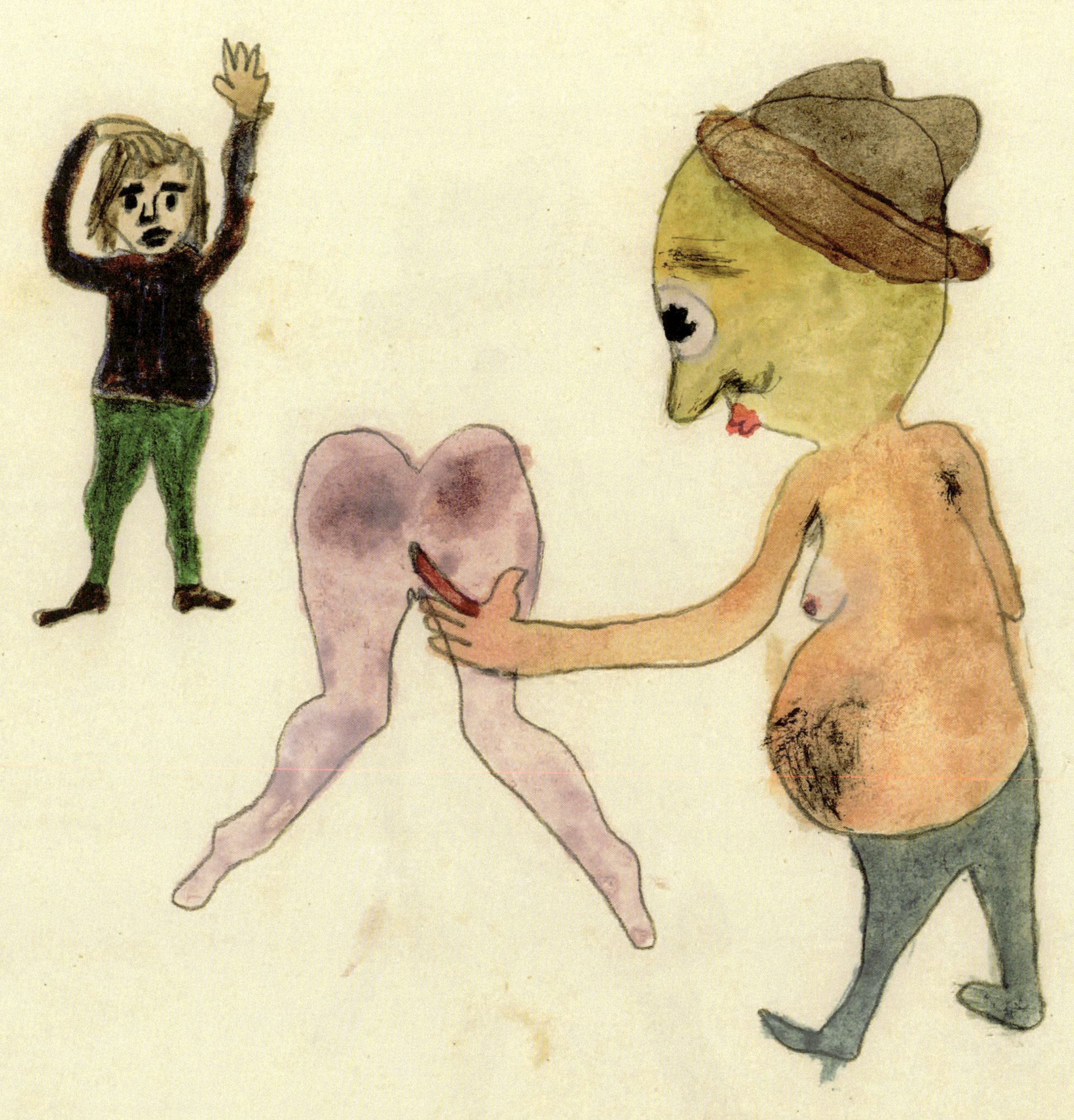

popelman kennt keine gnade,
auch nicht in anwesenheit
von angehörigen.

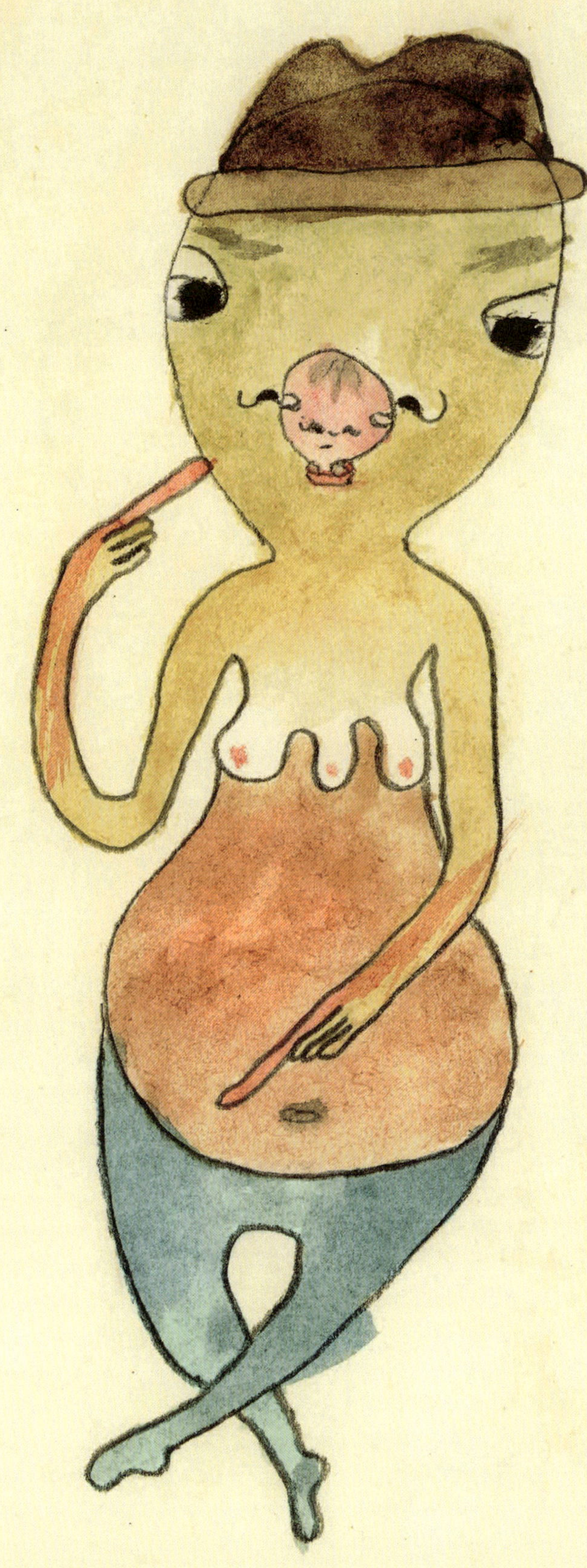

kleines popelkind erblickt das licht der welt.

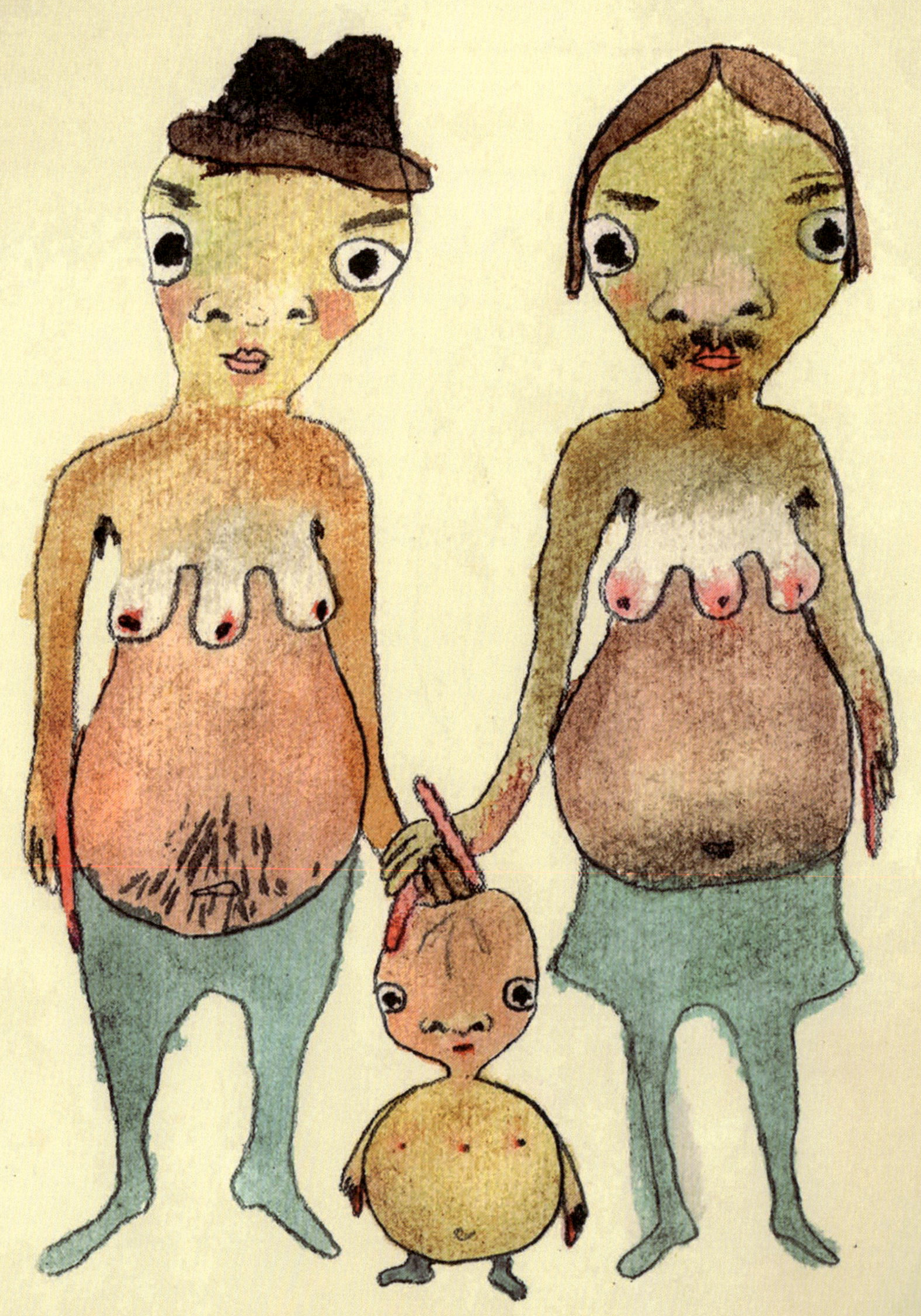

hello. come here, you bun! you are alone, but that is no problem. “we are young and that was nice”. dear earnest, when you will stay with me, i will give to you the stars from my basement and i will eat them from your plate. body instead of soul, love instead of liberty, action instead of passion! you, the girl with the brittle lips, don’t look so greedy! one day you shall receive what you never wanted. the misery of this world is buried in your heart. coincidence ain’t happening. the past strokes the back of the future and the future sits around somewhere, nobody knows where. the story of someone who knows what she is looking for does not exist. or someone who doesn’t know that existence lies in the eye of the beholder. now she was there. and left. those who arrive can only arrive because they leave again. no one stays. for fear of being the last to go. drinking won’t save you from drowning. and then fear takes the lead again, grinning from the first row, among the teacher’s pets. i stick out my tongue, but it is bitten off. there’s no time left to congratulate. i could always think of sex. of sultry moisture and dry skin, rubbing against each other. forces of disparate speed, a tearing fire in your lower belly, a rush of glowing oblivion. your loneliness makes me sick. i spread my own on a slice of bread and swallow it whole. be brave. one little bird for mama, and one for papa. the ascetic shakes his head and feels constipation in the pockets of his pants. there is no escape. it just goes on, until even those, who think too much, will finally shut up. contemplation knows no boundaries, except its own. the truth lies somewhere outside that, in the joyful glow of insight. put on your shades! and if it is only a foreshadow, be grateful. life is because you are. and are and are. end.

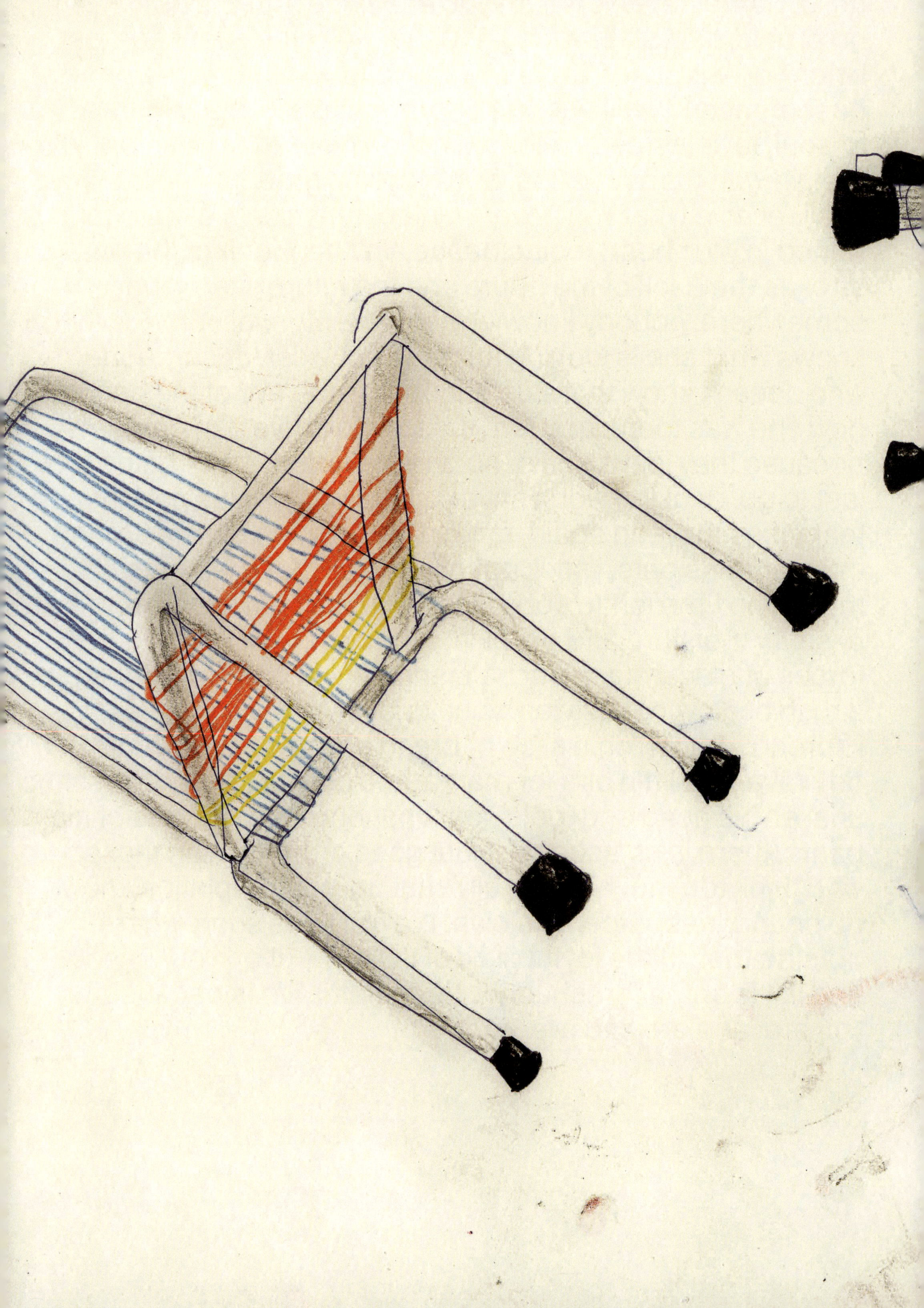

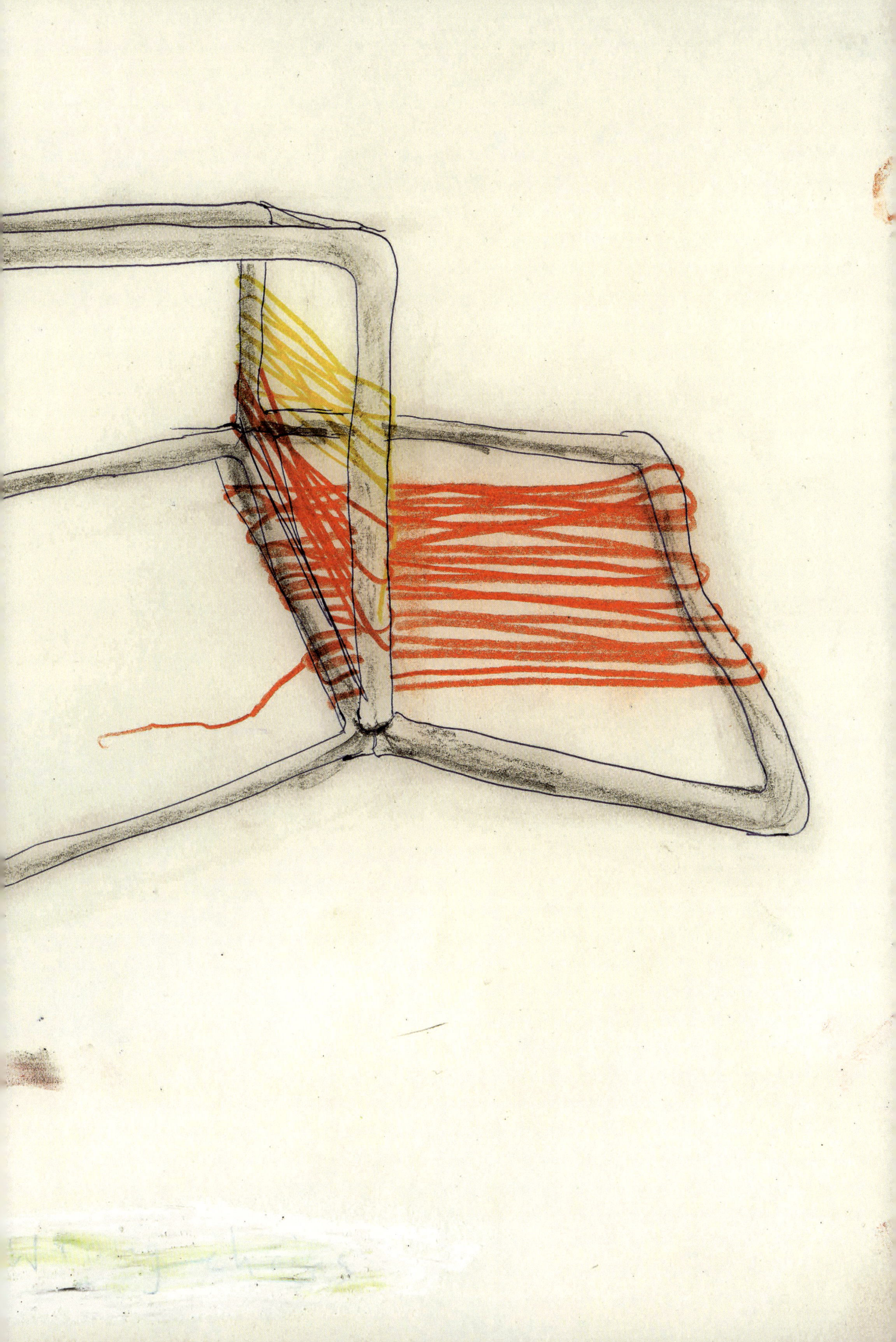

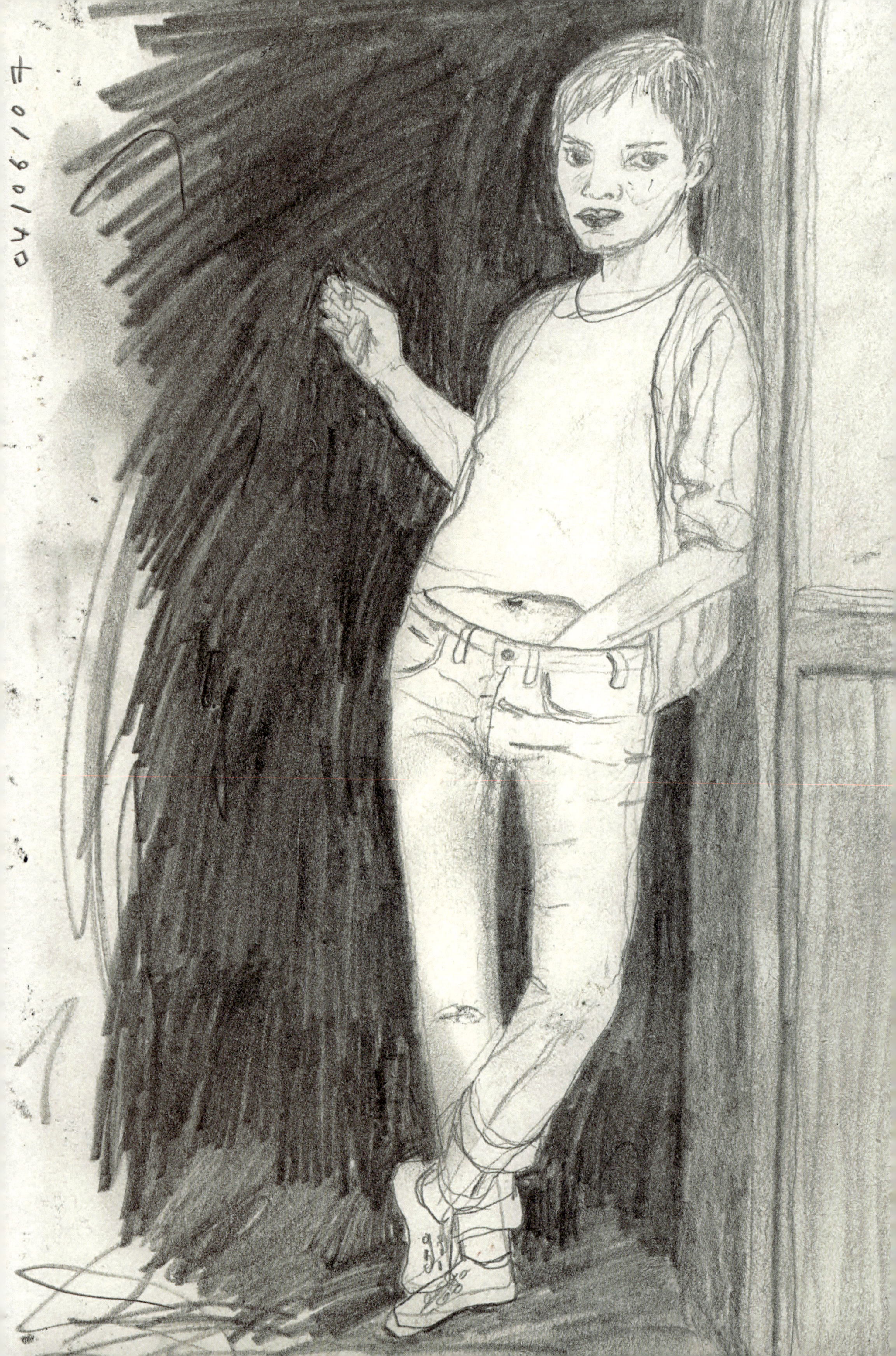

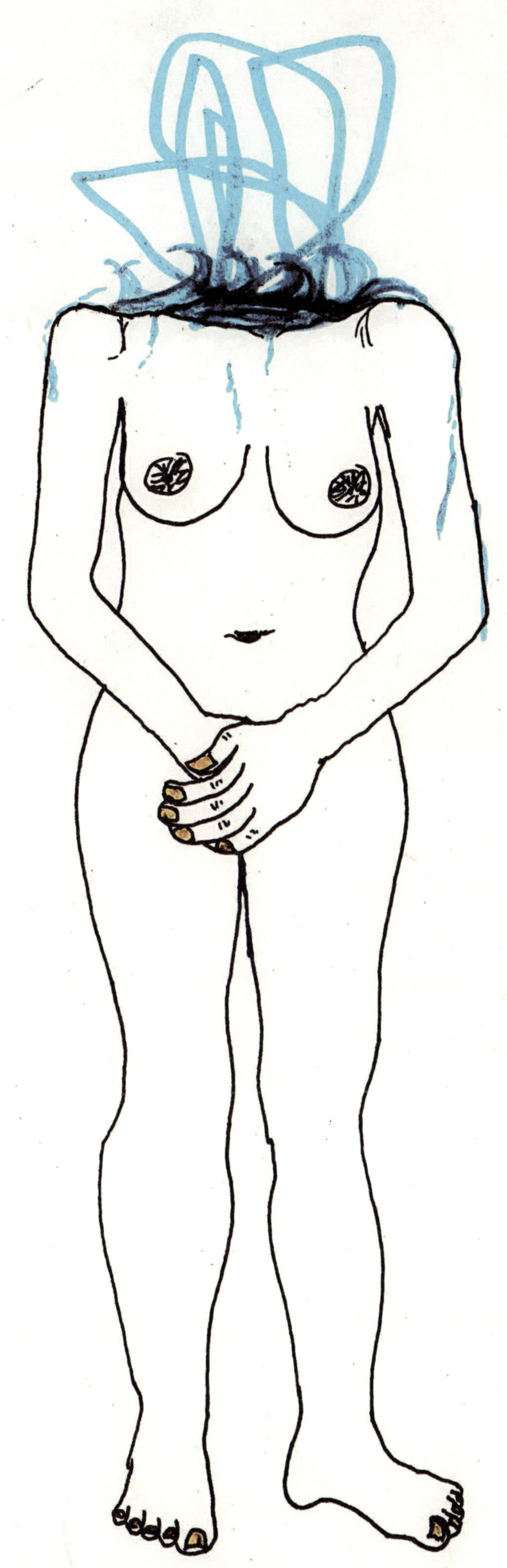

19 - 05 - 04

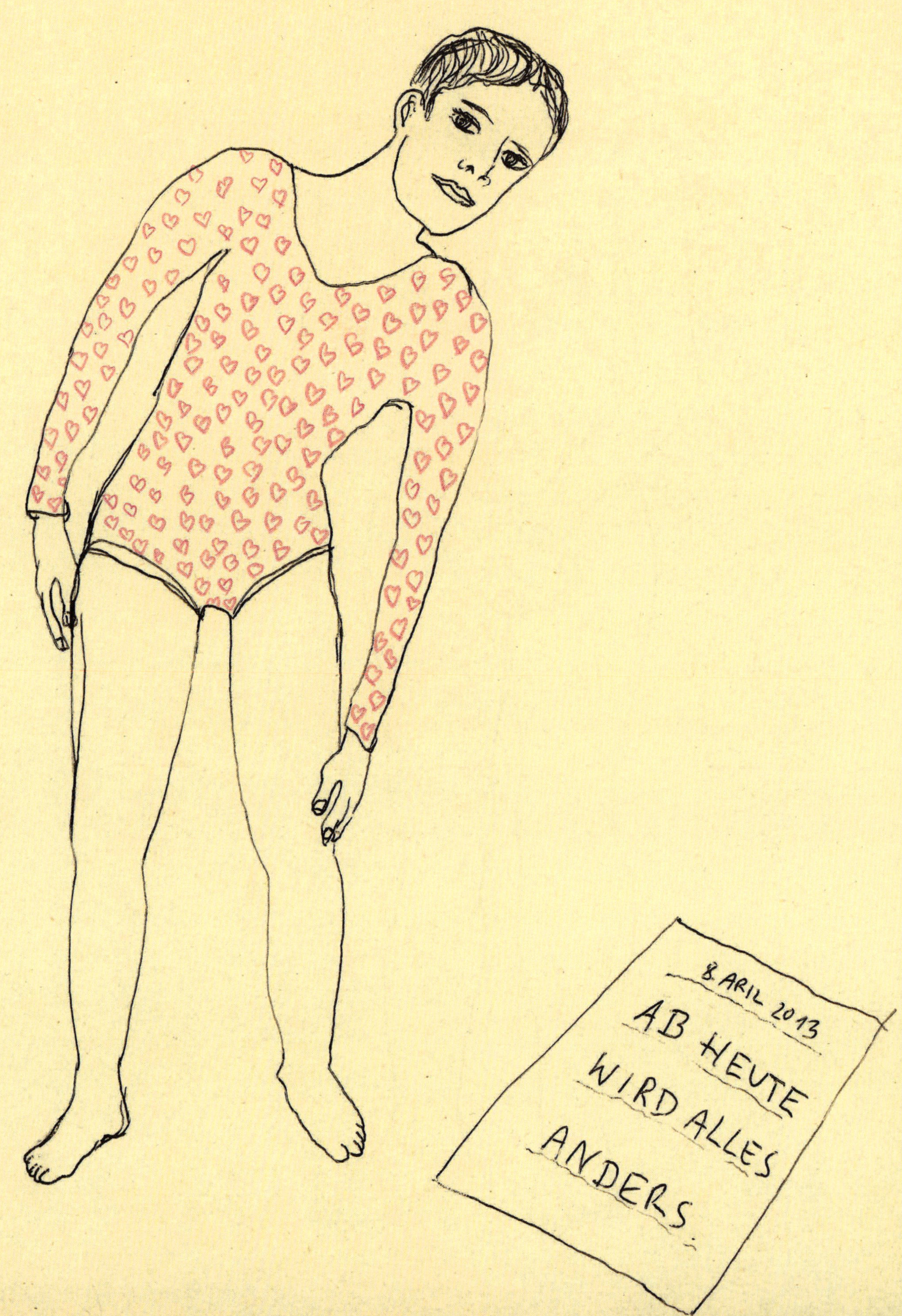
8 ARIL 2013
AB HEUTE
WIRD ALLES
ANDERS.

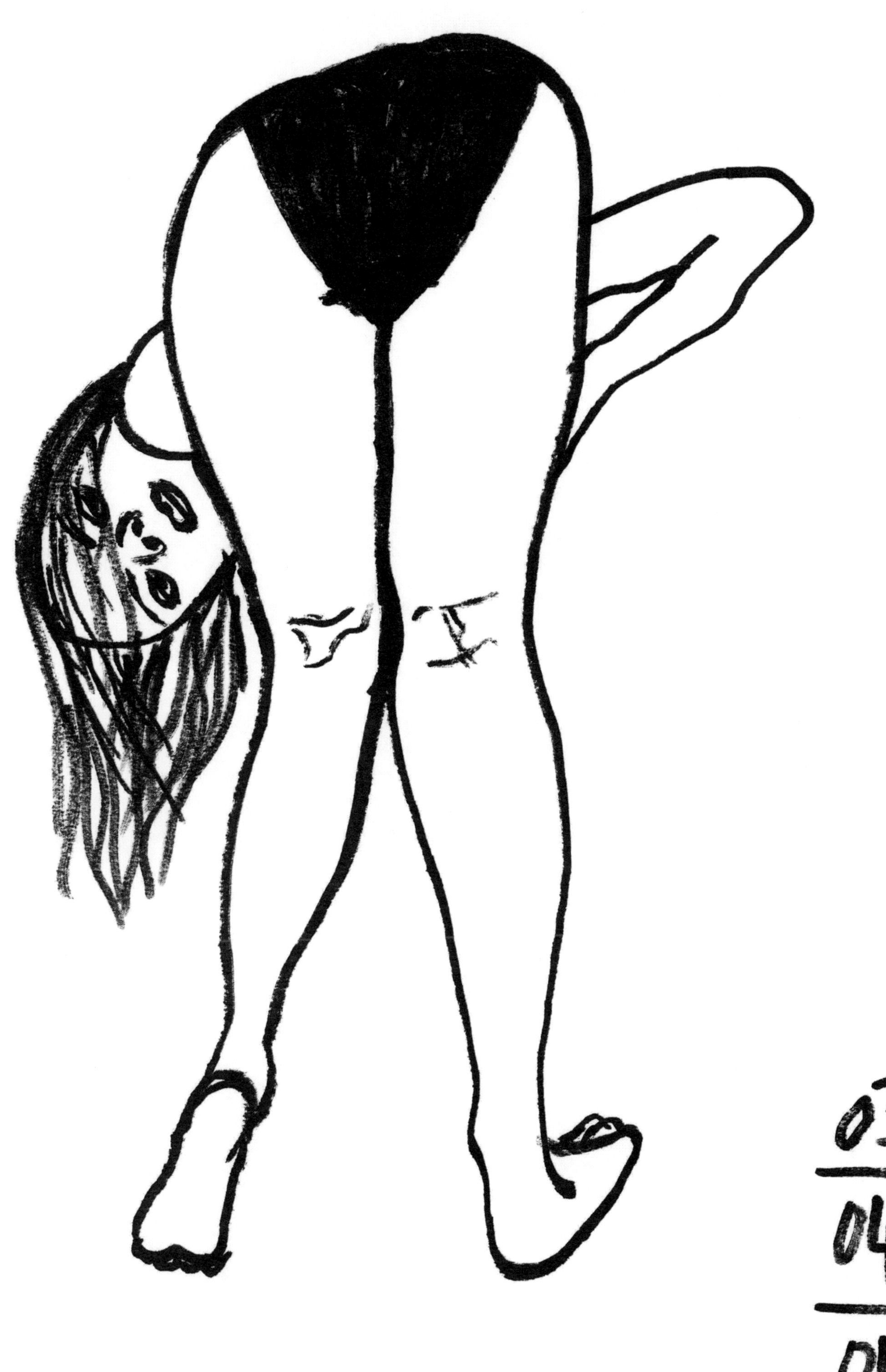
03
04
04

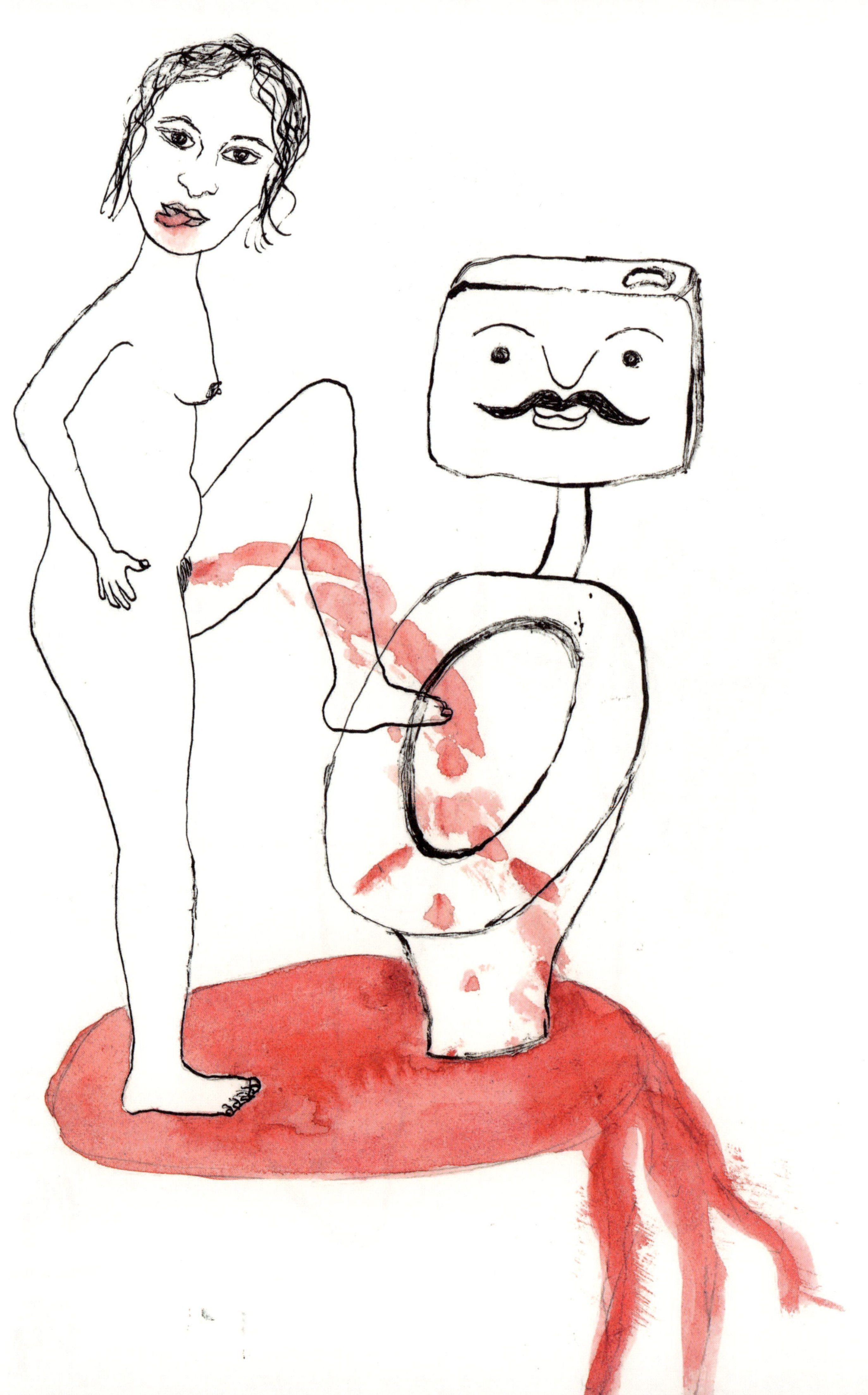

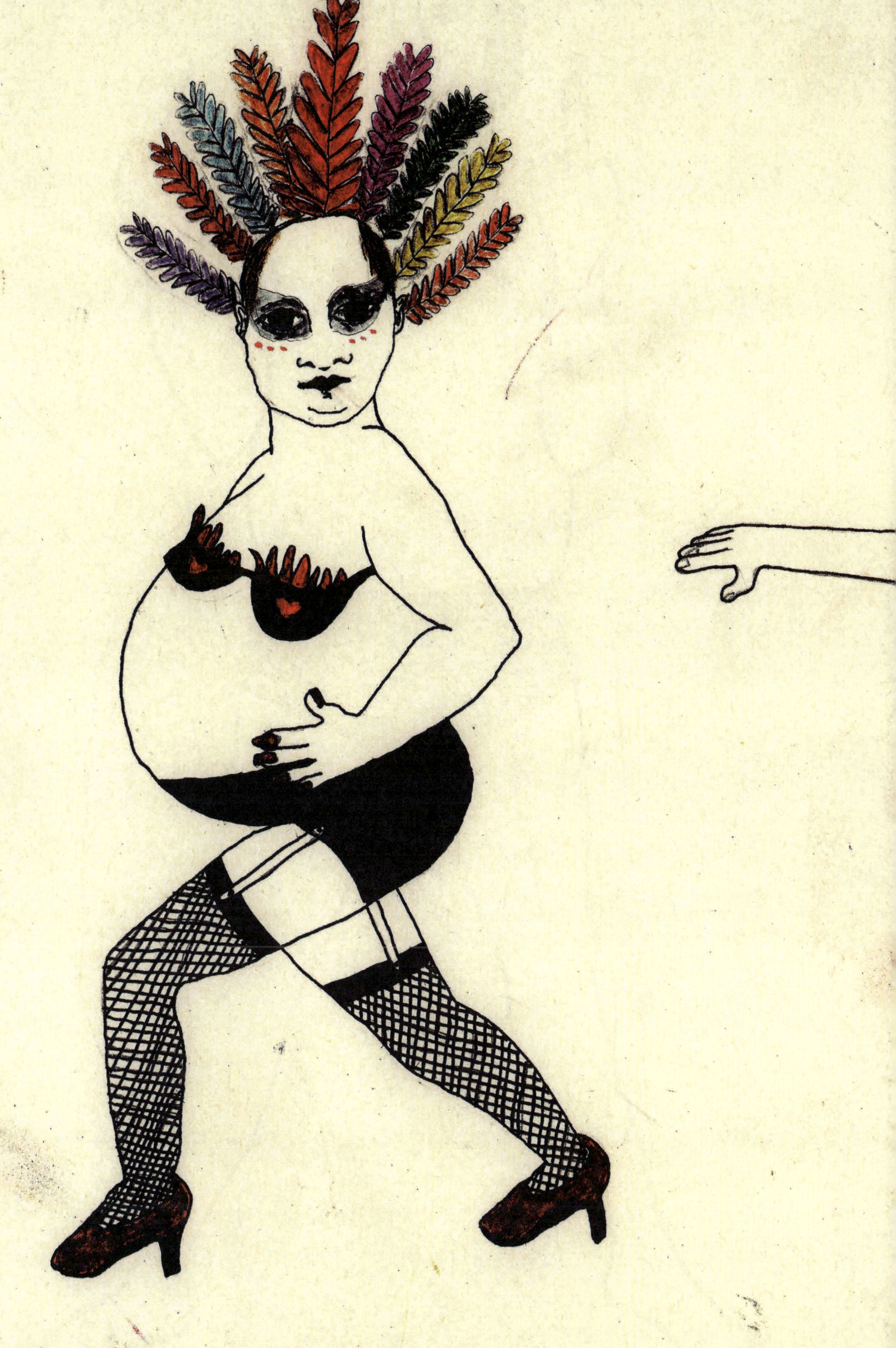

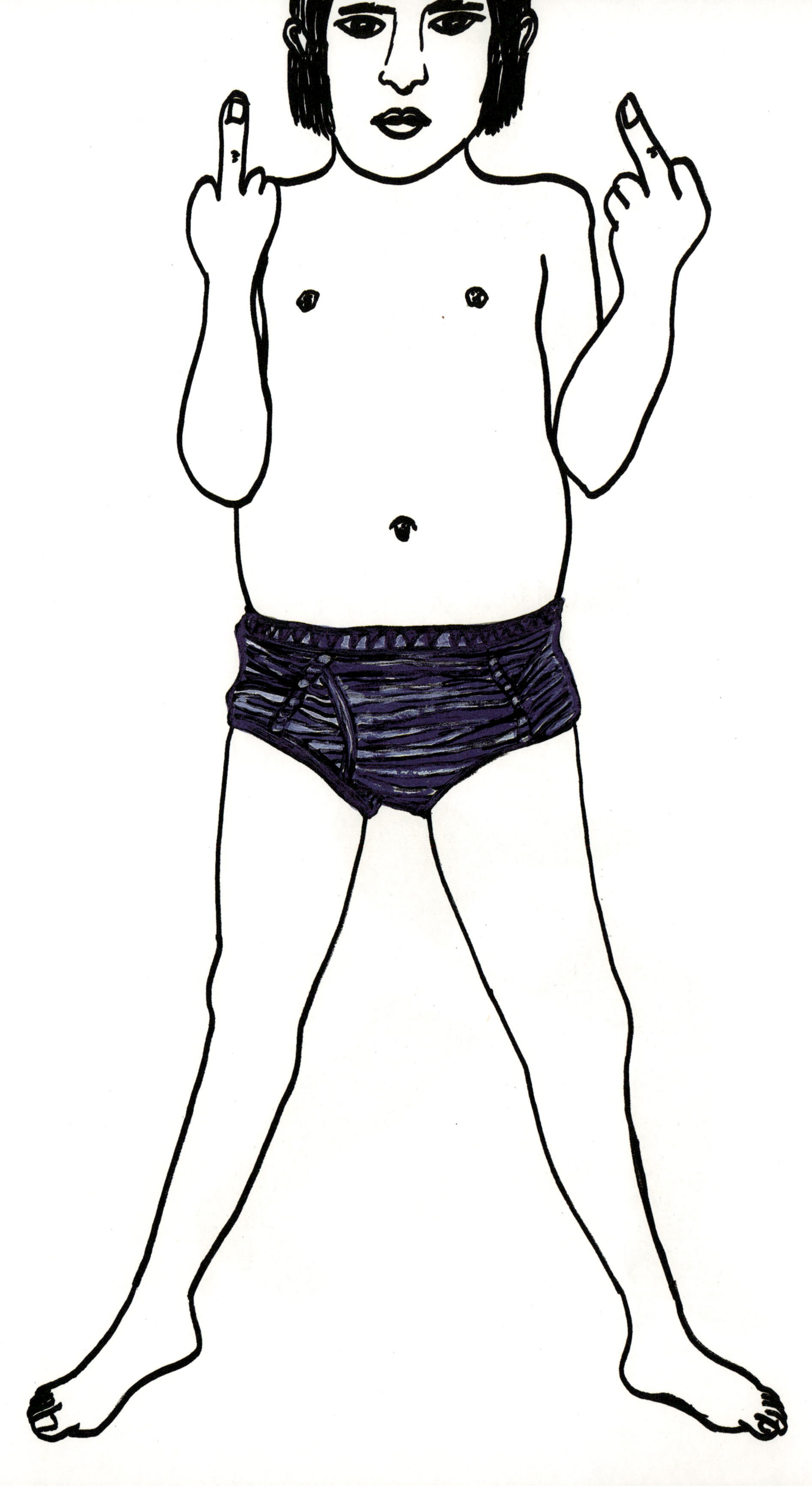

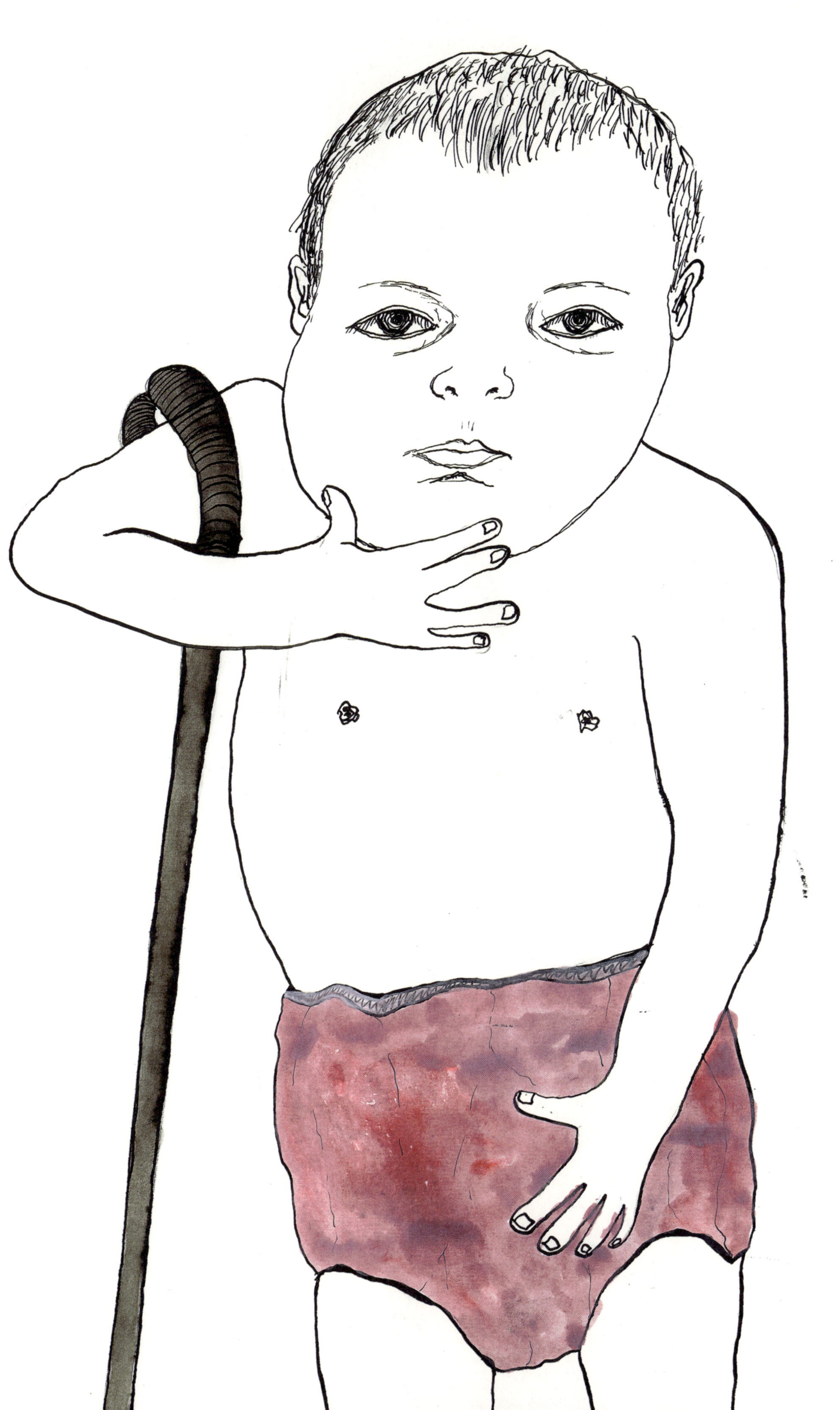

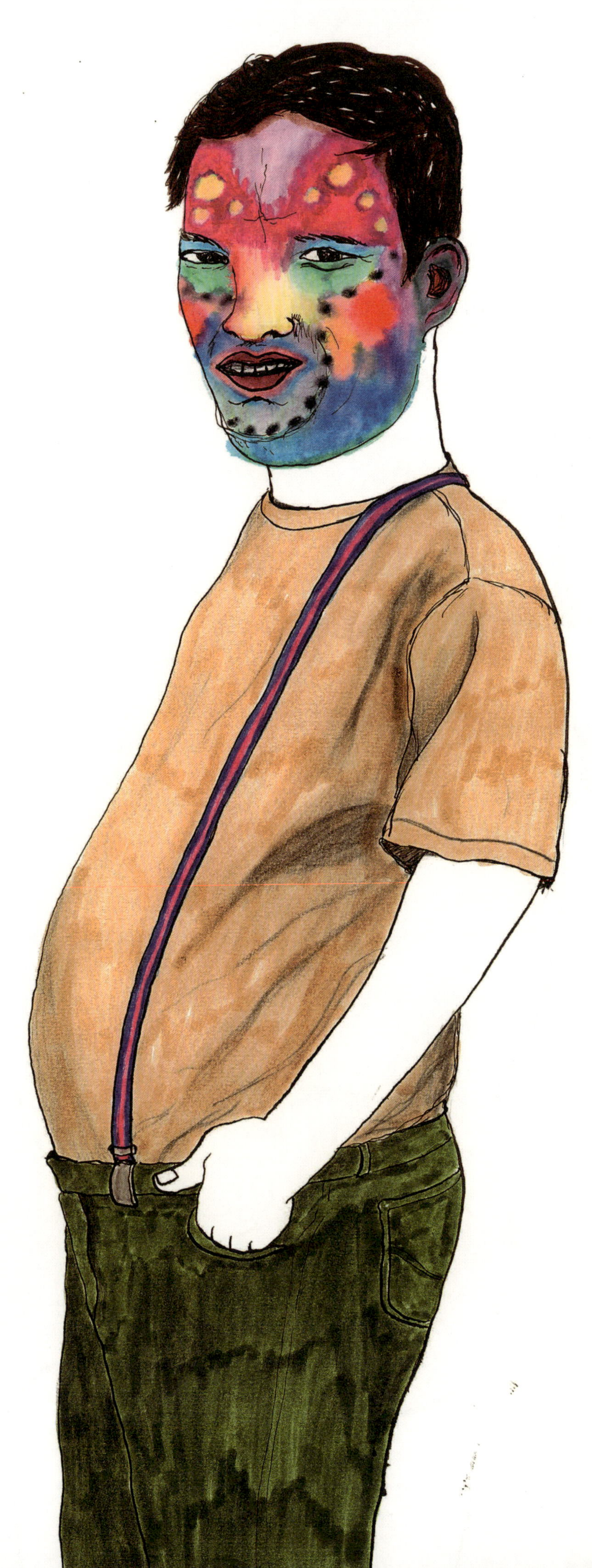

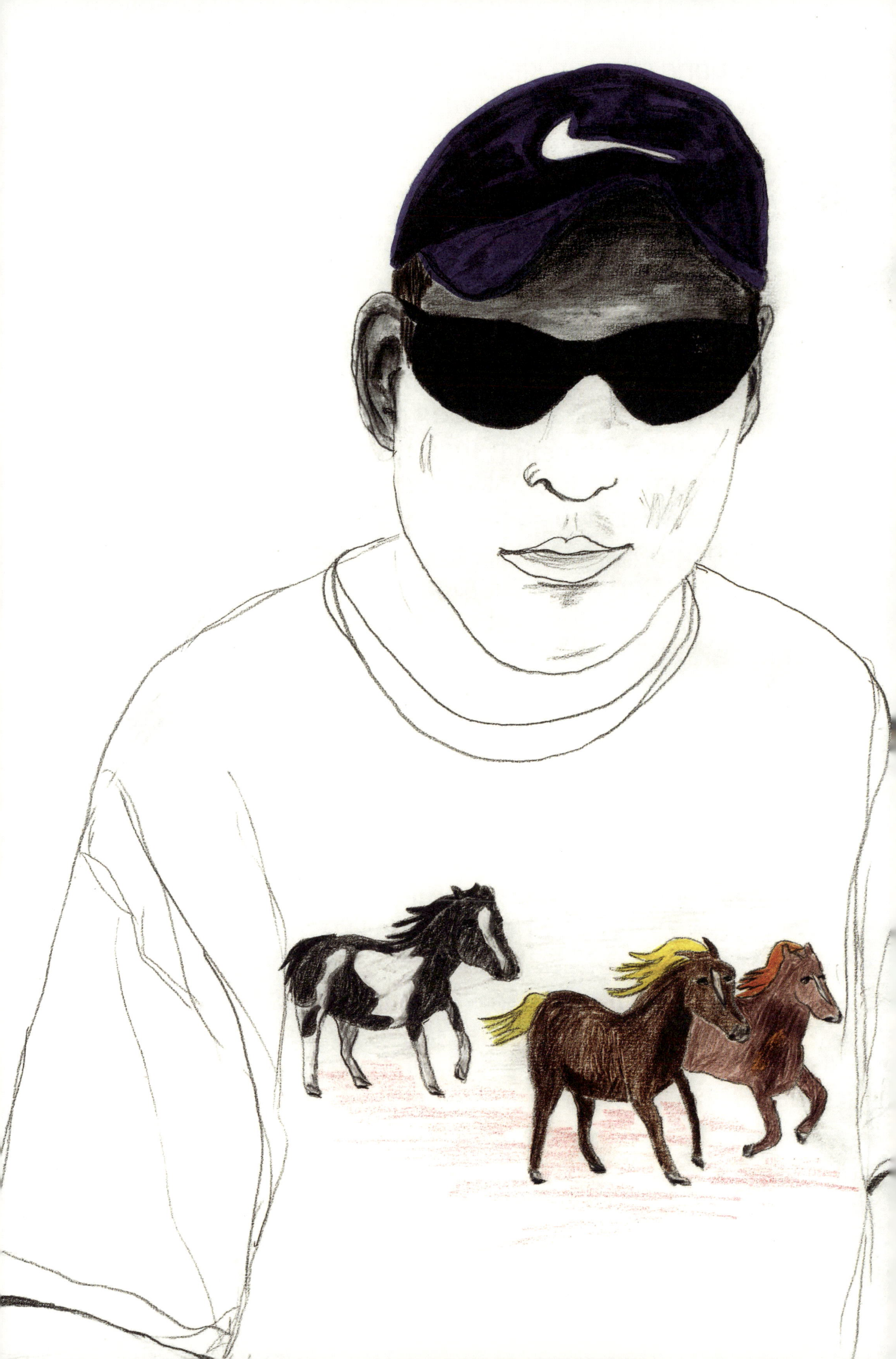

auf meiner hand sitzt ein kleiner mann und schielt mich an. aus einem seiner nasenlöcher wächst ein popel, graugrün mit angetrockneten spitzen. ich bin neidisch, habe aber keine lust zu reden. der kleine mann, genannt manni, hat es sich inzwischen auf meiner chaiselongue bequem gemacht, mit einer hand zeigt er auf meinen bauch und grinst. dann muss ich pupsen, ganz leise nur, aber es stinkt übel. manni wedelt mit seinen beinchen in der luft, sein lachen klingt wie das eines übermüdeten kindes, schrill und nervös. ich habe angst, dass er runterfällt und strecke die hand nach ihm aus. vorsichtig fasse ich ihn um seinen rumpf, das lachen hört auf, dafür wird es plötzlich nass. mächtige tränen kullern aus mannis augen, rollen an meinem handgelenk hinunter und bilden eine immer größer werdende pfütze zu meinen füßen. jetzt wird es mir zu gefährlich, manni fest an mich gedrückt renne ich zum fenster, öffne es und werfe ihn raus. ein roter lkw kommt gerade vorbei, nimmt ihn mit. ich mache wieder zu und ziehe mich an für die party.

a tiny man sits in my hand and squints at me. from one of his nostrils a bogey blossoms, greyish-green, its edges dried. i am jealous, but i am not inclined to talk. the tiny man, called manni, has meanwhile made himself comfortable on my chaise longue, he points one hand at my belly and grins. then i have to fart, very quietly, but it smells awful. manni waves his tiny legs in the air, his laughter sounds like that of a tired child, shrill and nervous. i am worried that he might fall down and so i reach for him with my hand. carefully i grab him by his torso, the laughter subsides, and is replaced by the sensation of moisture. huge tears run from manni's eyes, running down my wrist and forming into an ever-growing puddle at my feet. now things are becoming threatening to me; as i clutch manni tight against my body i run over to the window, open it and throw him out. a red truck passes and carries him along. i close the window again and get ready for the party.

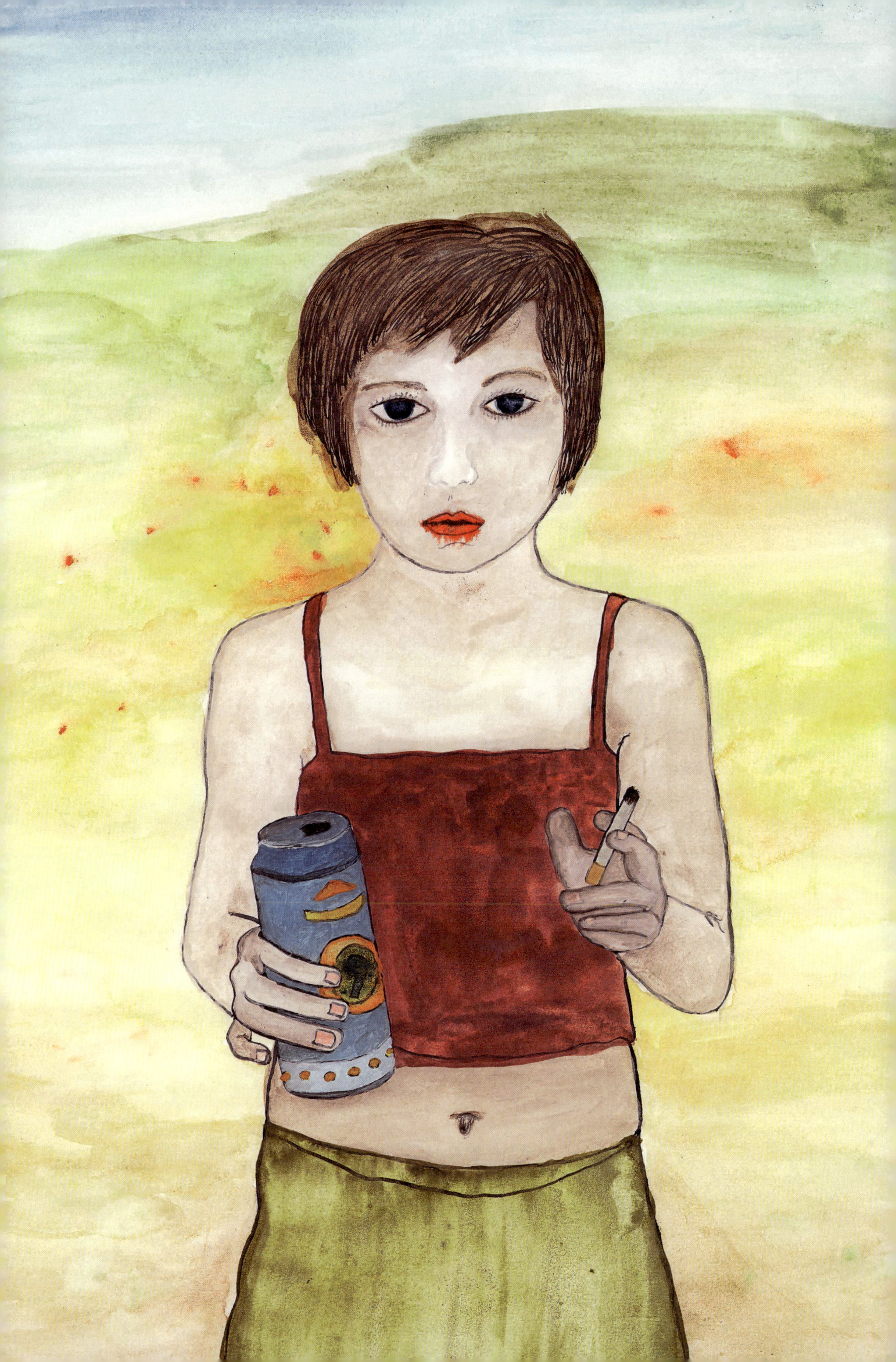

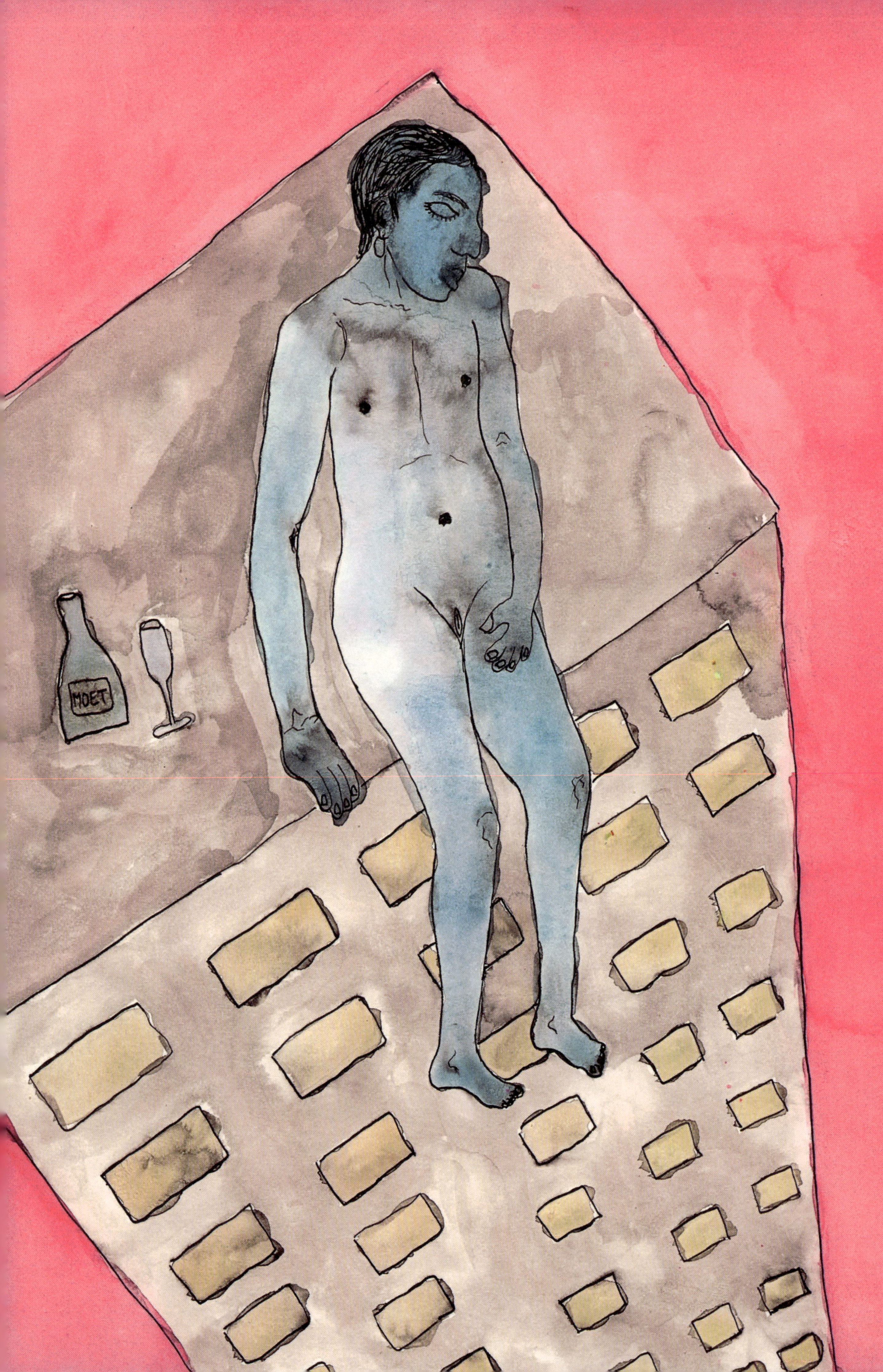
MOET

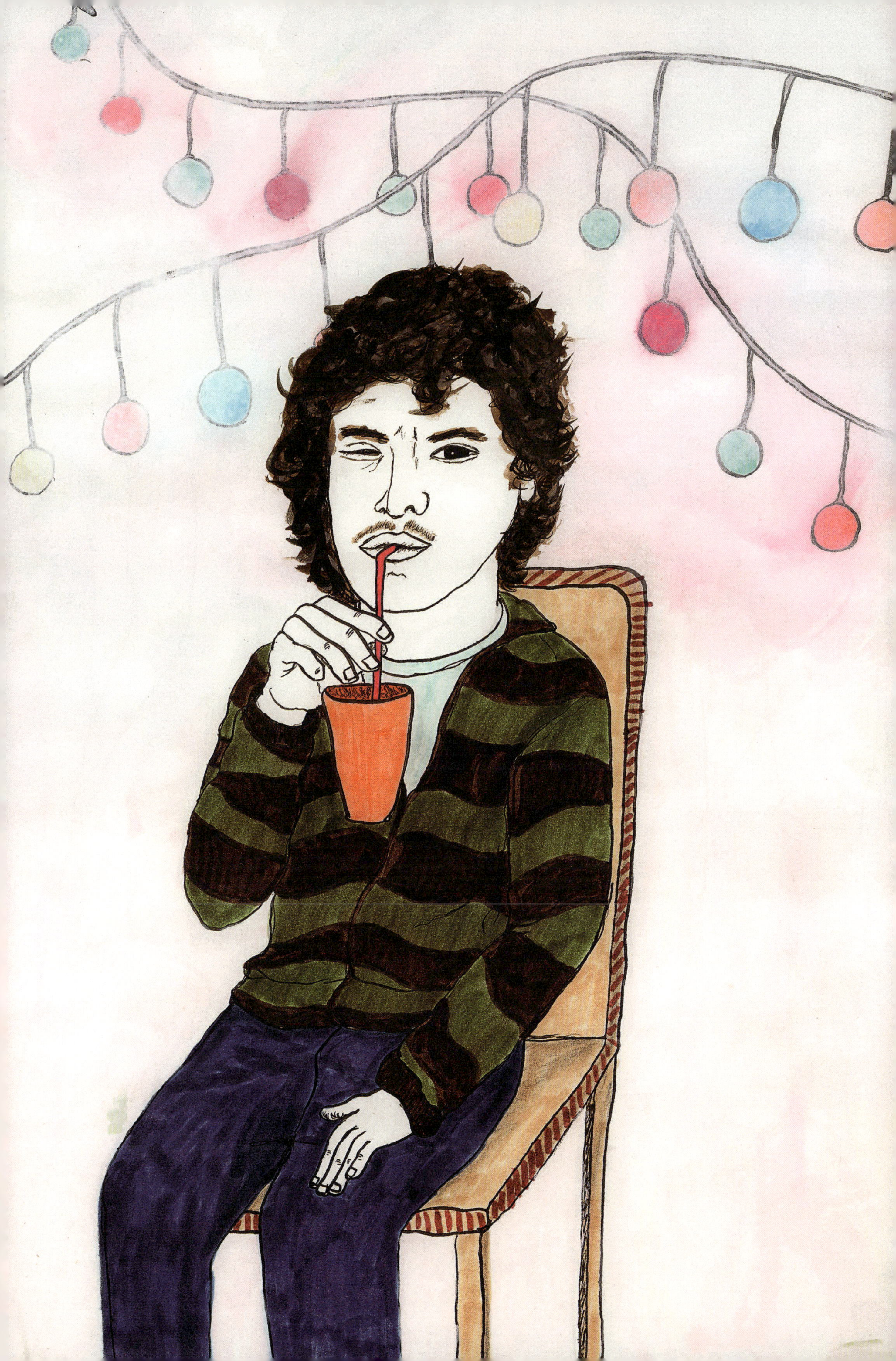

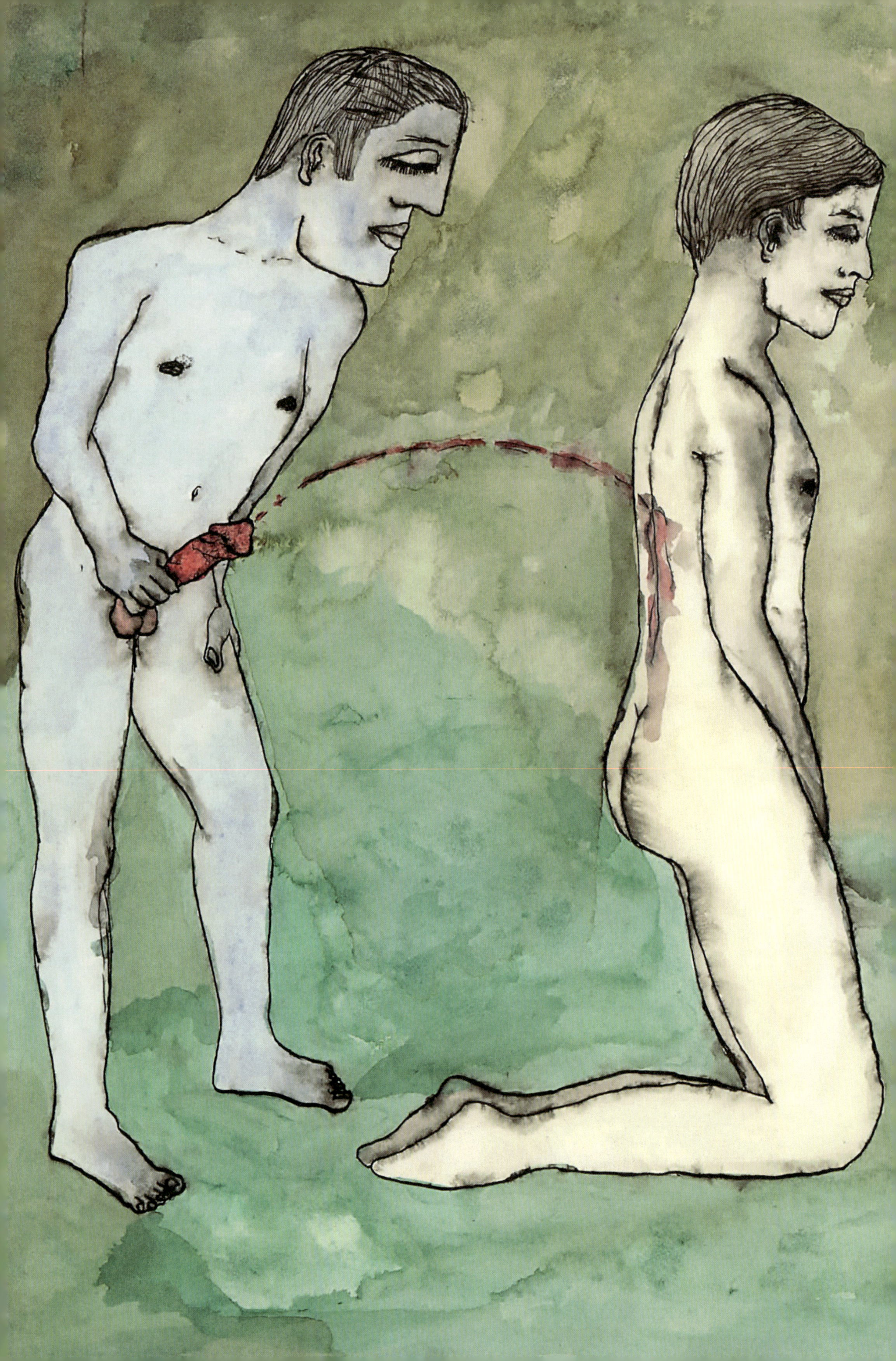

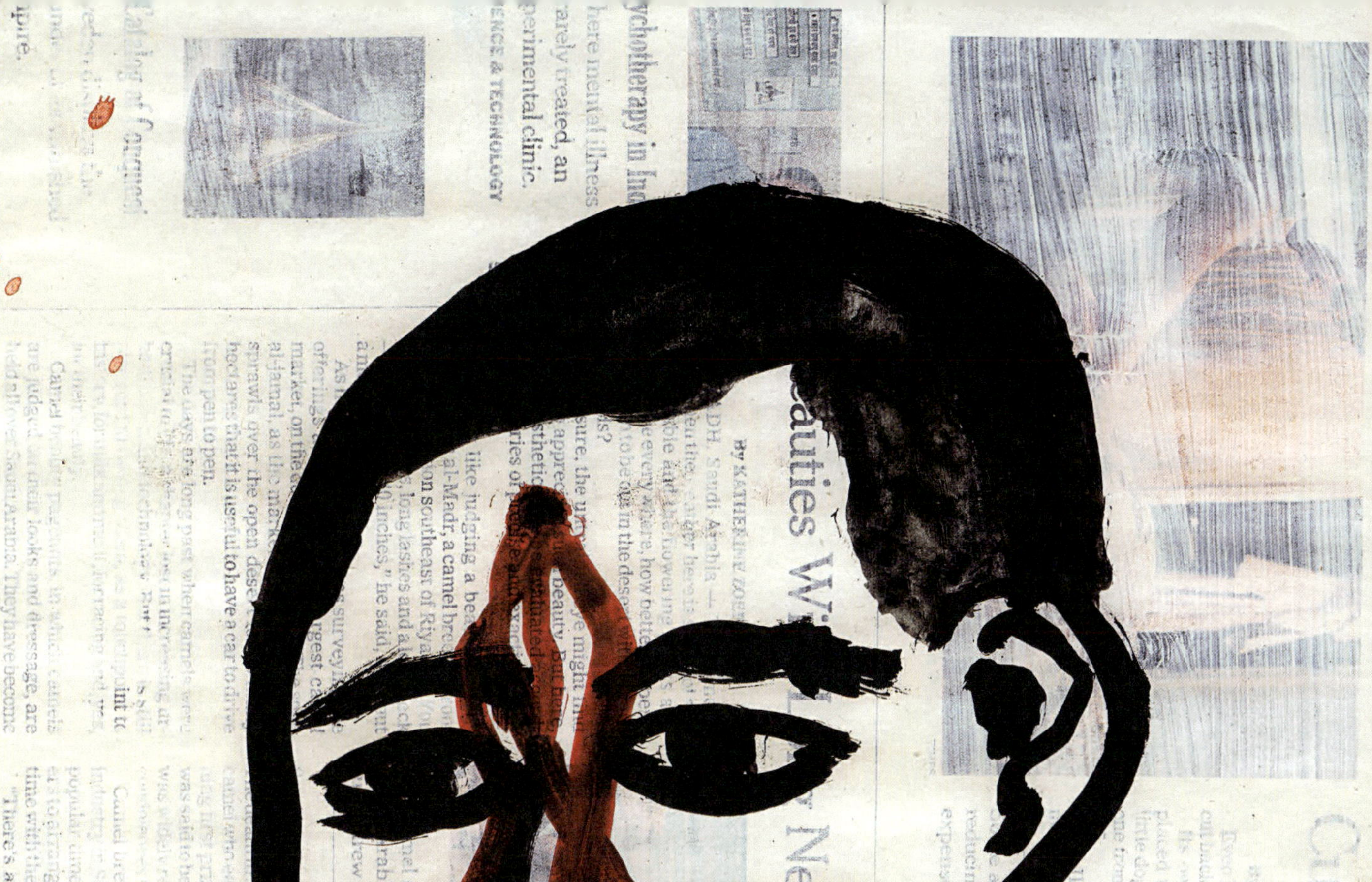

Cutting Back, Tho
Not to the Point of Suffering
Necks and Hump
Backs
SCIENCE & TECHNOLOGY

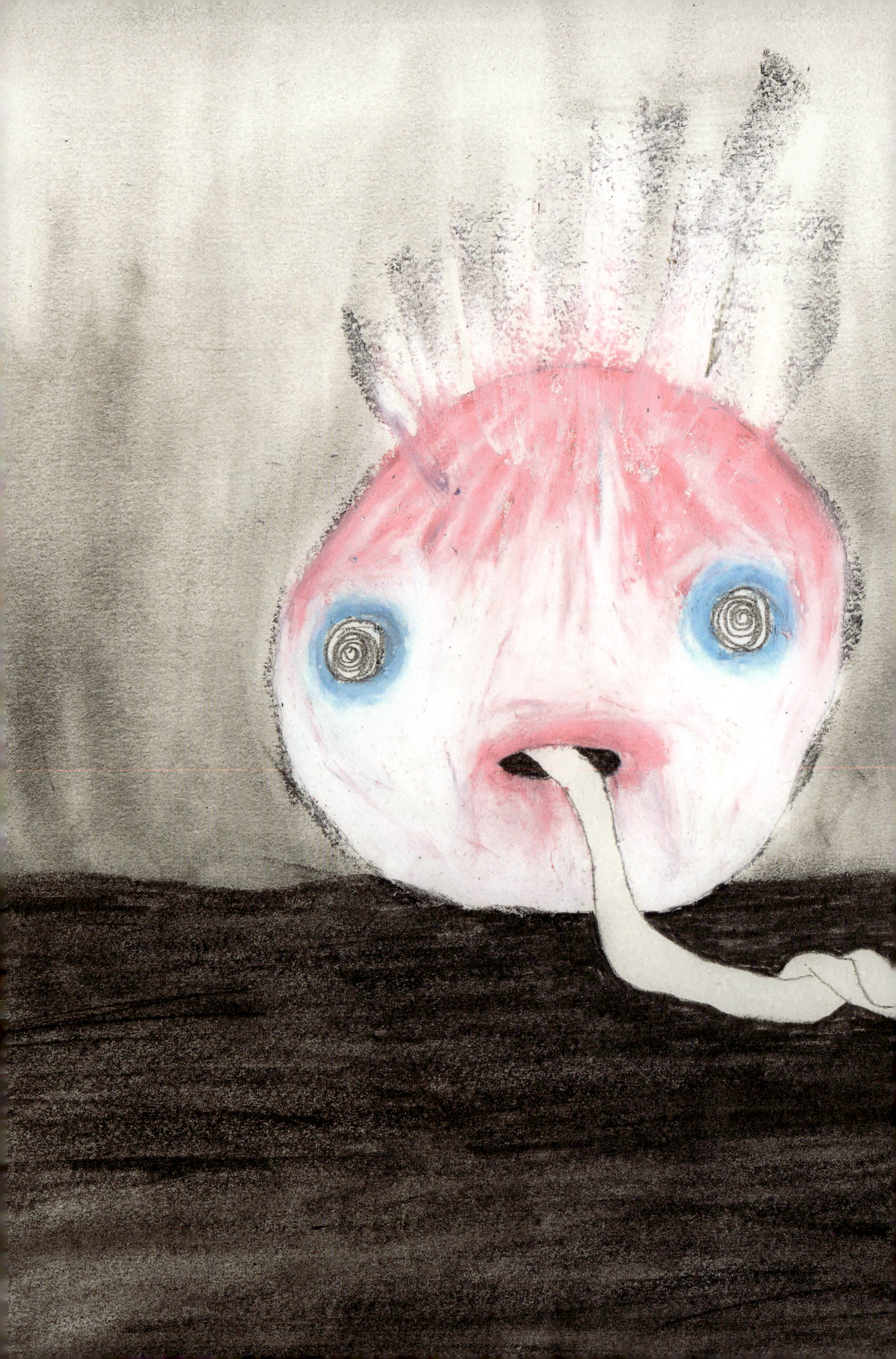

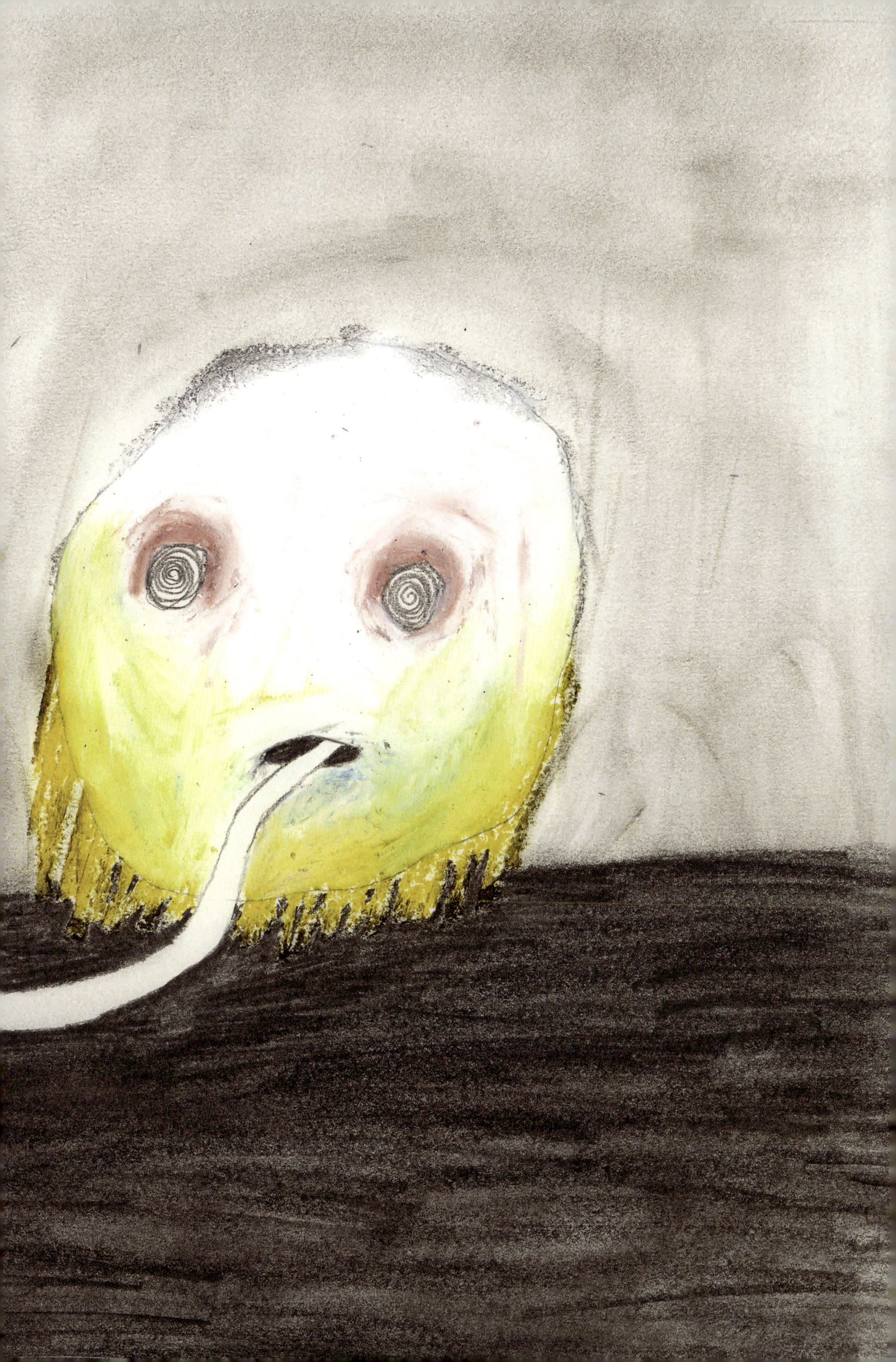

27
06
07

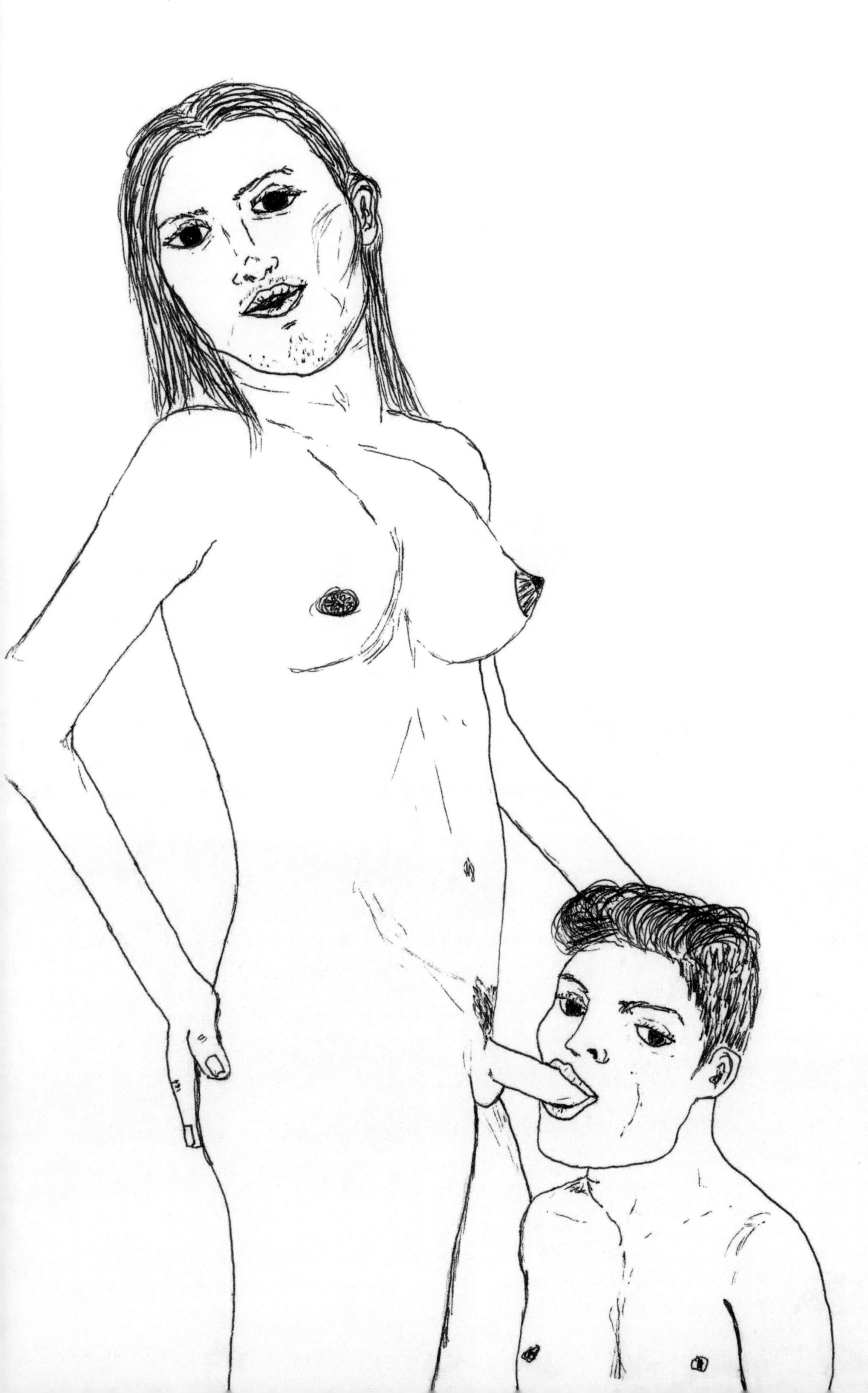

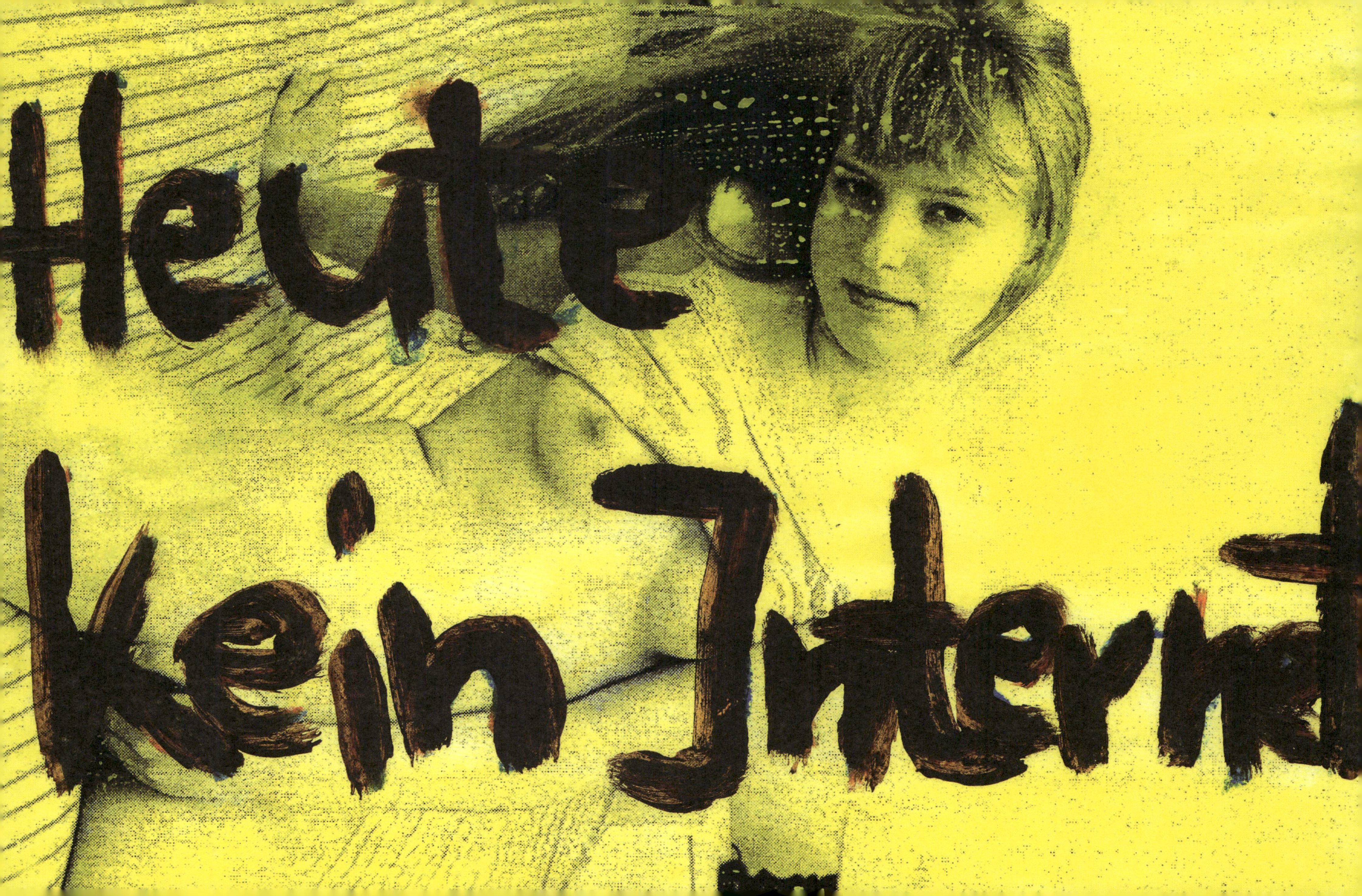
Heute
kein Internet

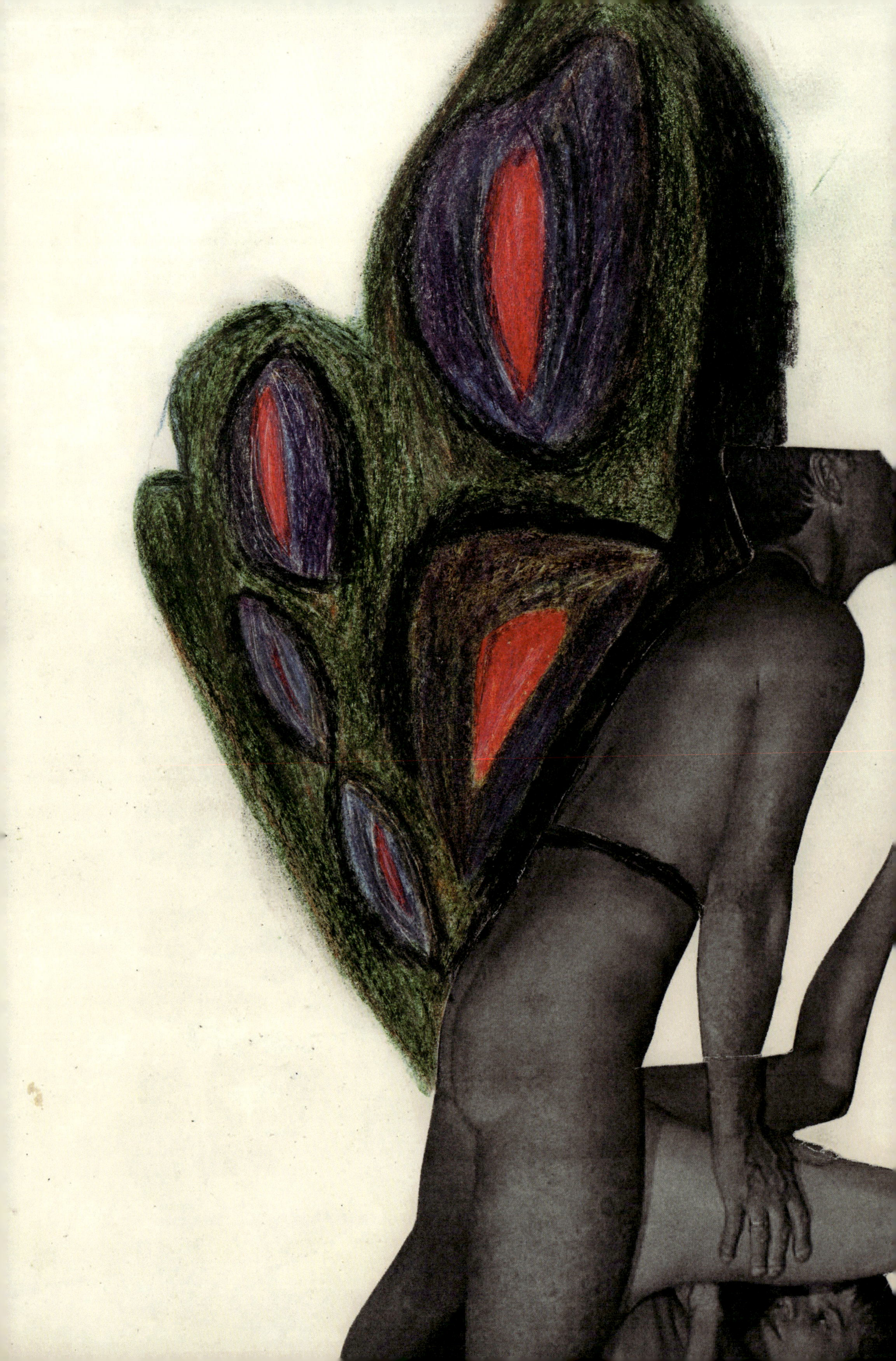

Manchmal scheiß ich auf
Konsequenzen

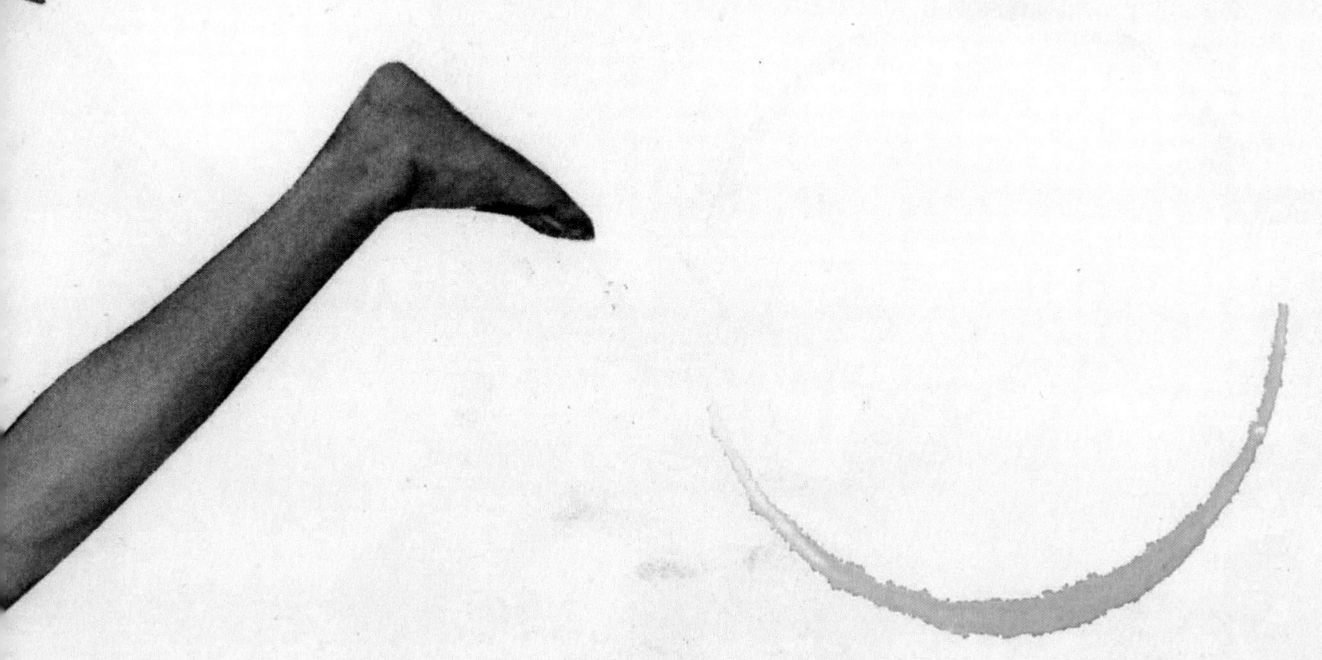

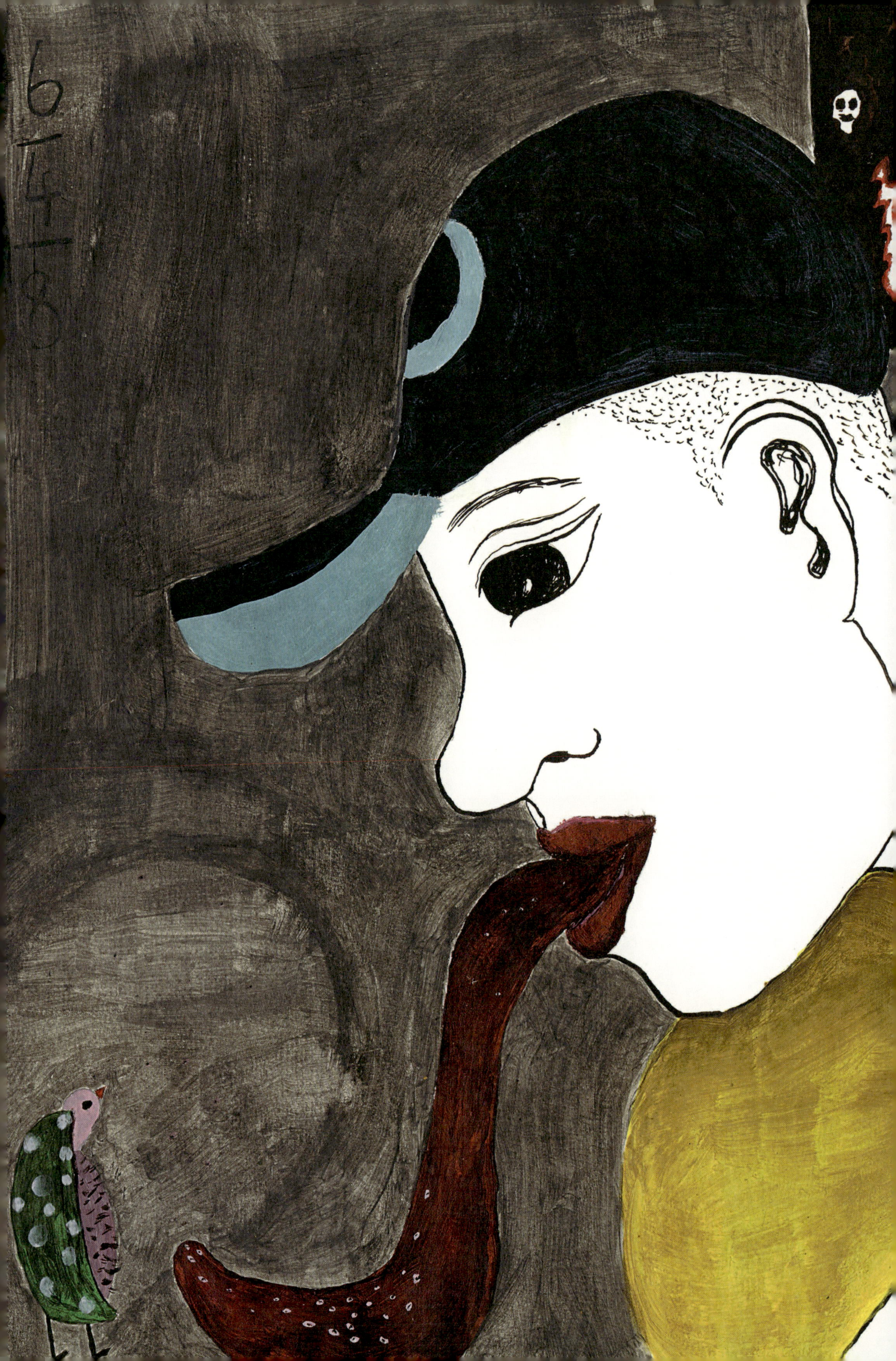
6-4-18

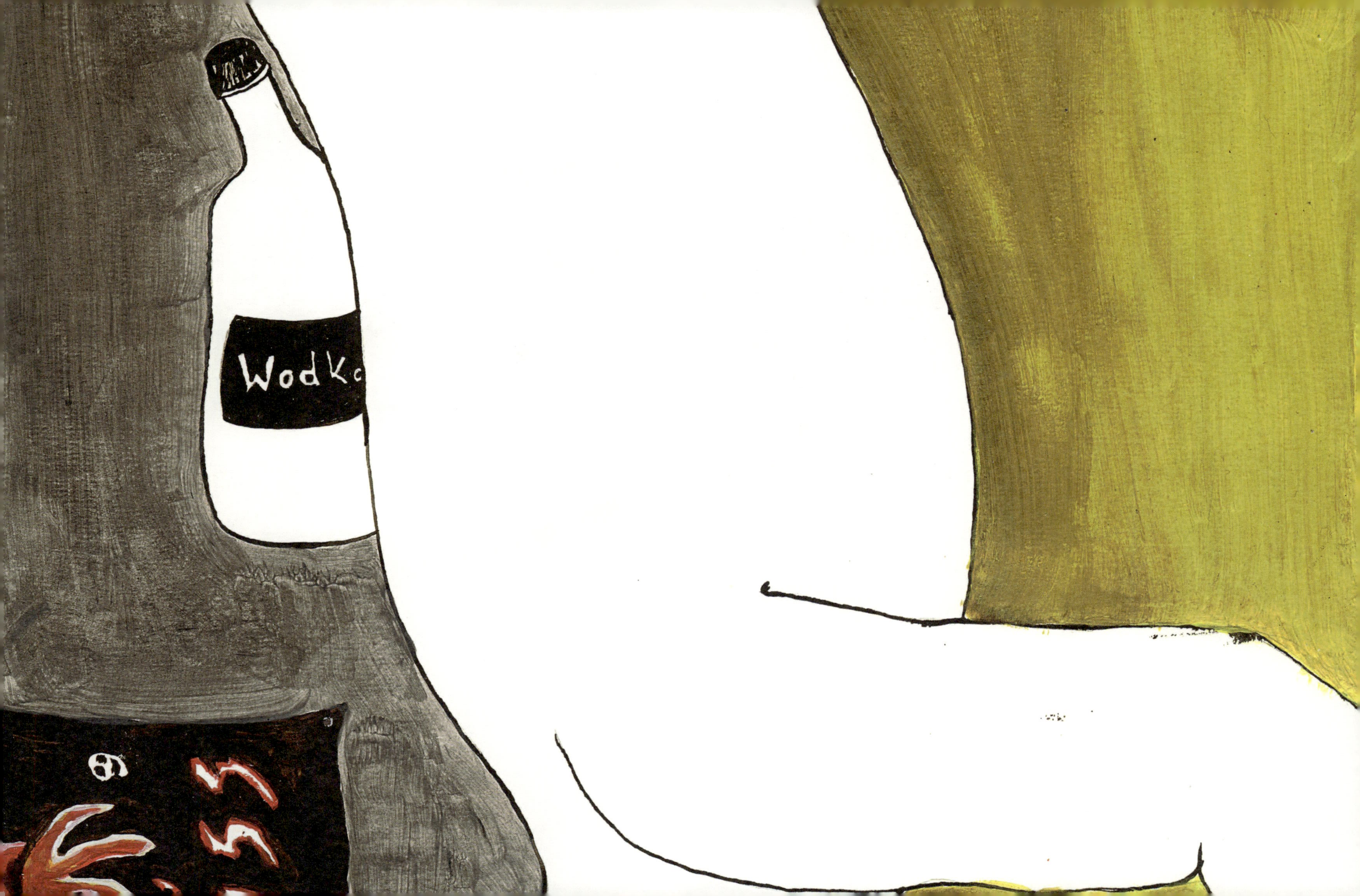
Wodk

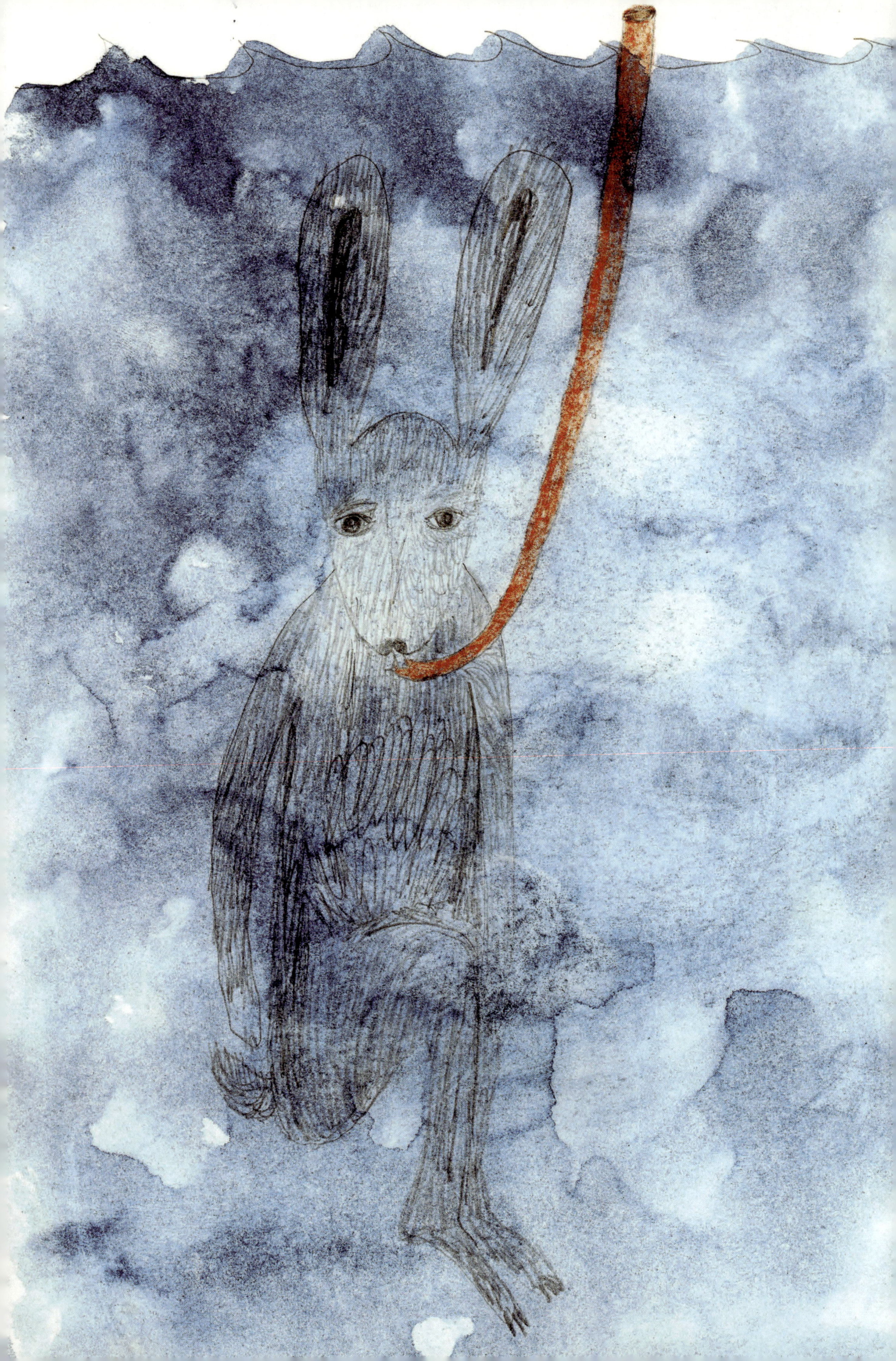

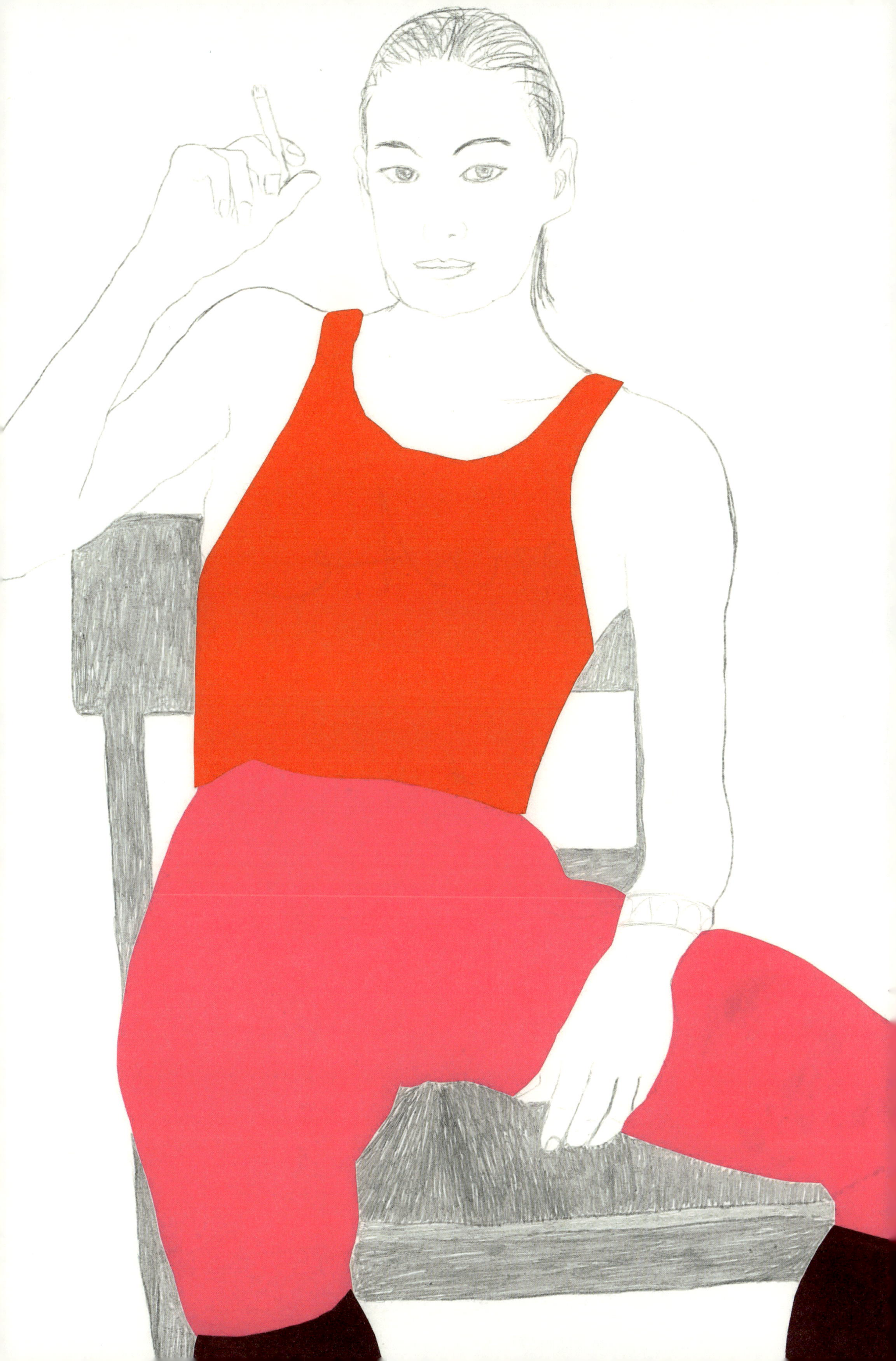

Traurige

Brüste

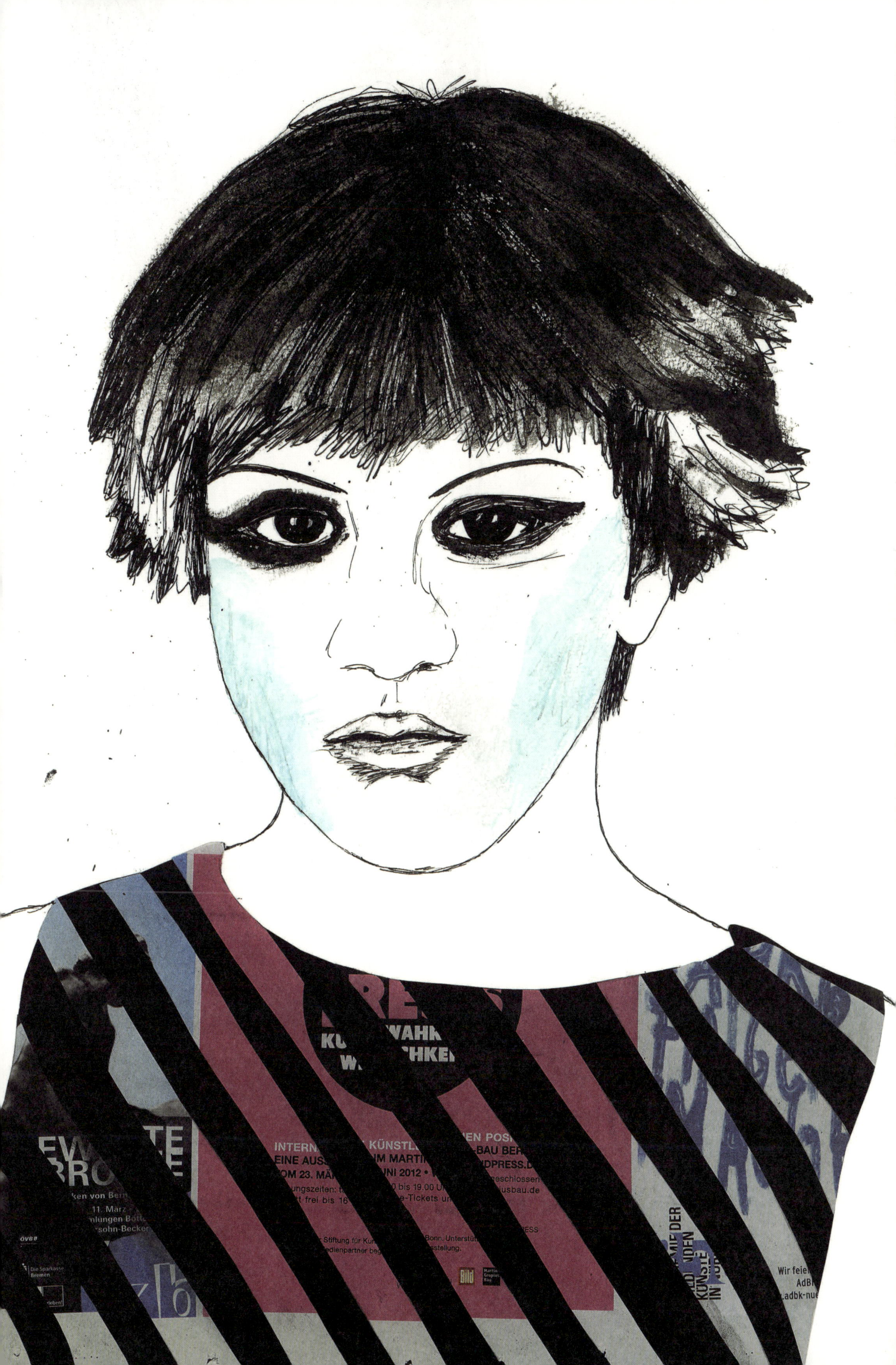

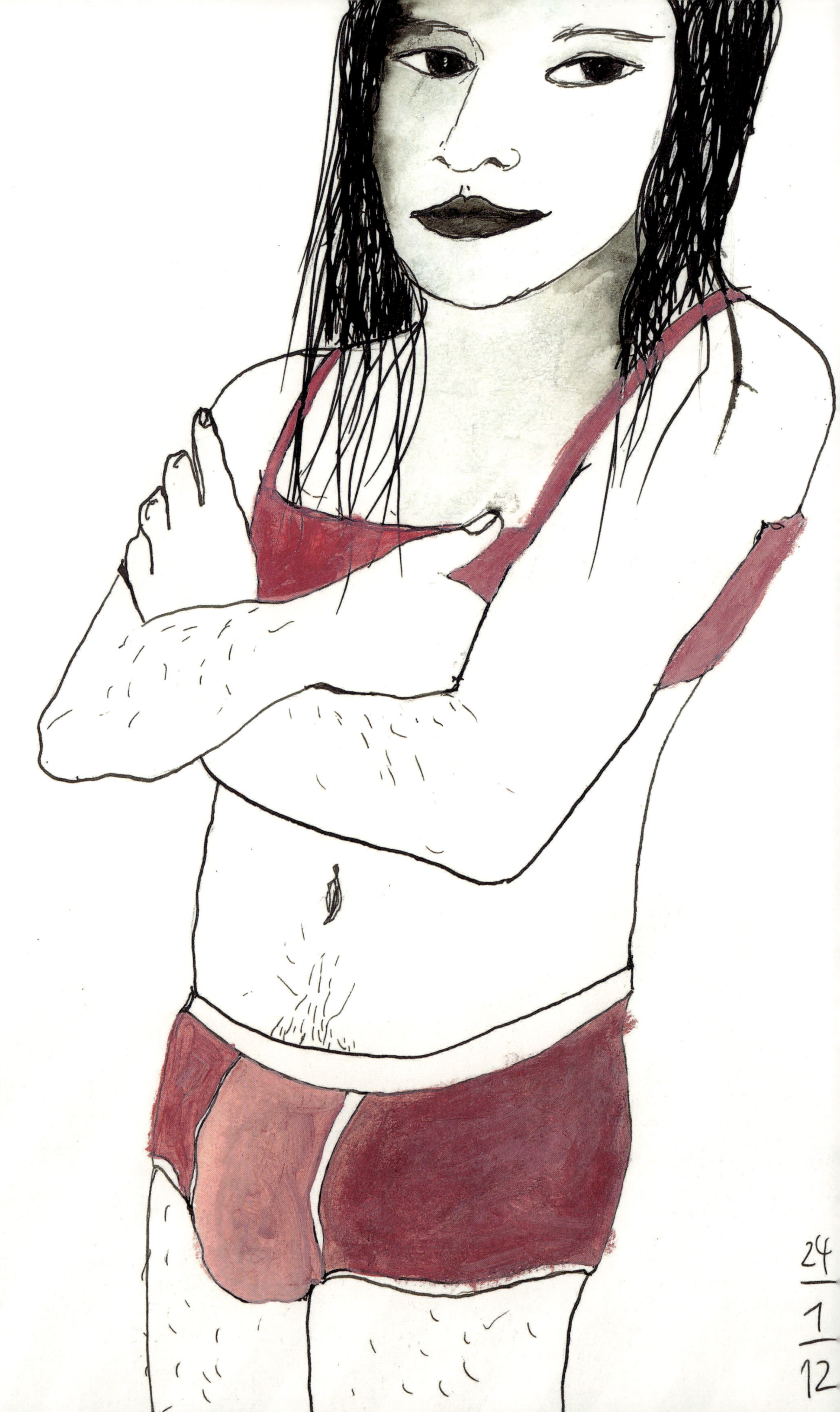
24
1
12

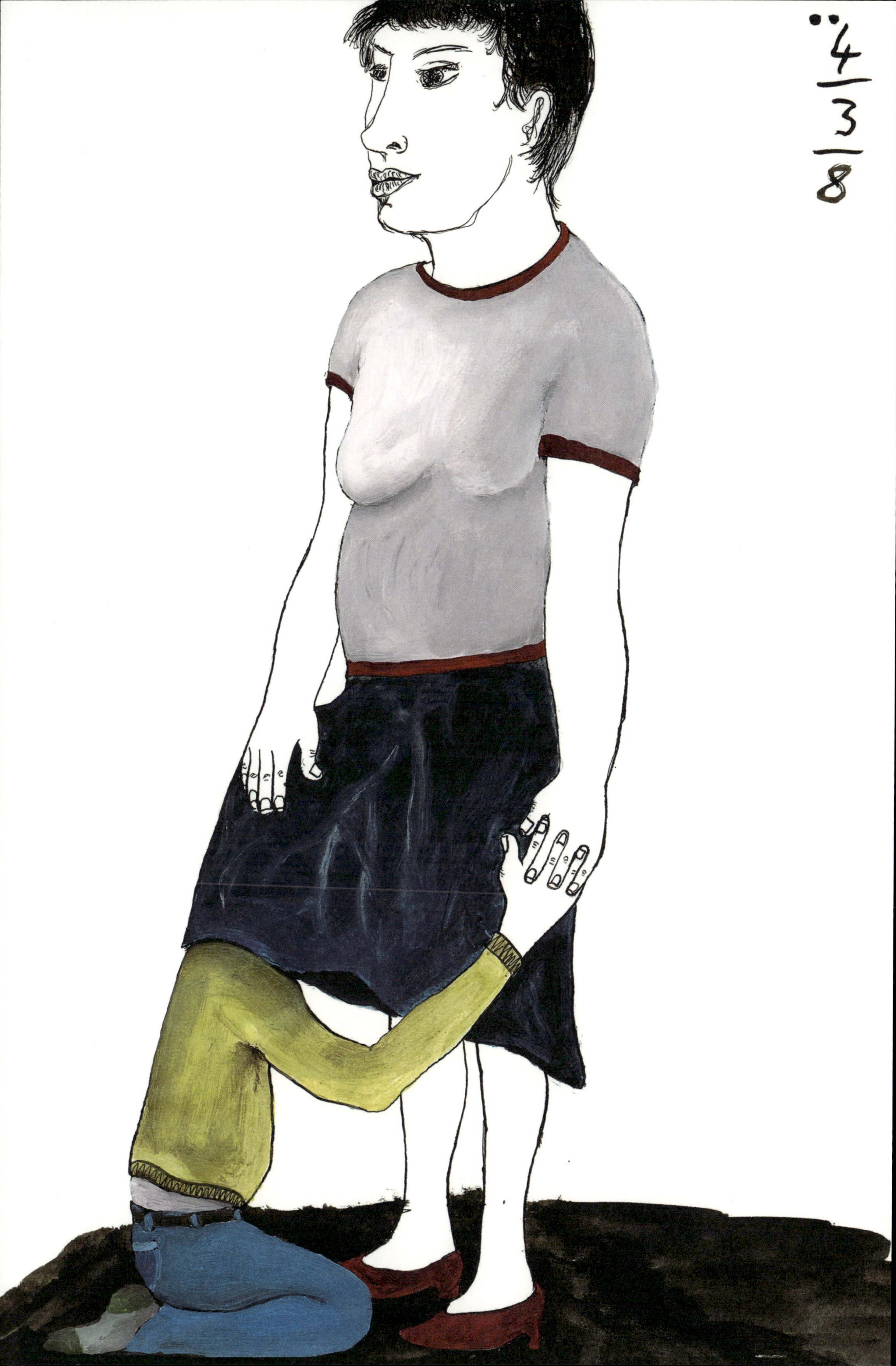
4/3/8

der käfer, den ich neulich getroffen habe, heißt otto. otto bedeutet auf italienisch die zahl acht. otto ist ein netter, ich habe ihn gleich gemocht. mit seinen sechs beinen krabbelt er rücksichtslos über jedes hindernis, was ihm auf seinem weg begegnet. manchmal hängt er fest, zappelt mit seinen zarten gliedern in der luft, aber sein schwerer schwarzer körper zieht ihn immer wieder auf die erde zurück. ich stelle mir vor, ich wäre seine freundin, seine beste freundin, immer an seiner seite. gemeinsam gehen wir unseren weg, bis ein windstoß uns auseinander weht. am nächsten busch liege ich auf dem rücken und denke, ich bin tot. dann kommt otto, legt sich auf meinen bauch und zappelt mit seinen zarten gliedern in der luft. otto, sag ich, otto, mach dich nicht so schwer.

the bug i recently met is called otto. in italian, otto means the number eight. otto is a nice guy, i liked him straight away. with his six legs he resolutely scales every obstacle that he meets on his path. sometimes he gets stuck, waving his delicate limbs in the air, but his heavy black body always pulls him back to the ground. i imagine to be his friend, his best friend, always by his side. together we travel along our way, until a gust of wind blows us apart. i am lying on my back inside the nearest shrub and i think that i am dead. then otto comes by, lies down on my belly and waves his delicate limbs in the air. otto, i say, otto, don’t make yourself so heavy.

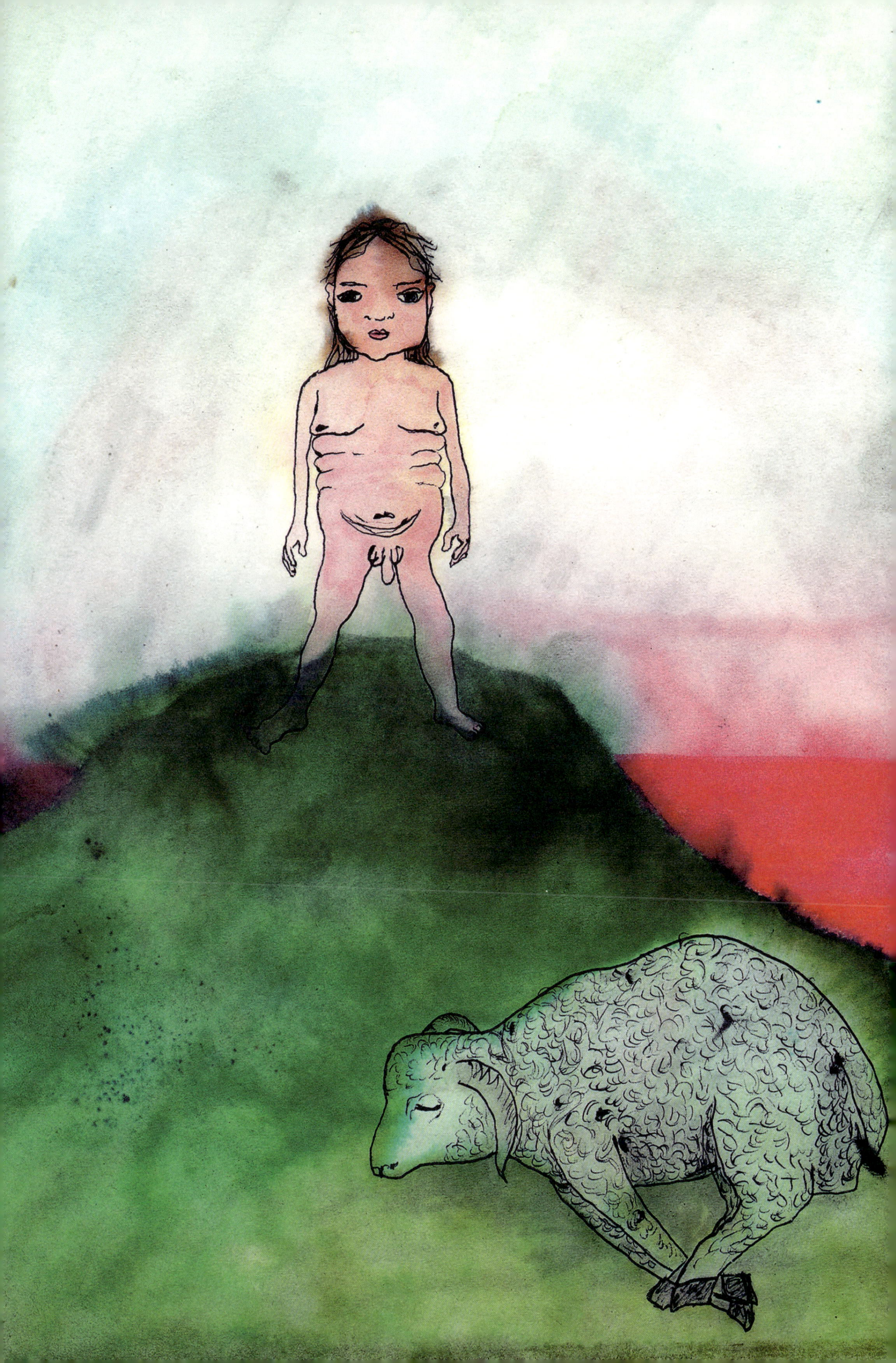

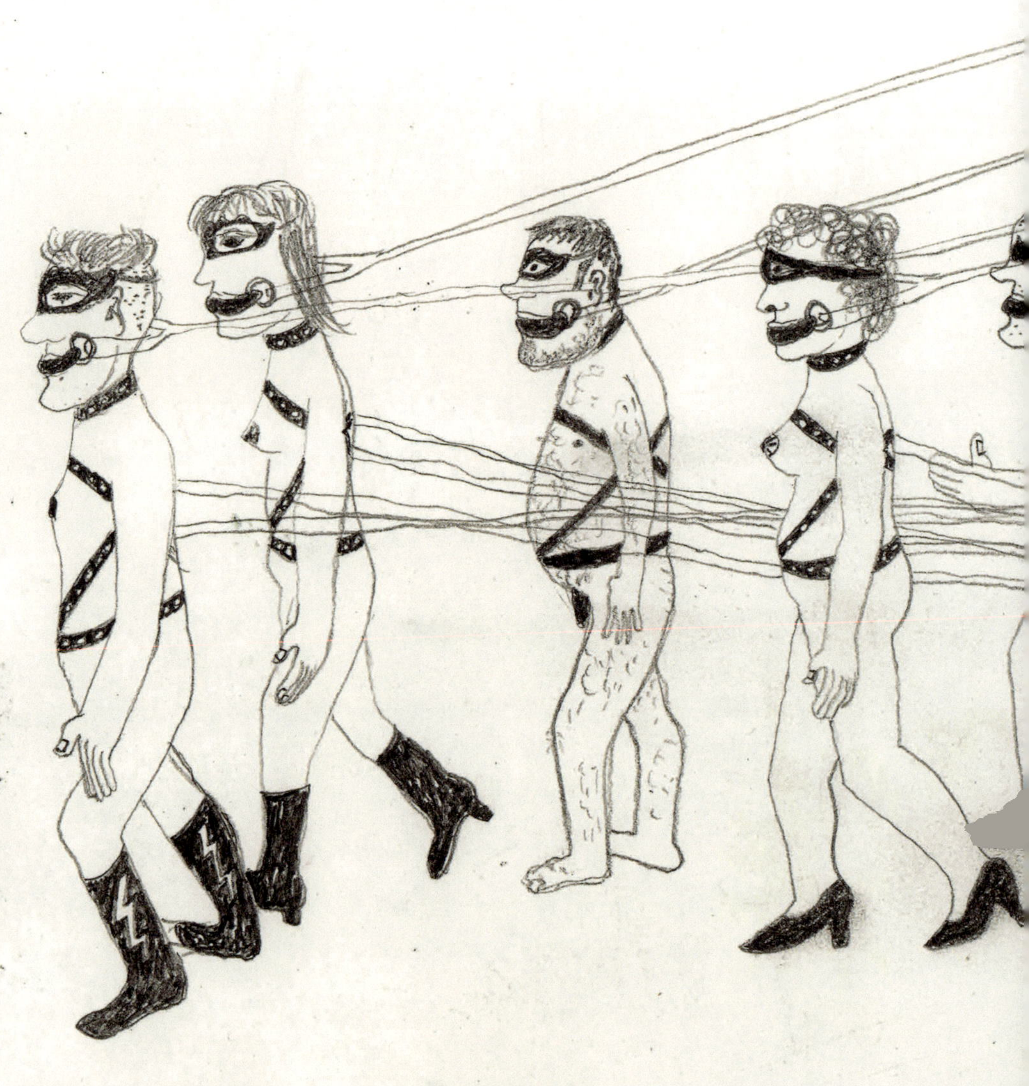

Regenbogenparade Wien 3

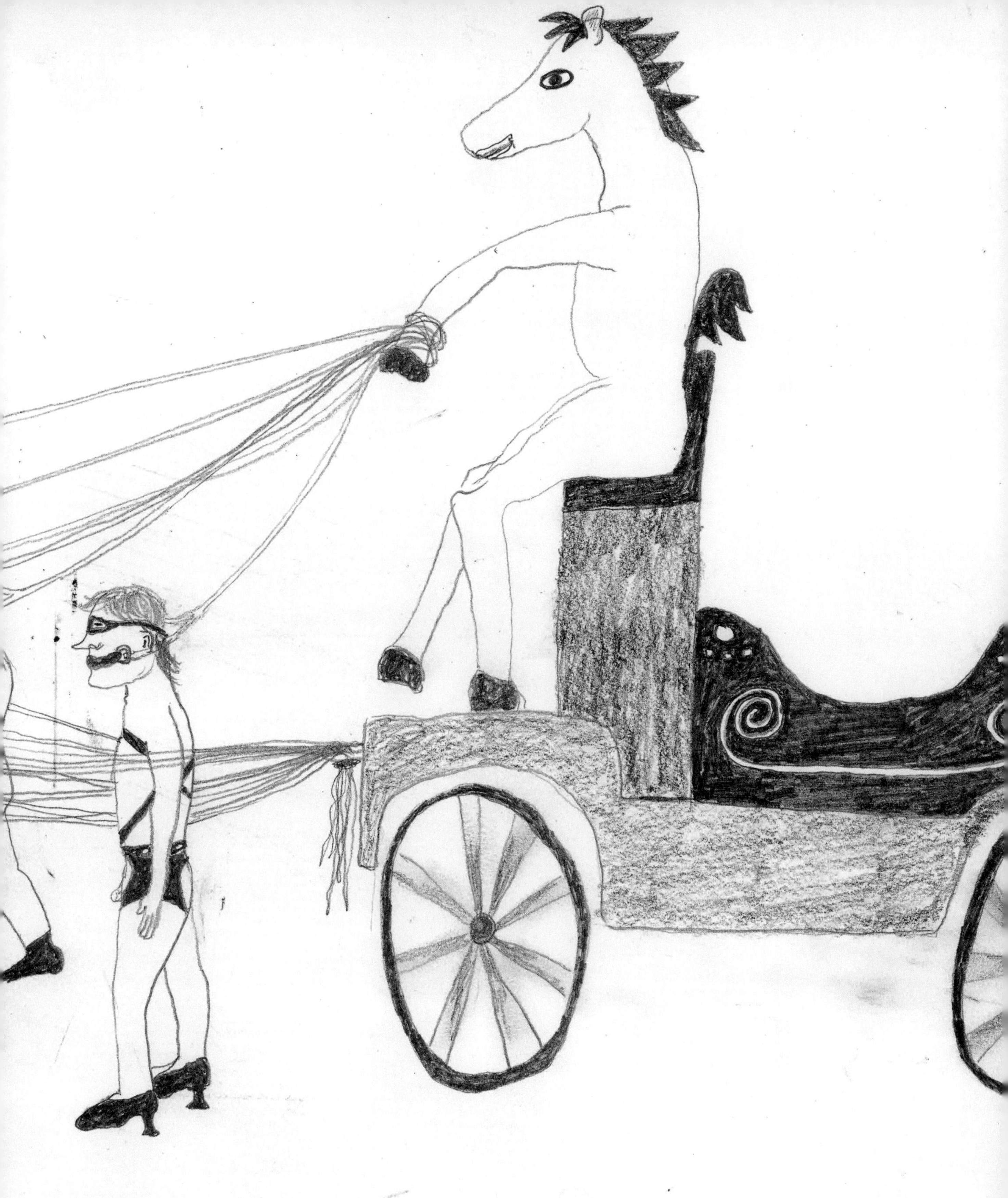

ni 2007

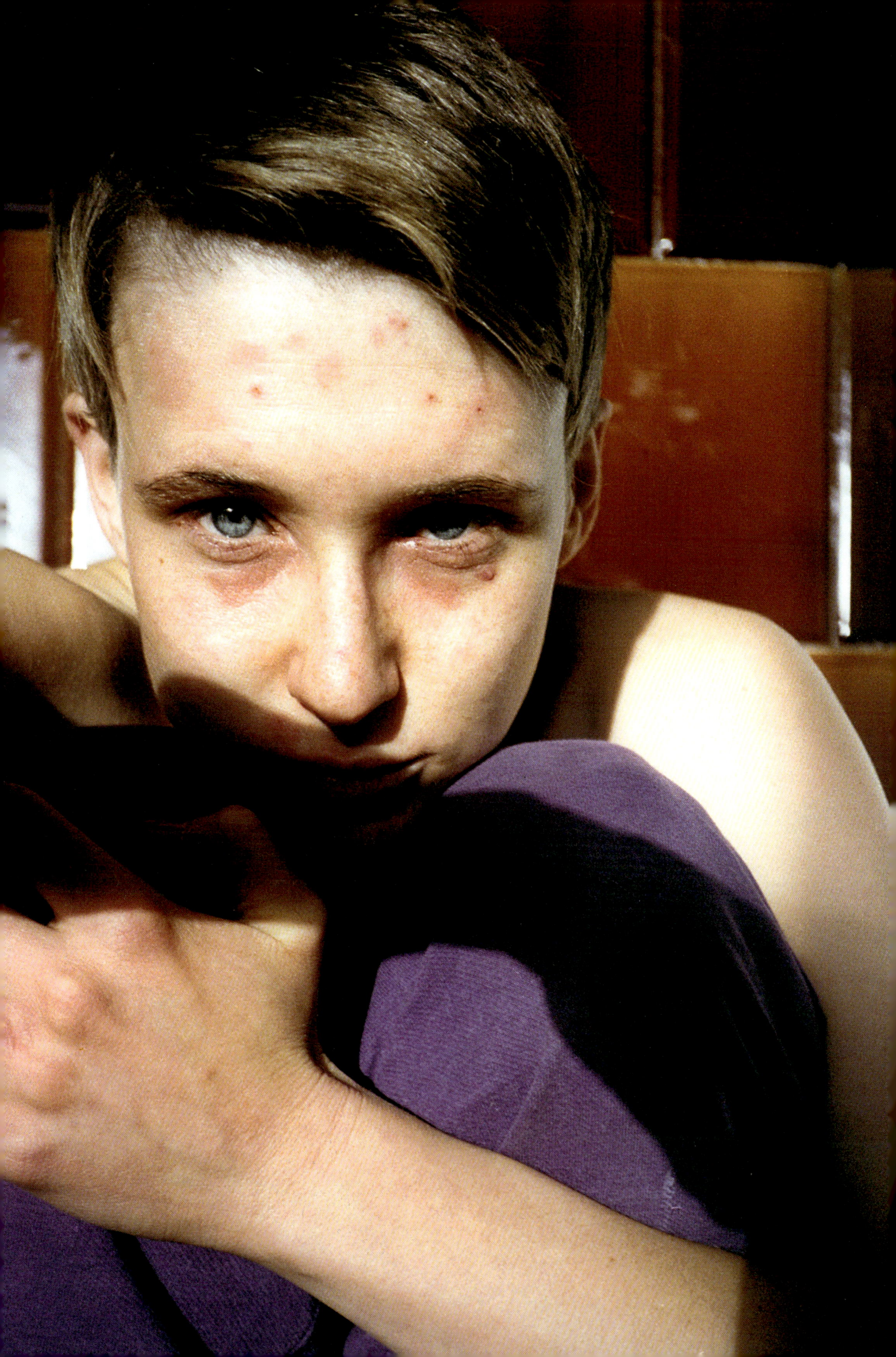

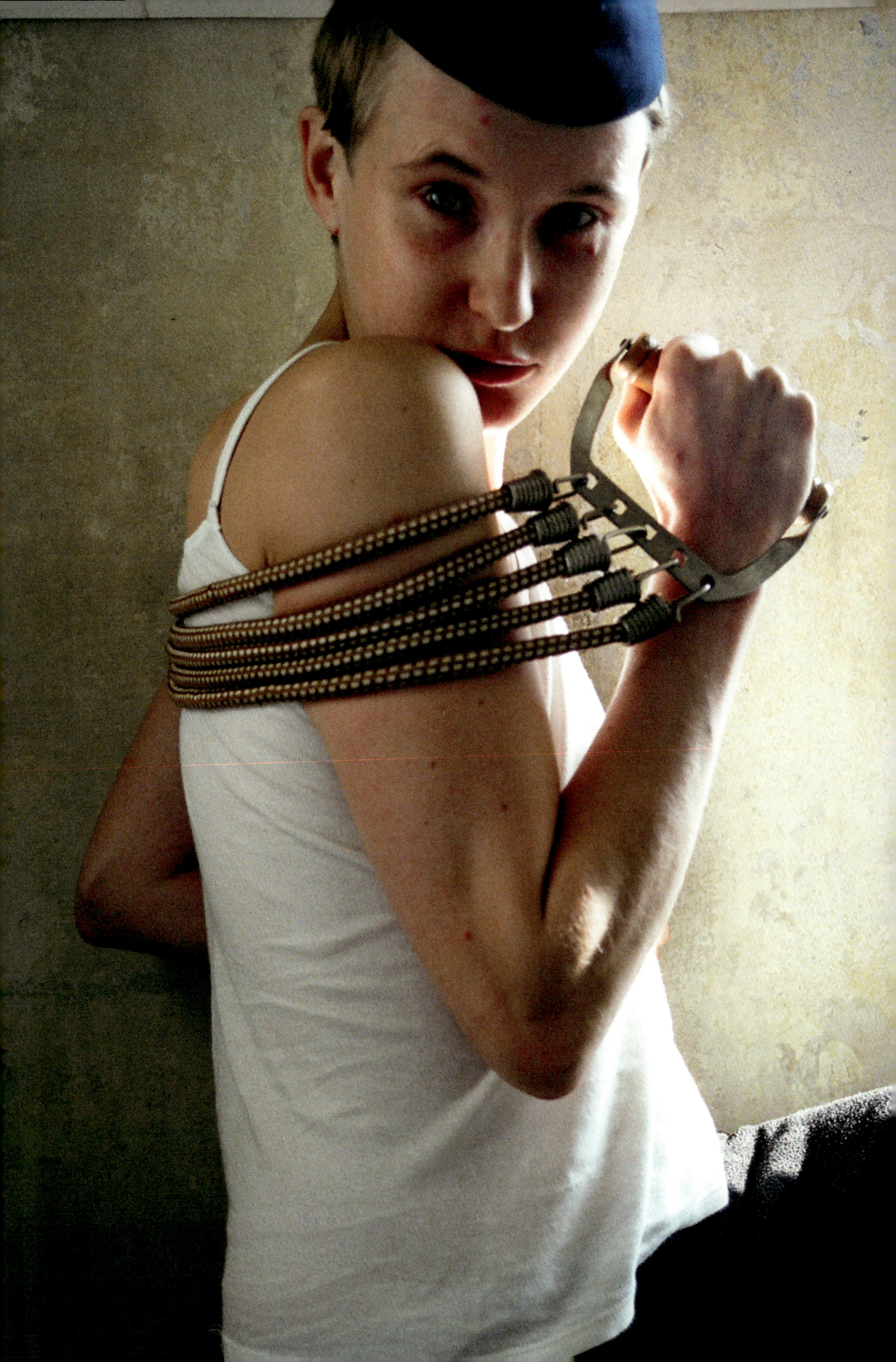

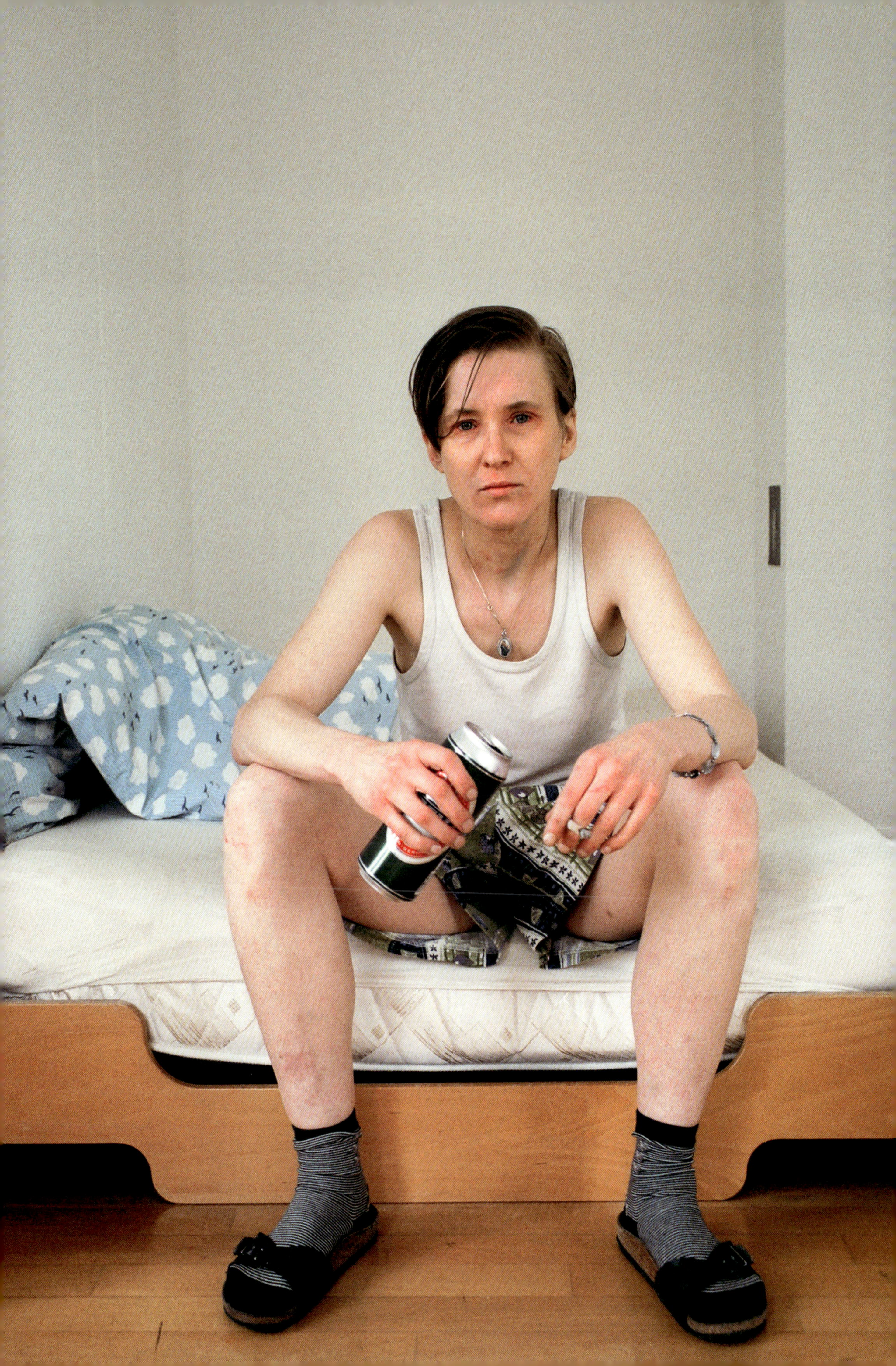

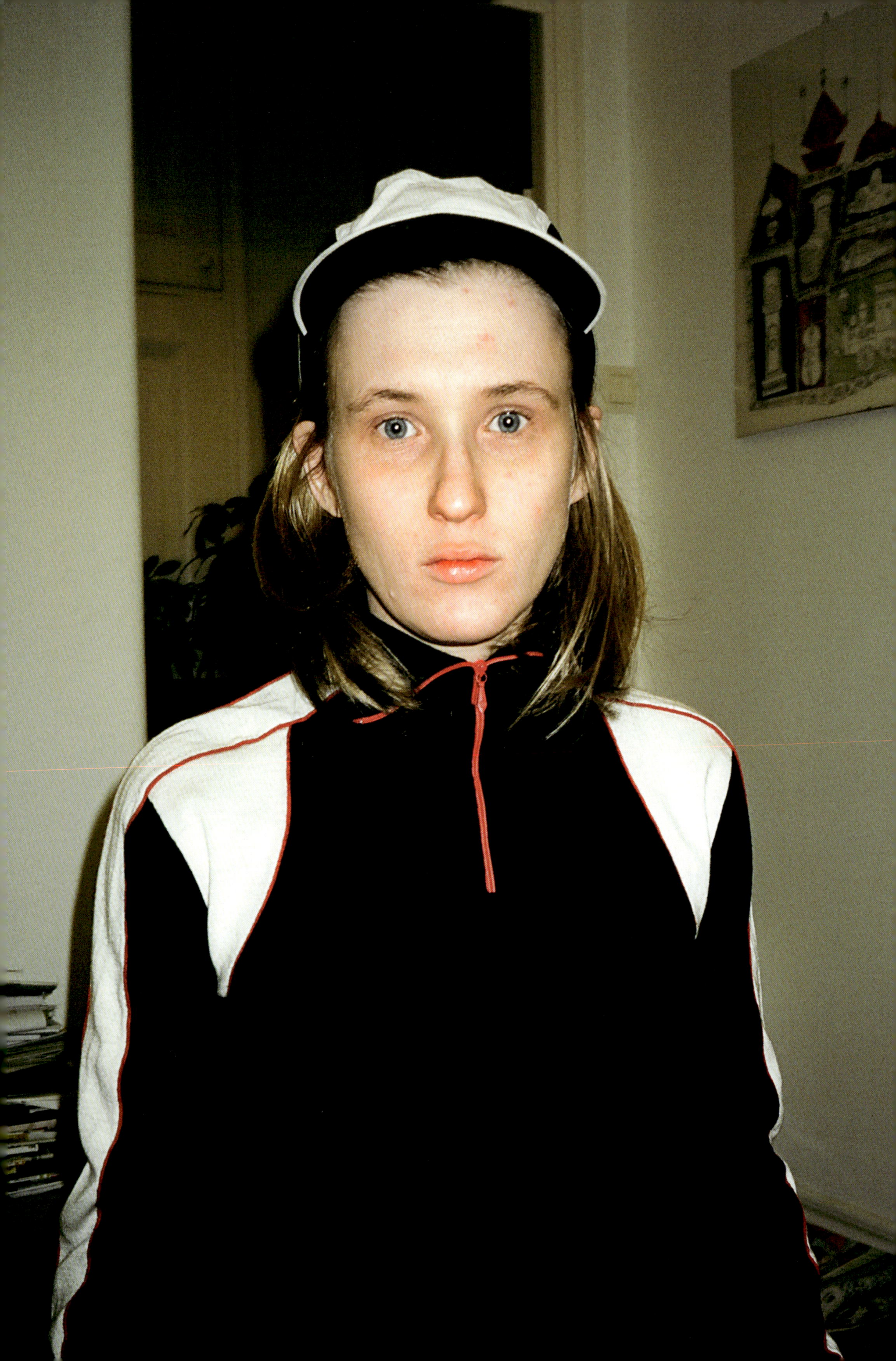

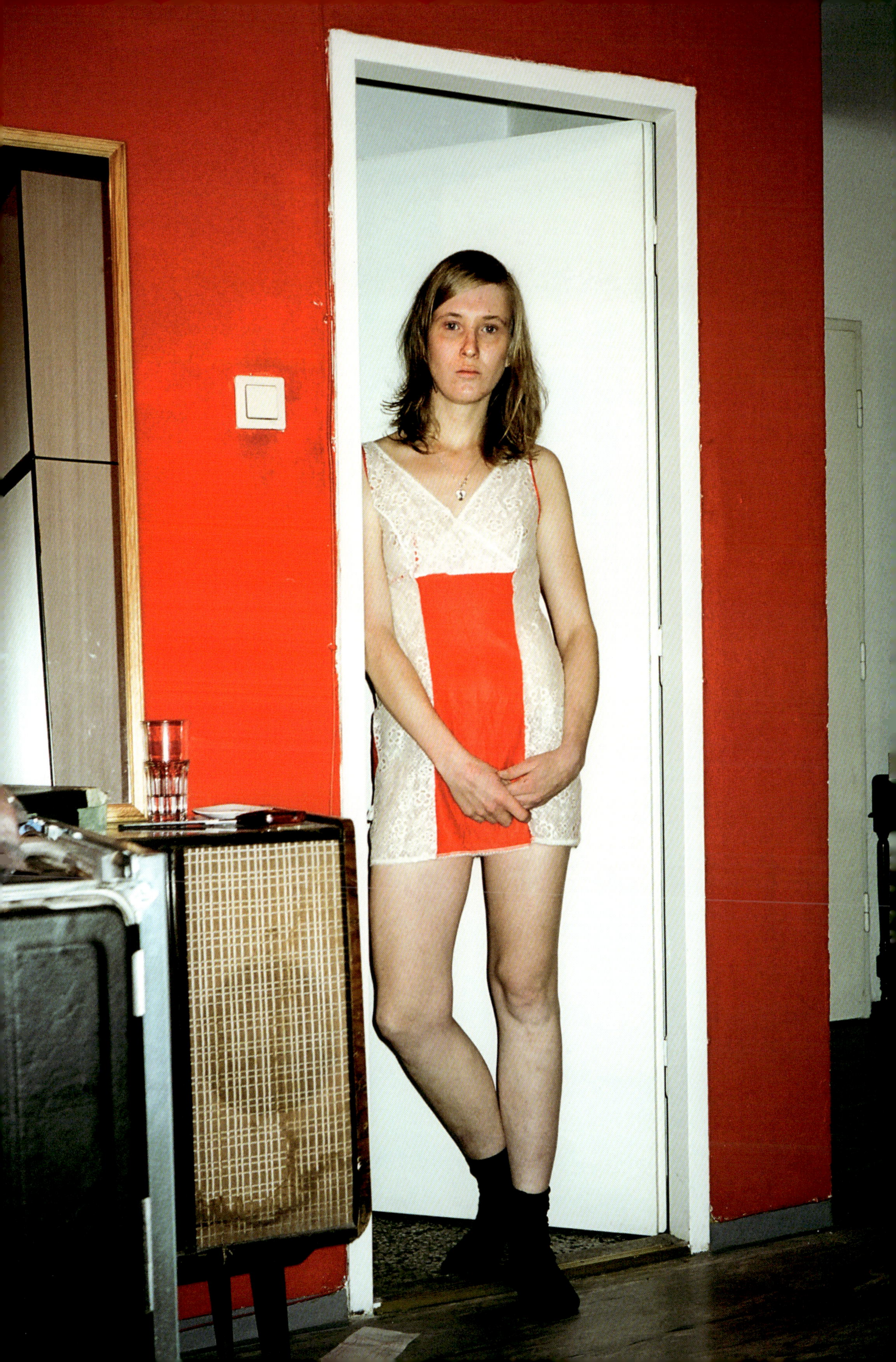

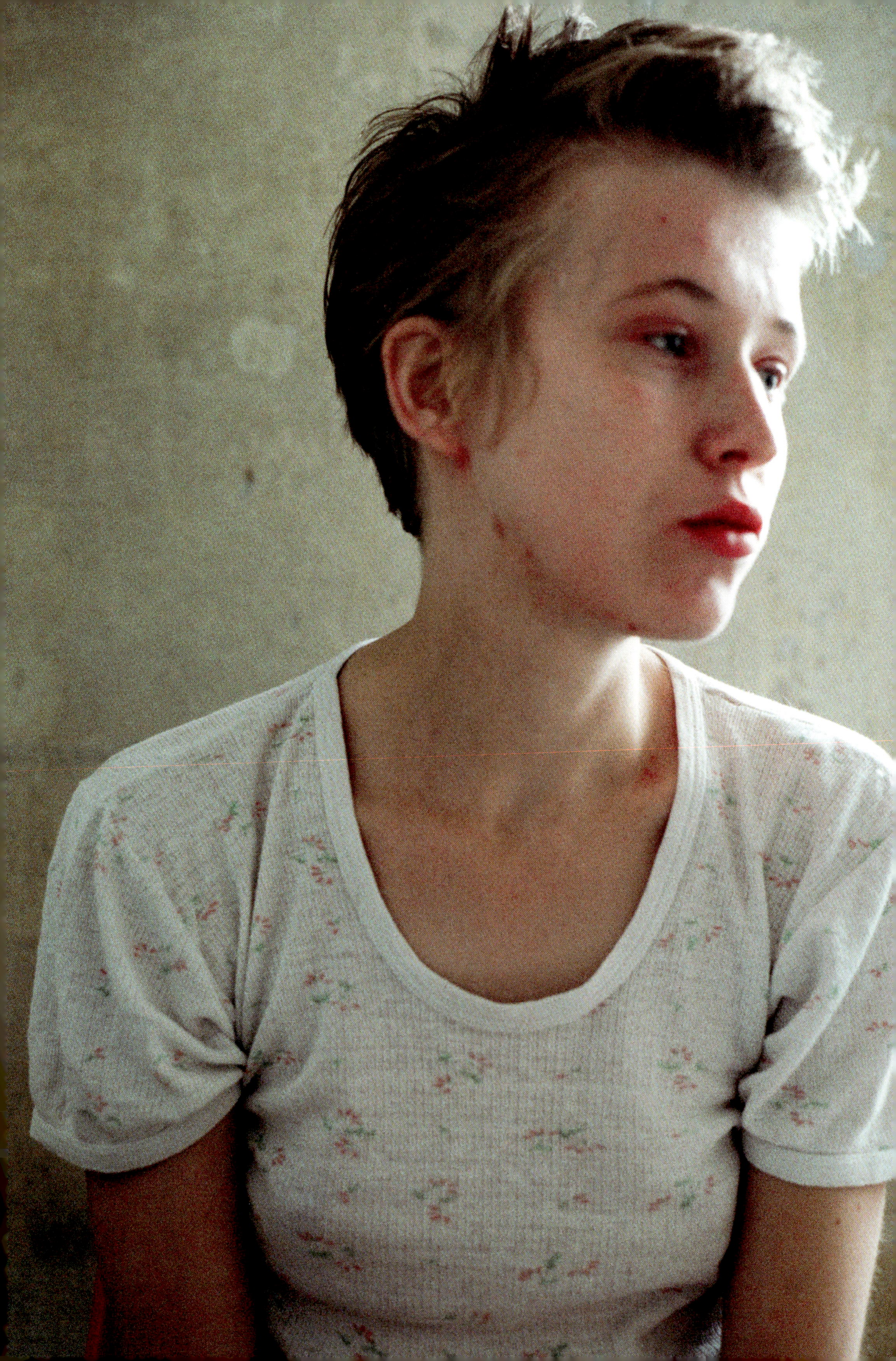

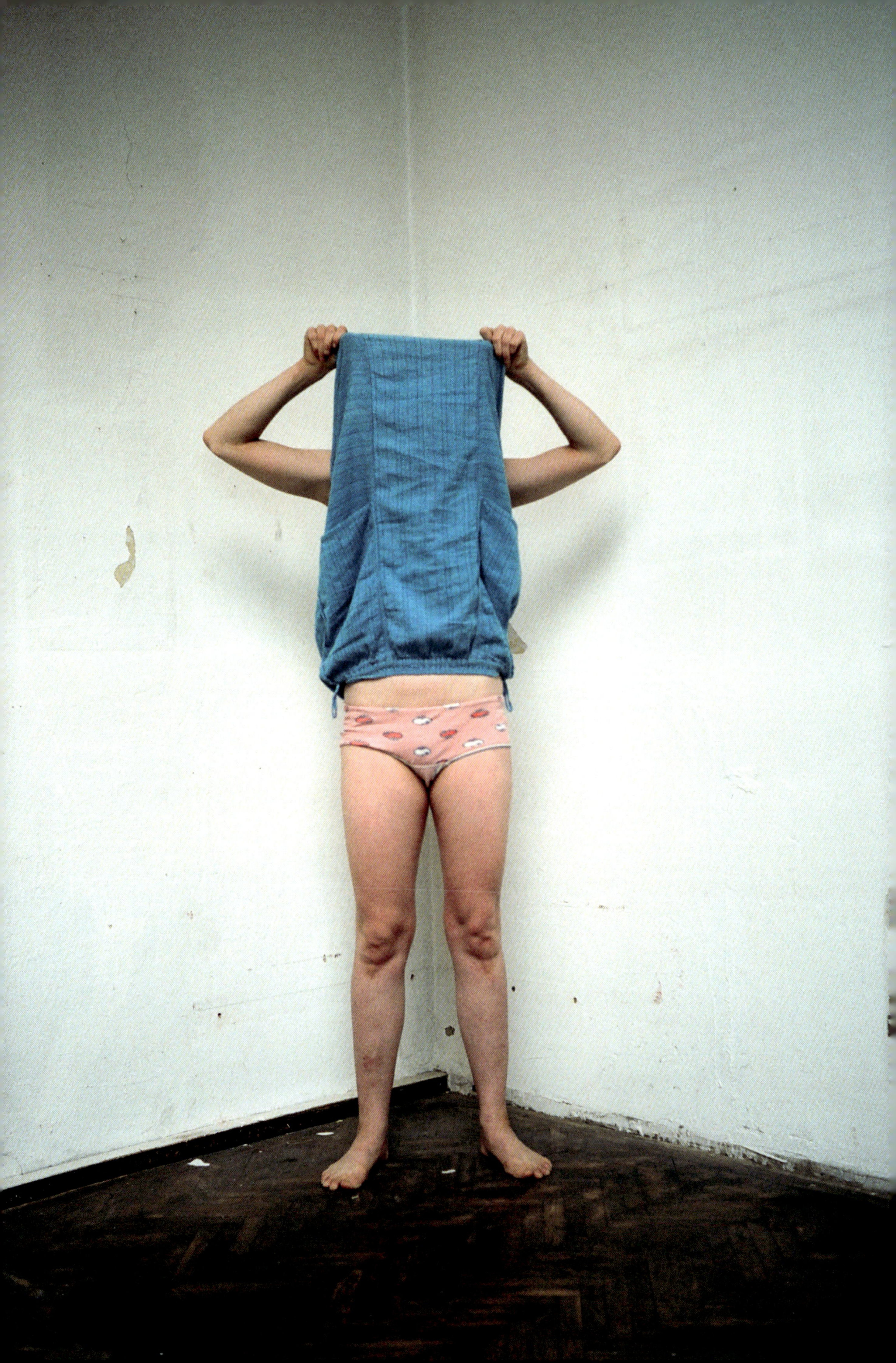

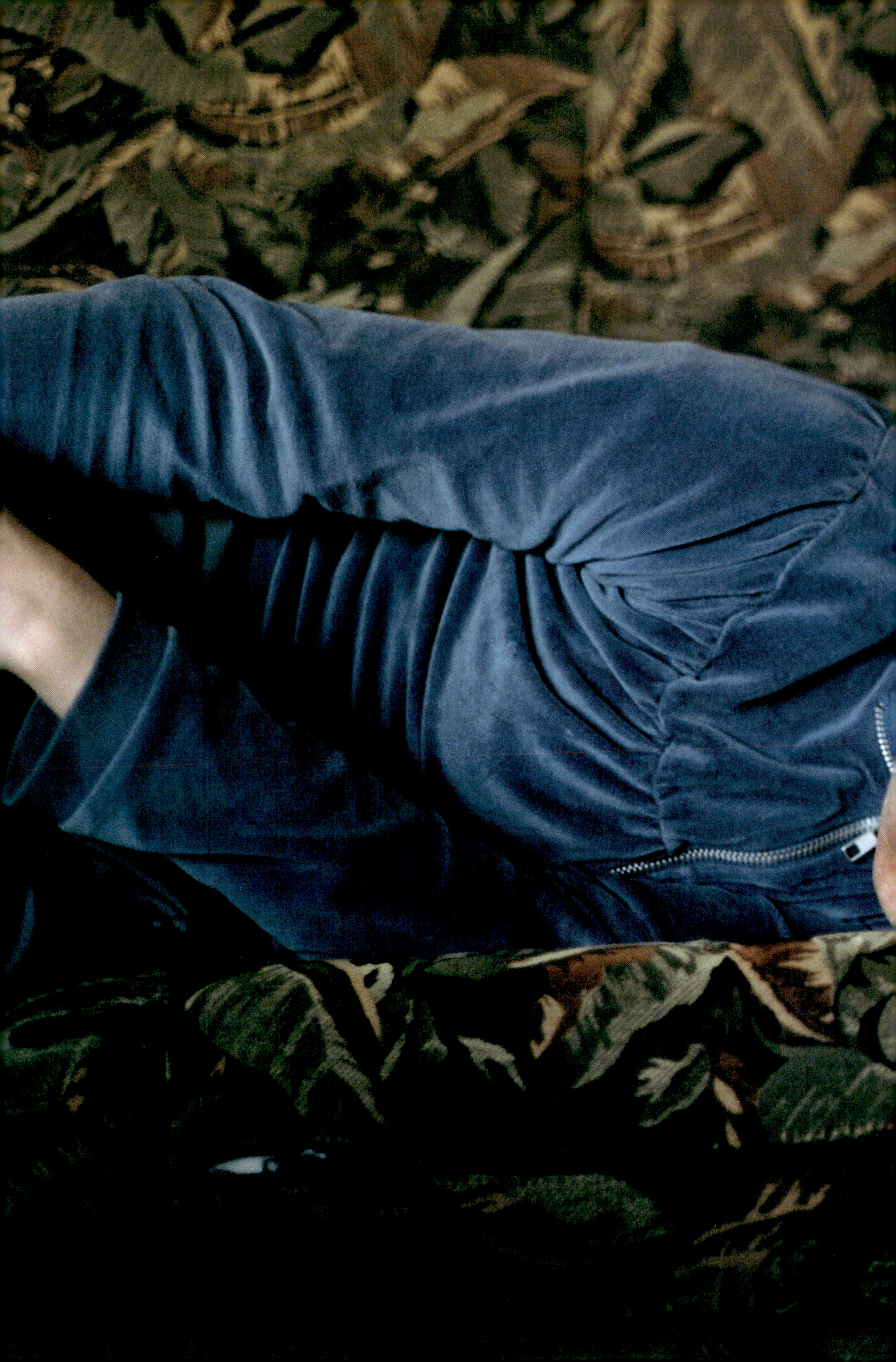

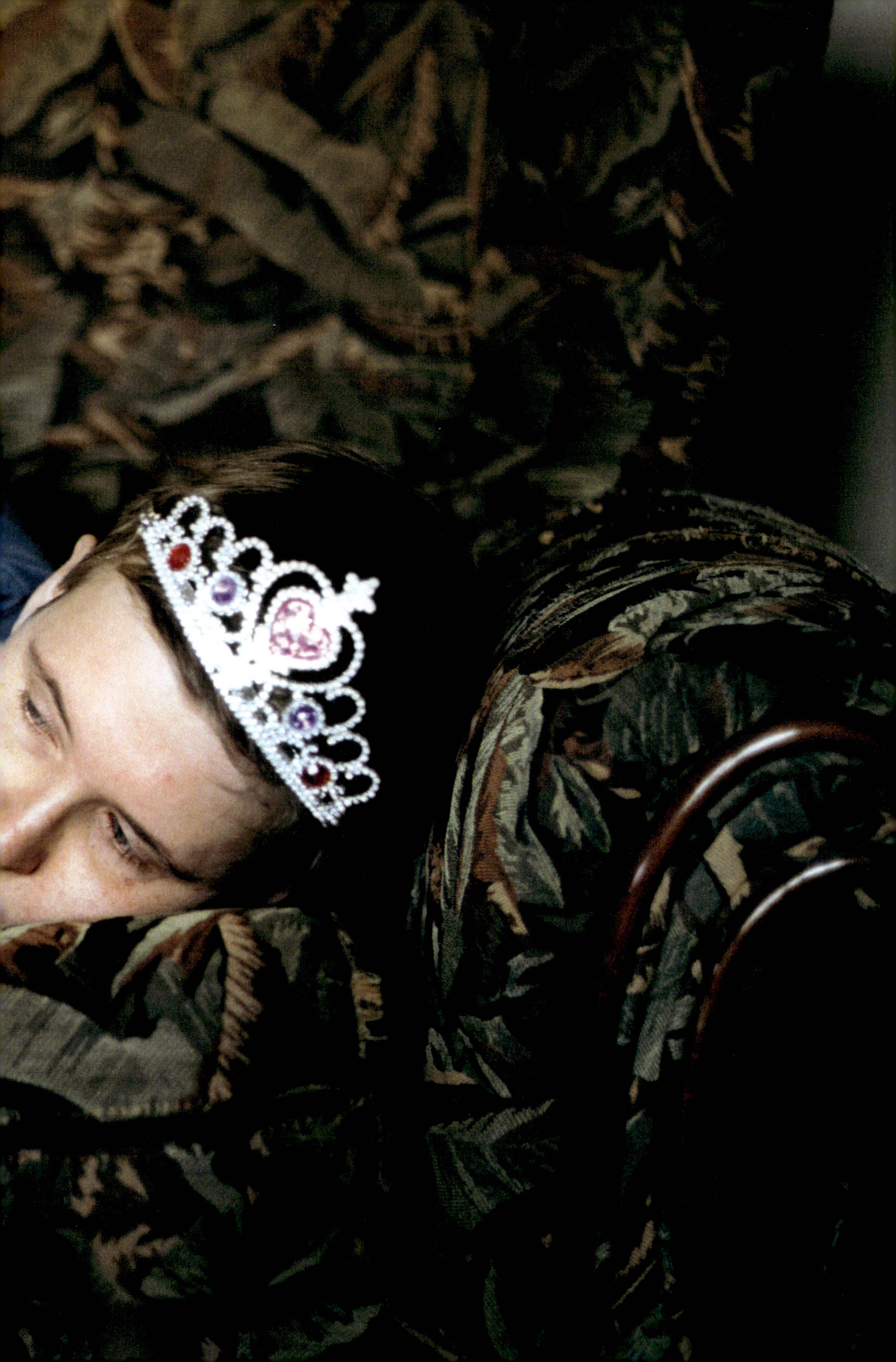

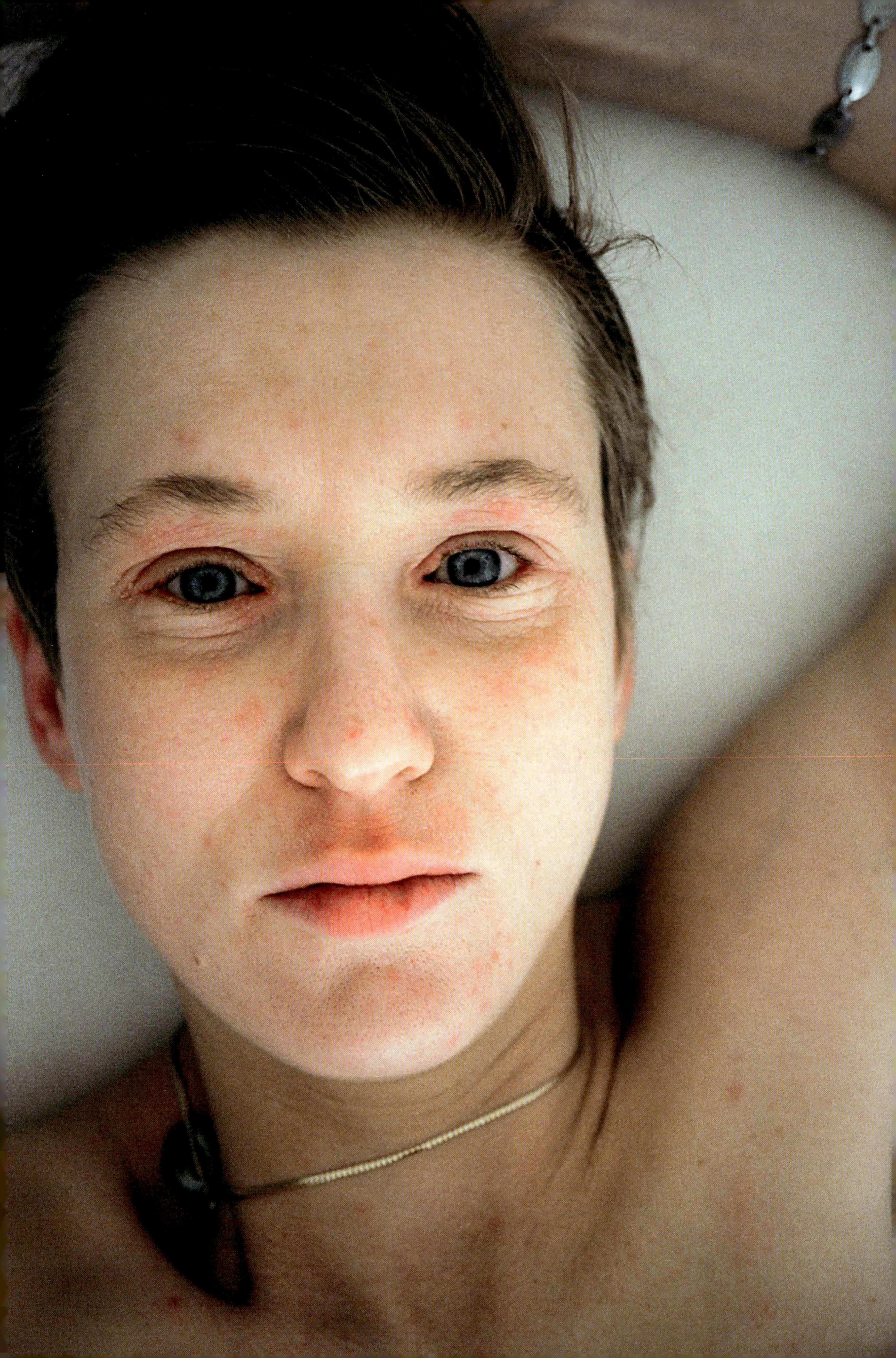

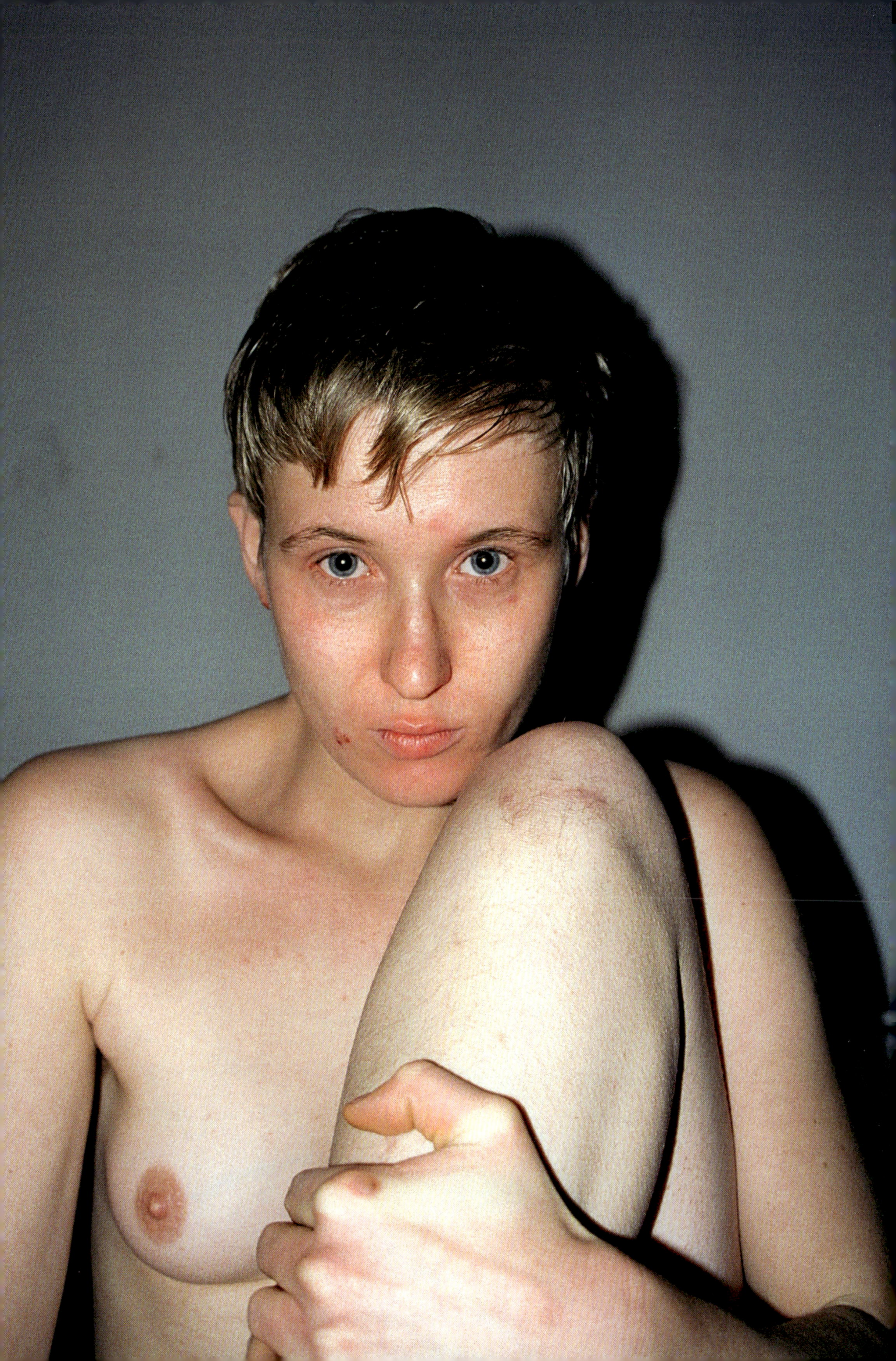

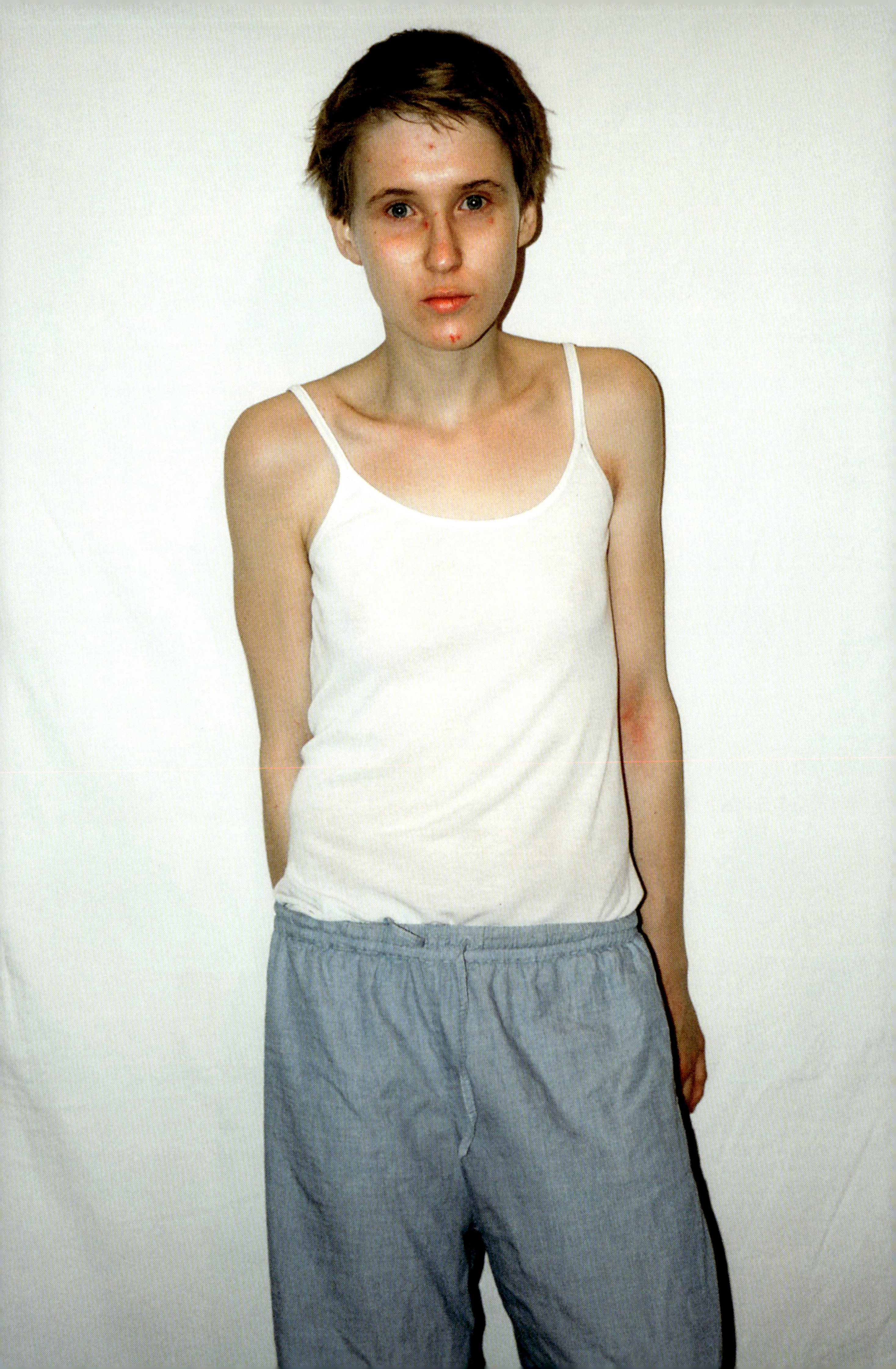

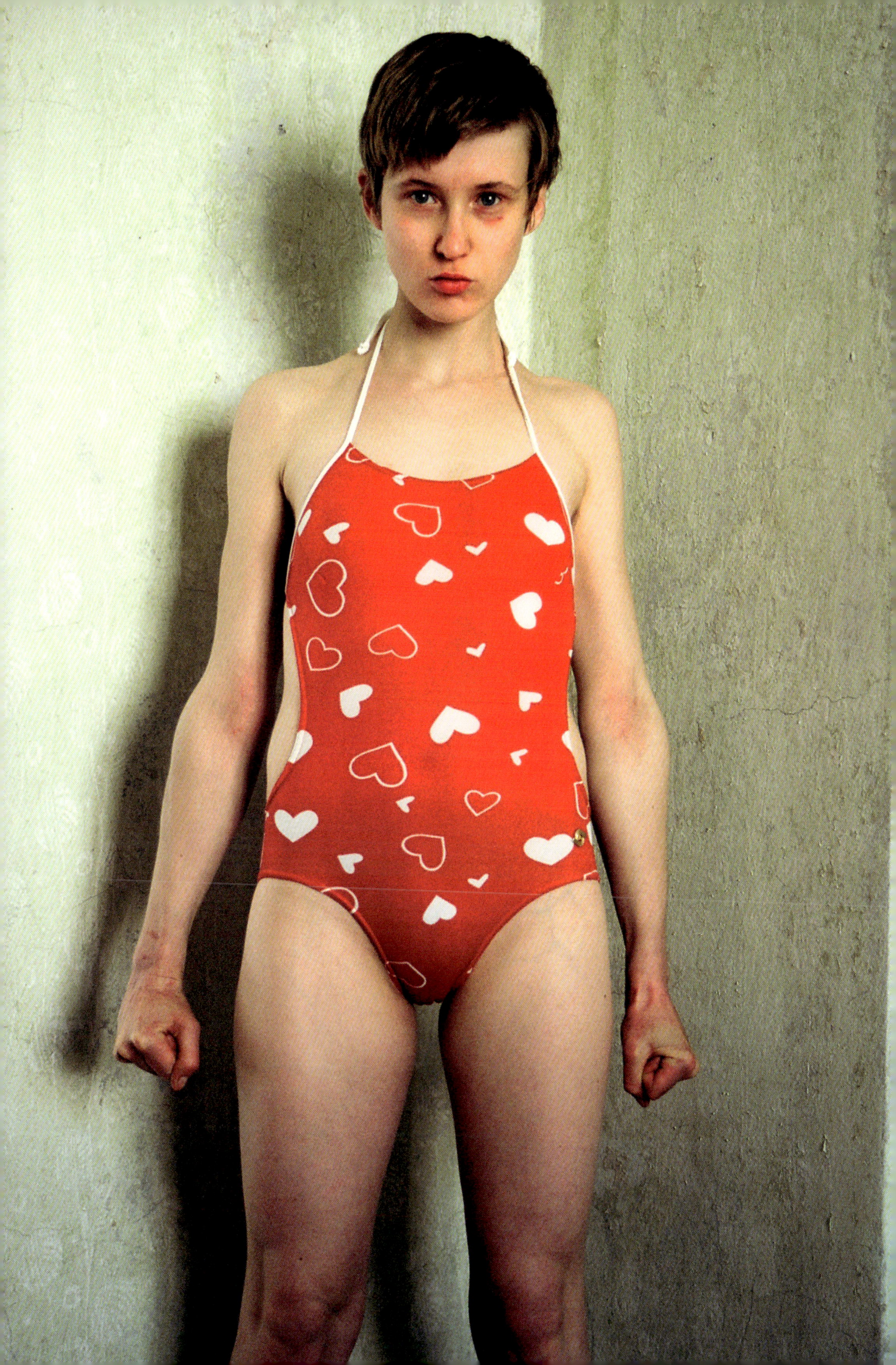

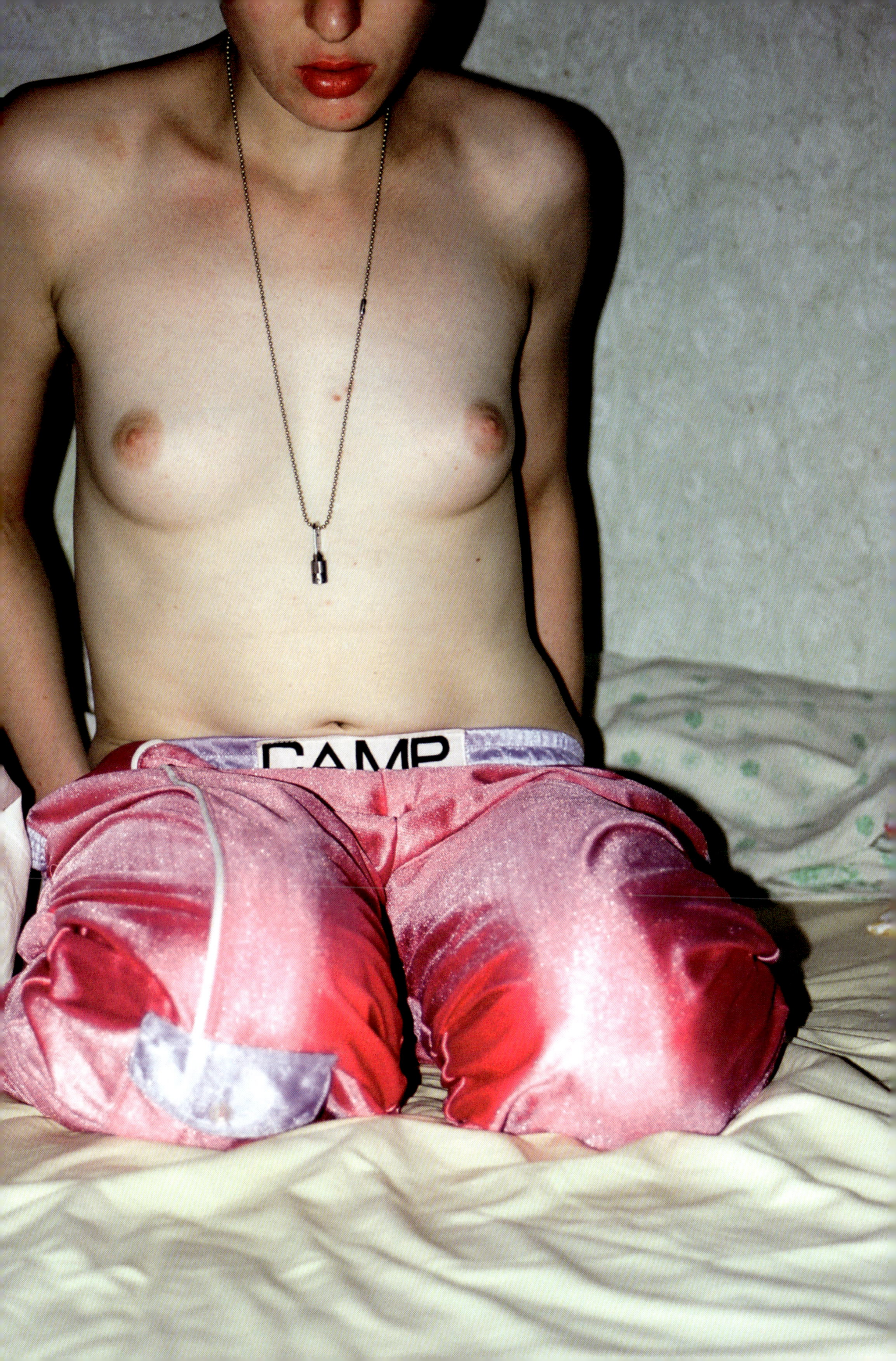
CAMP

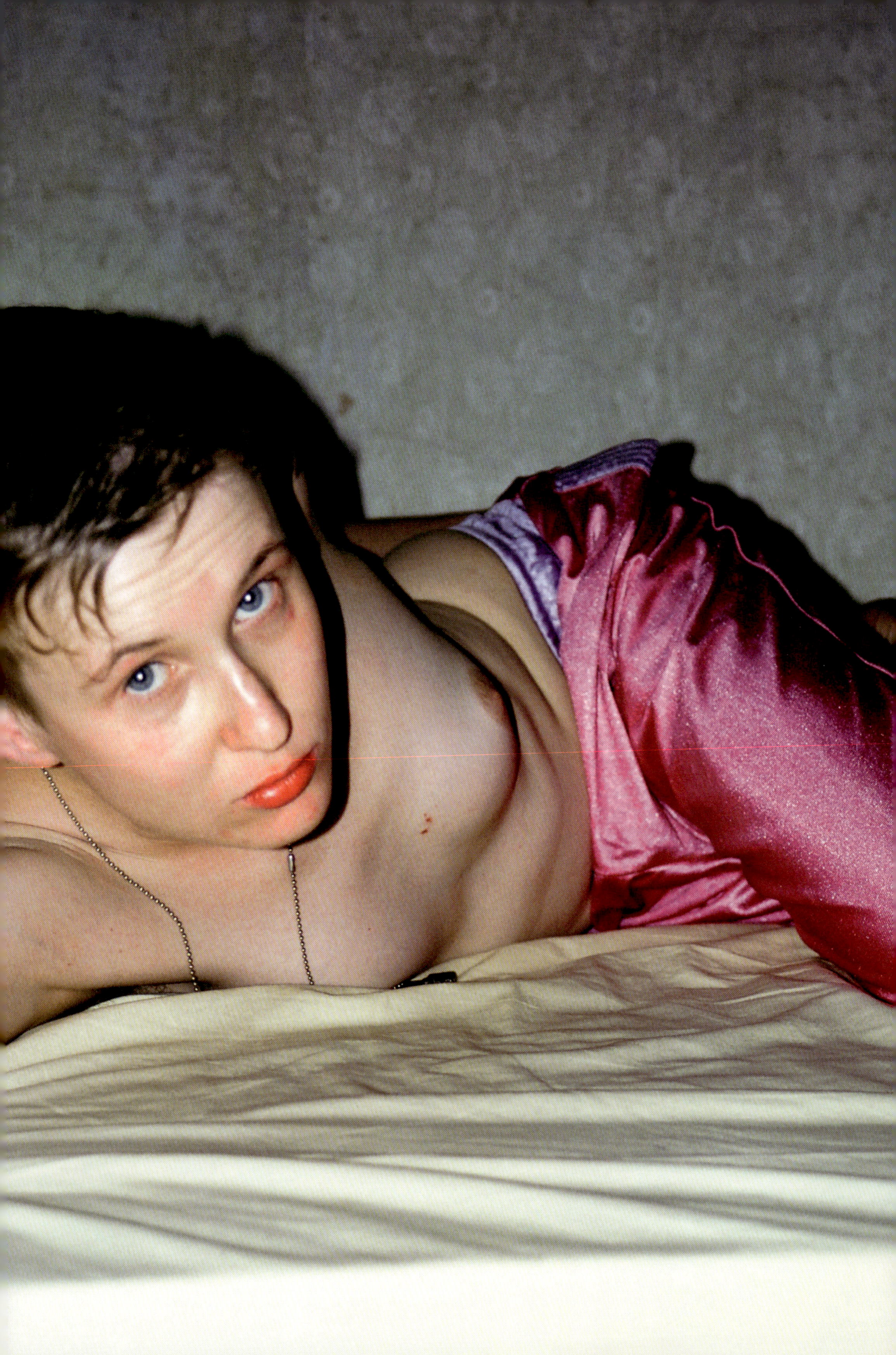

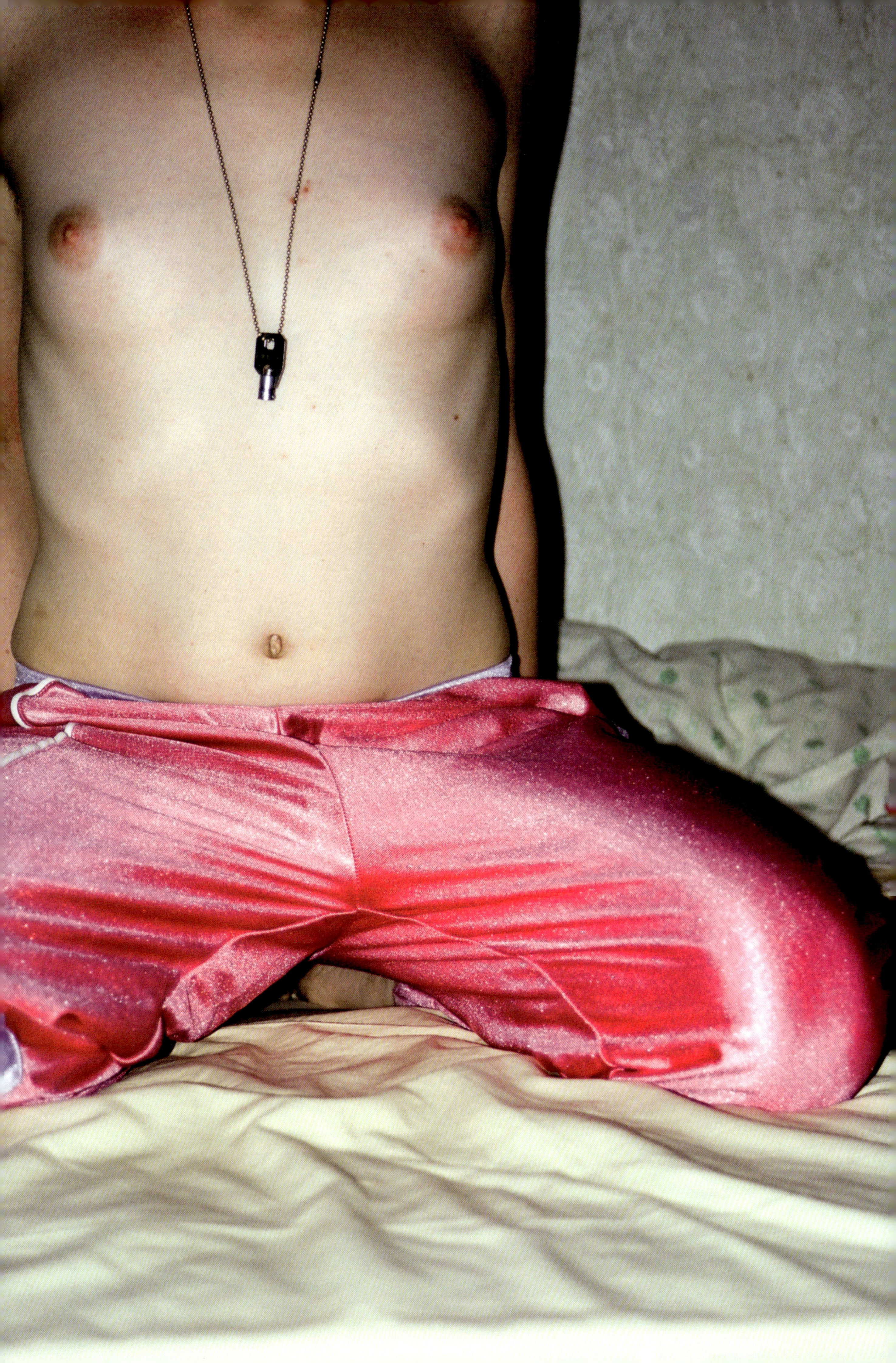

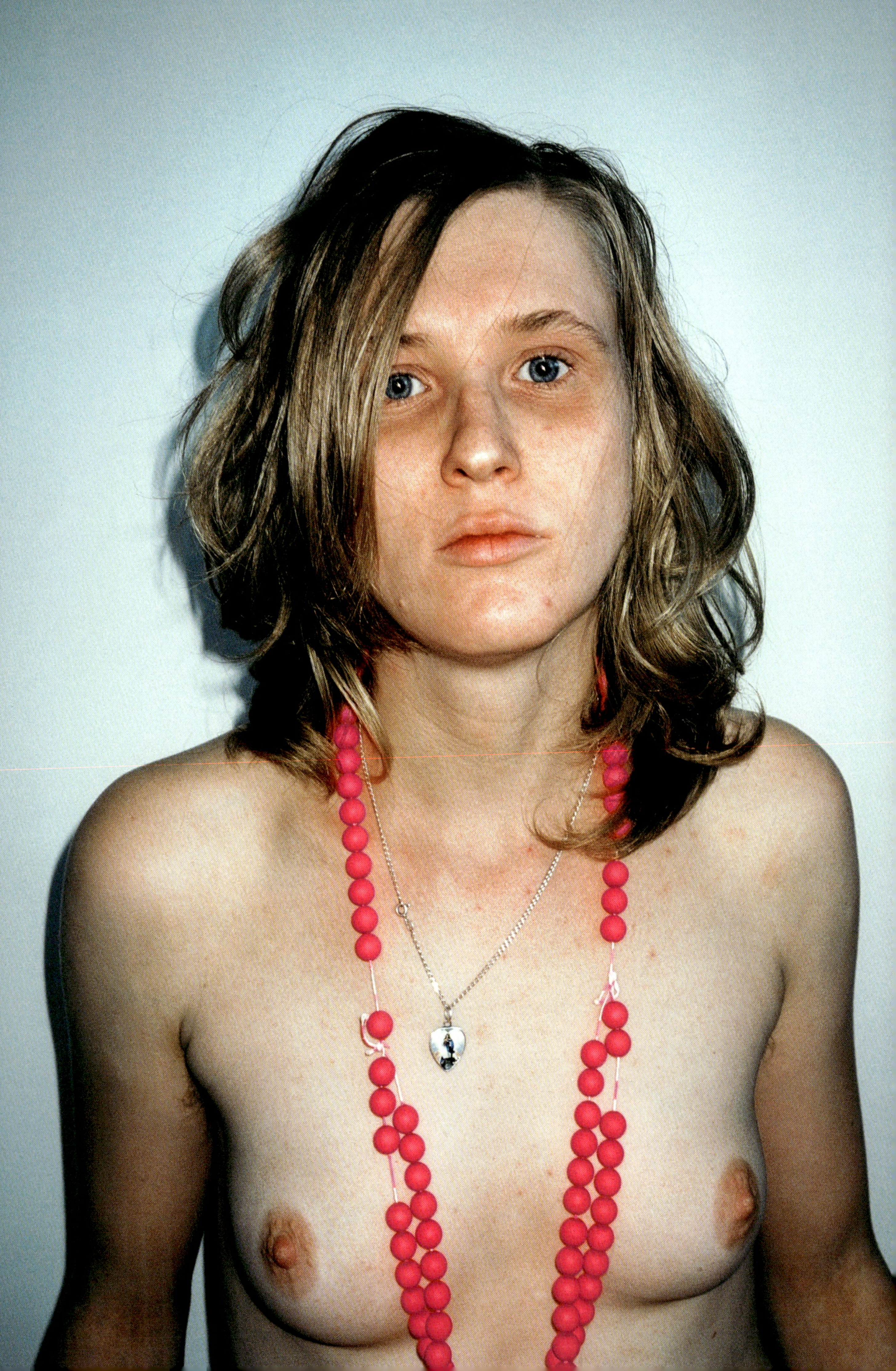

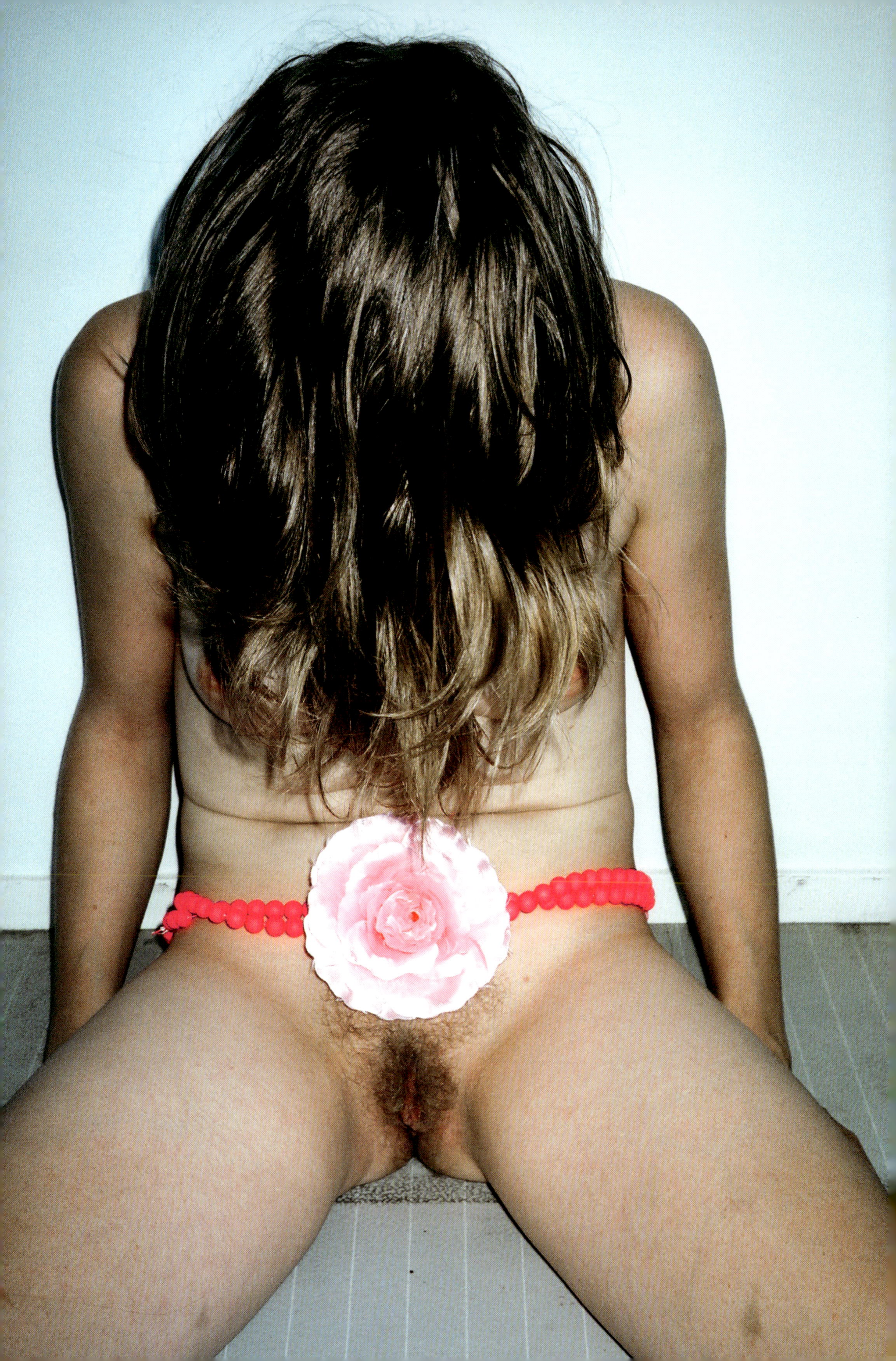

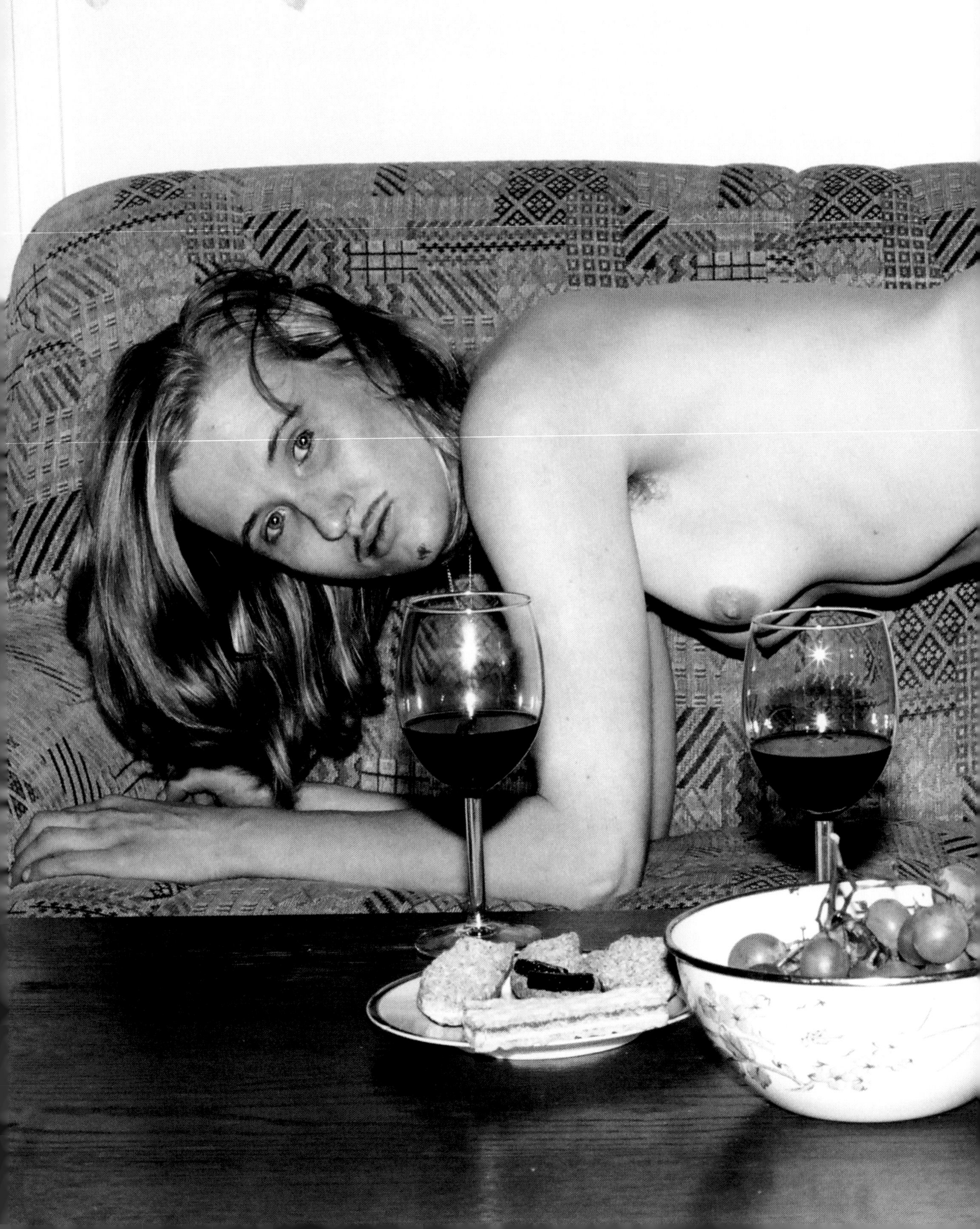

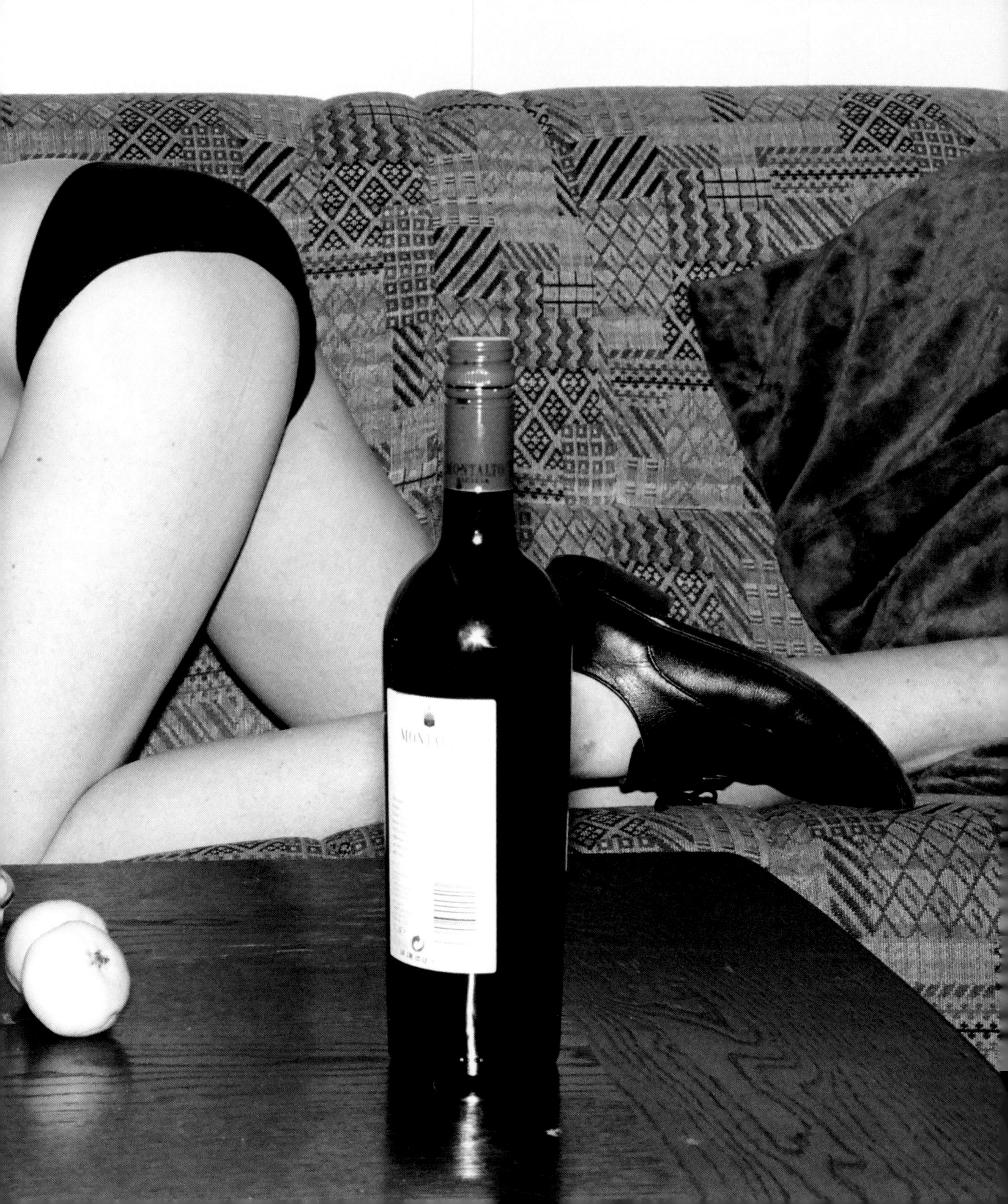
MONTALTO

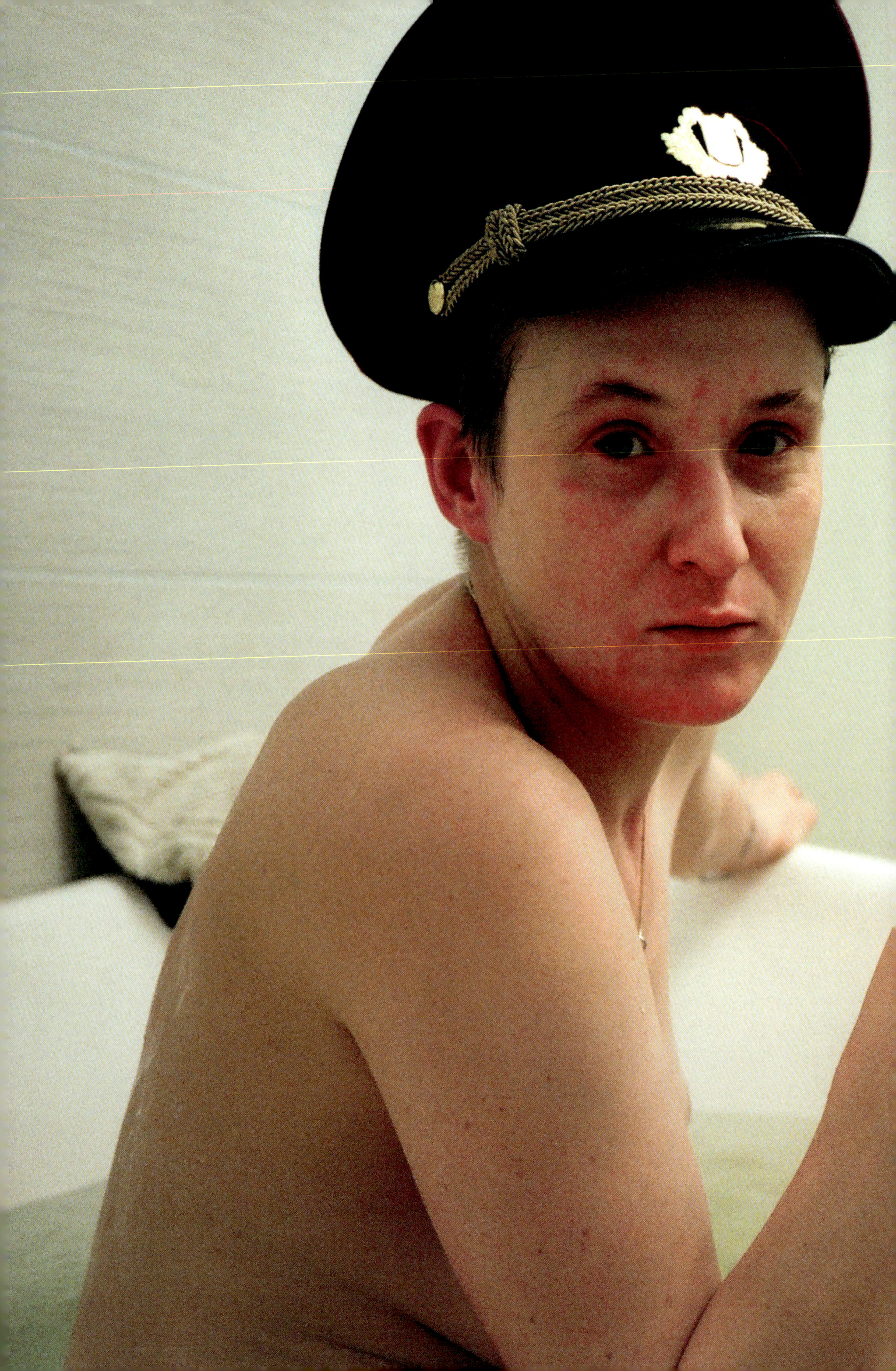

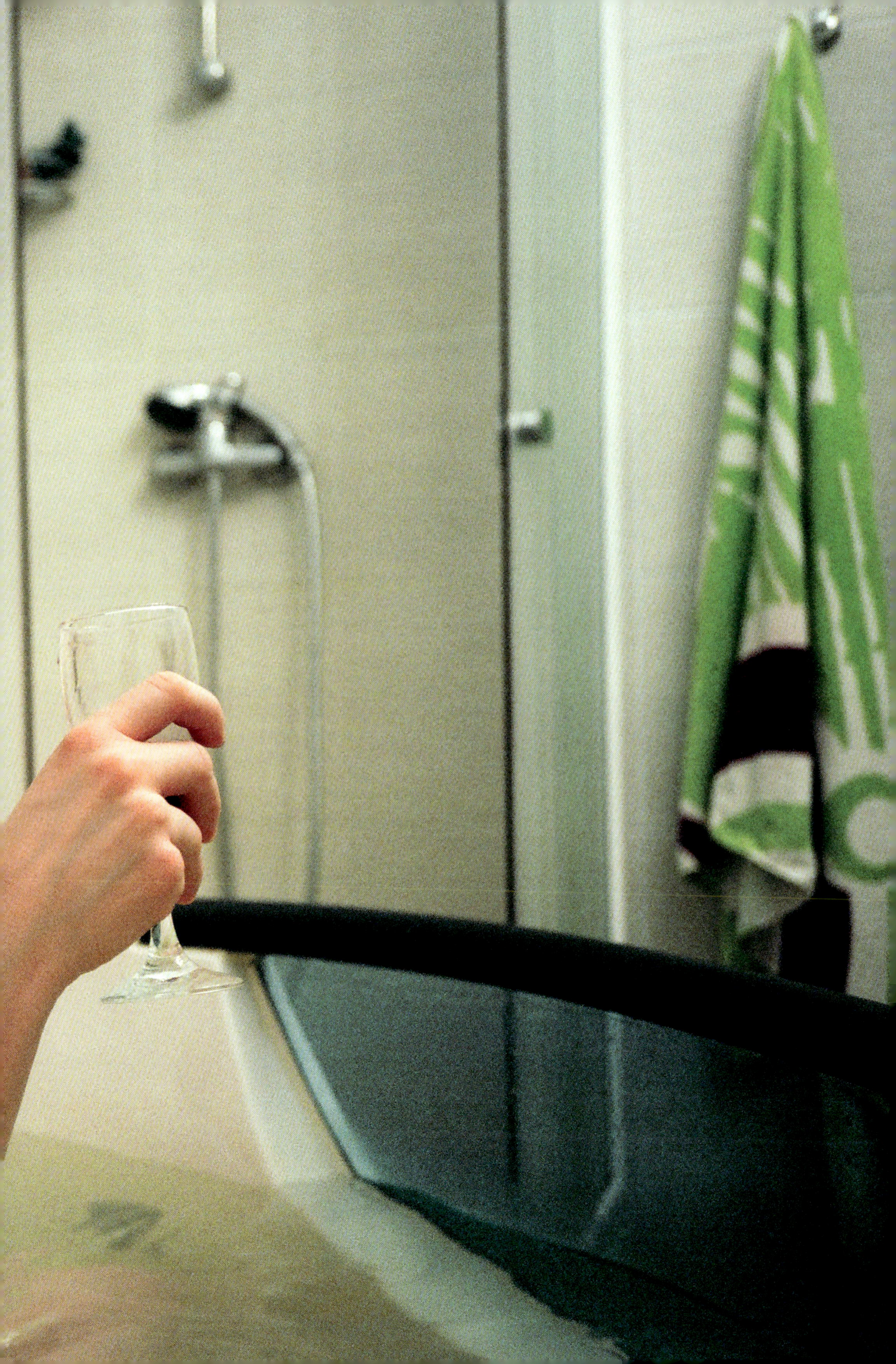

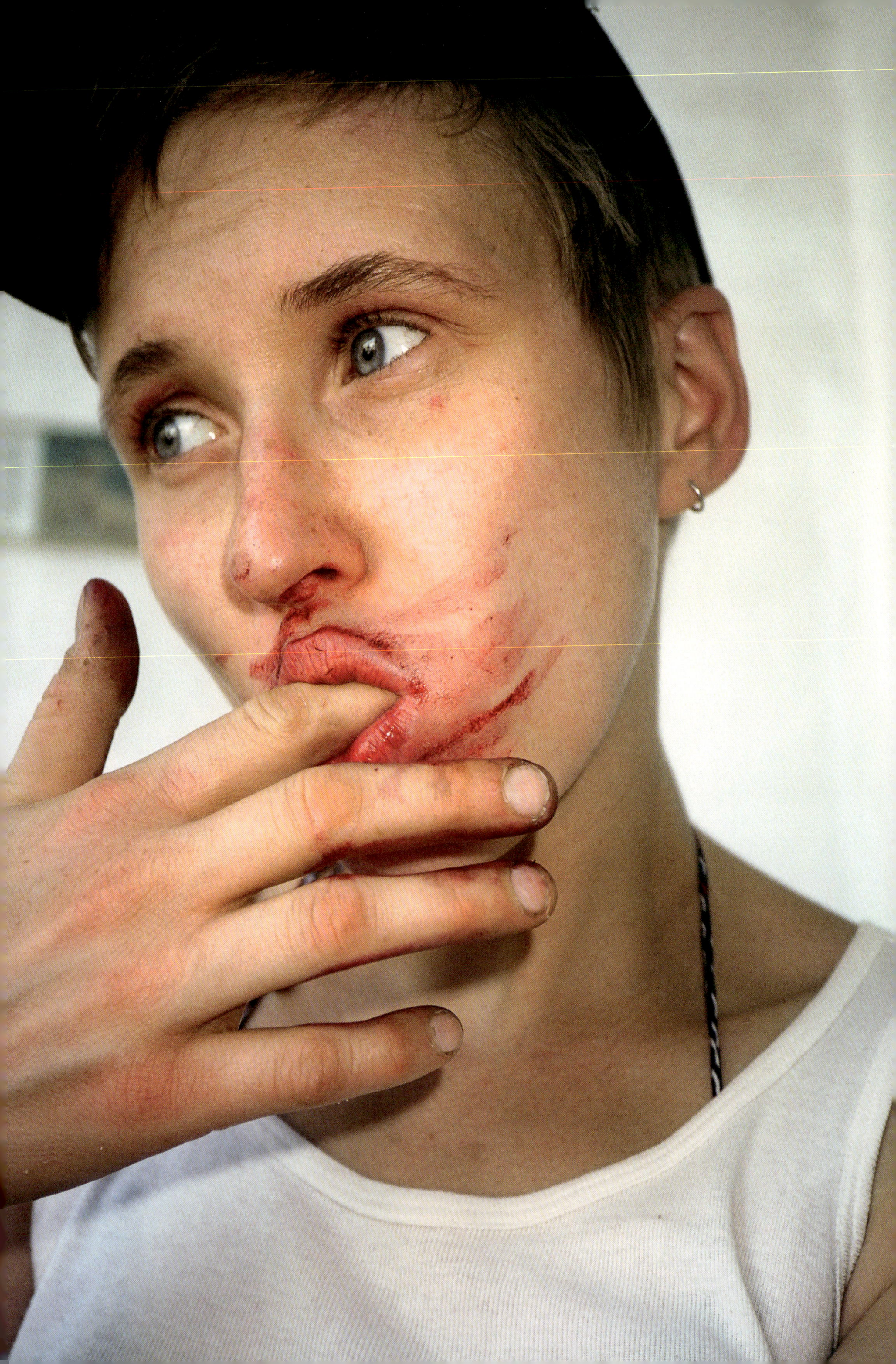

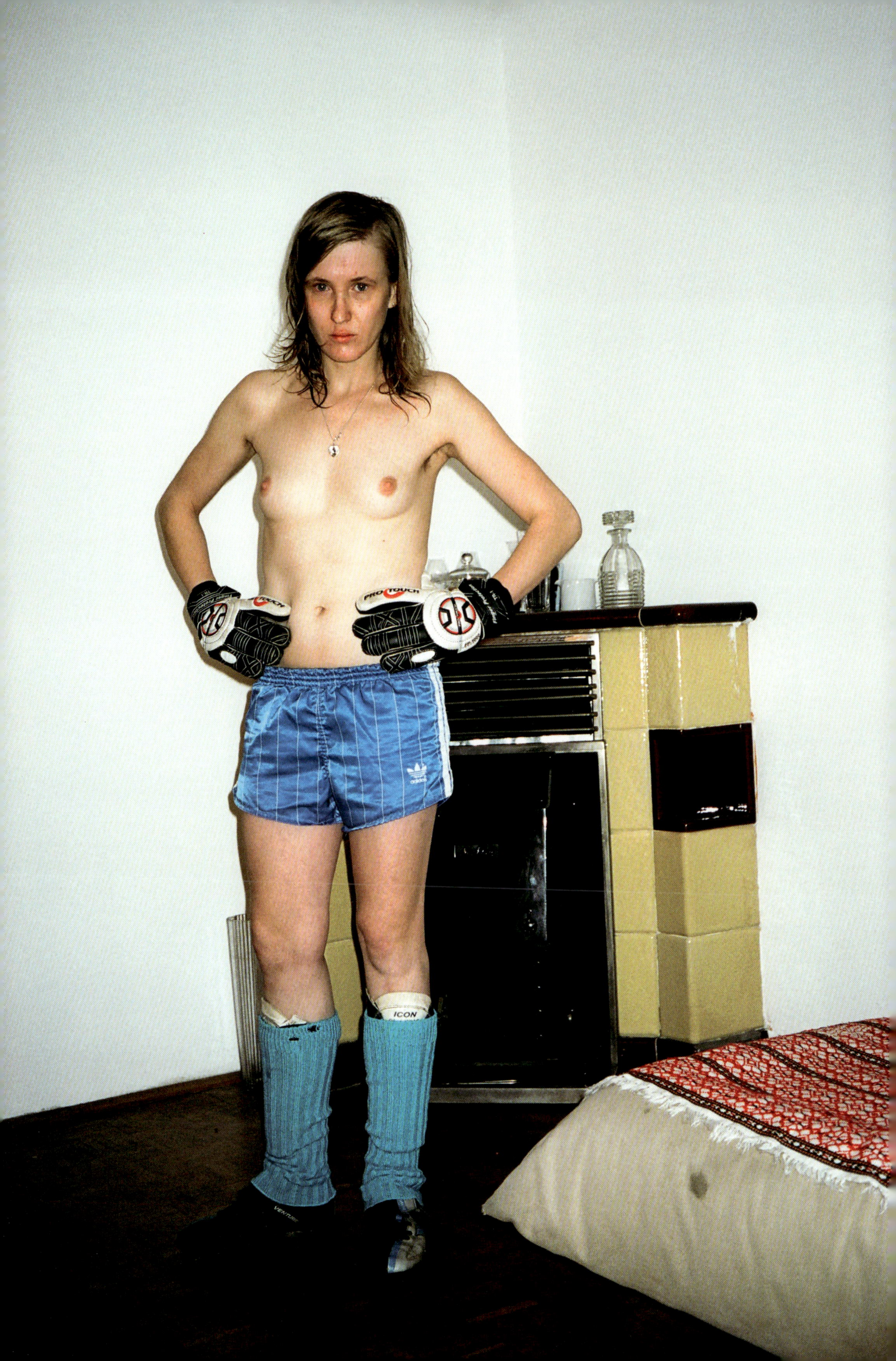

PRO TOUCH
ICON

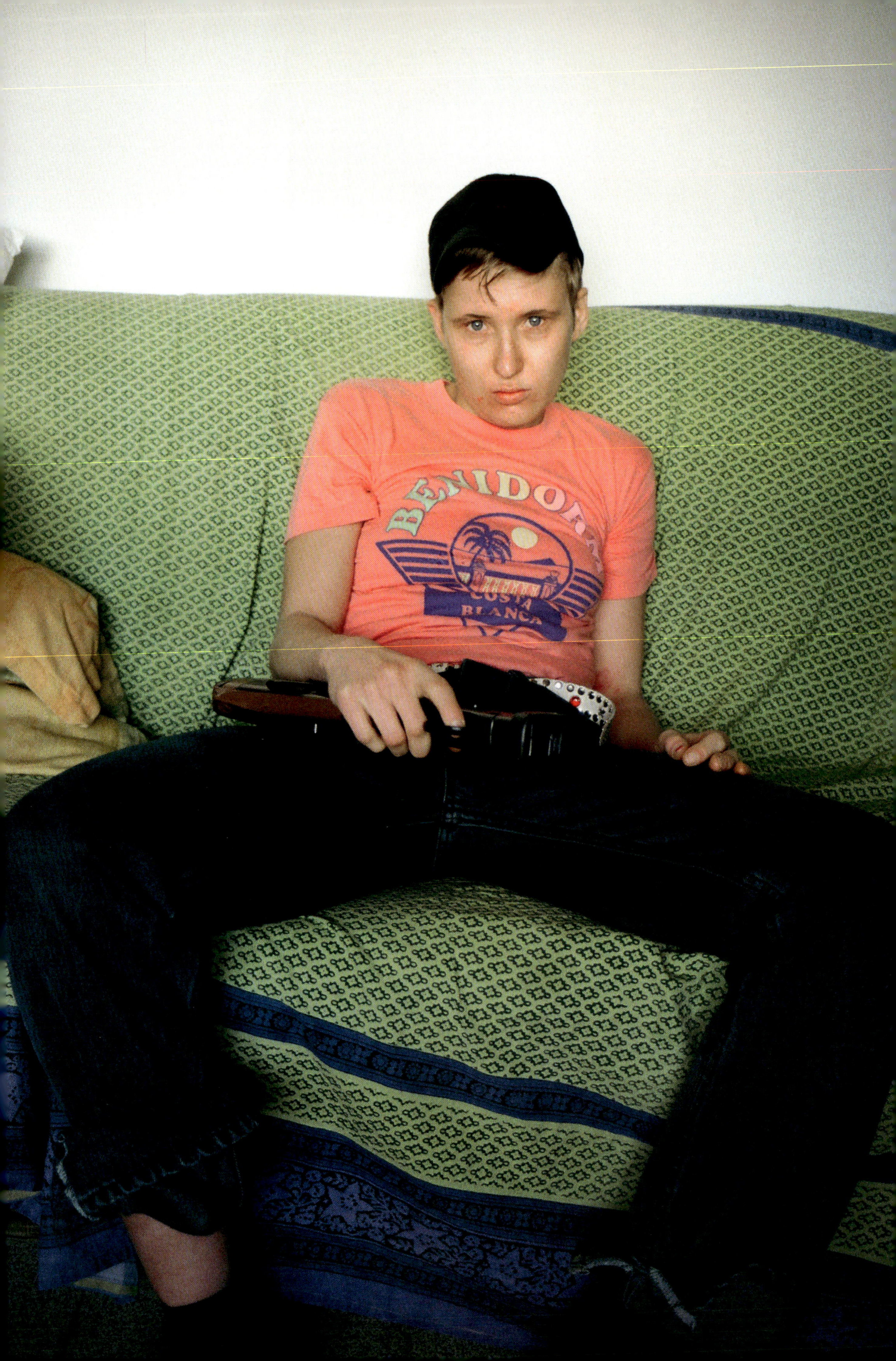
COSTA
BLANCA

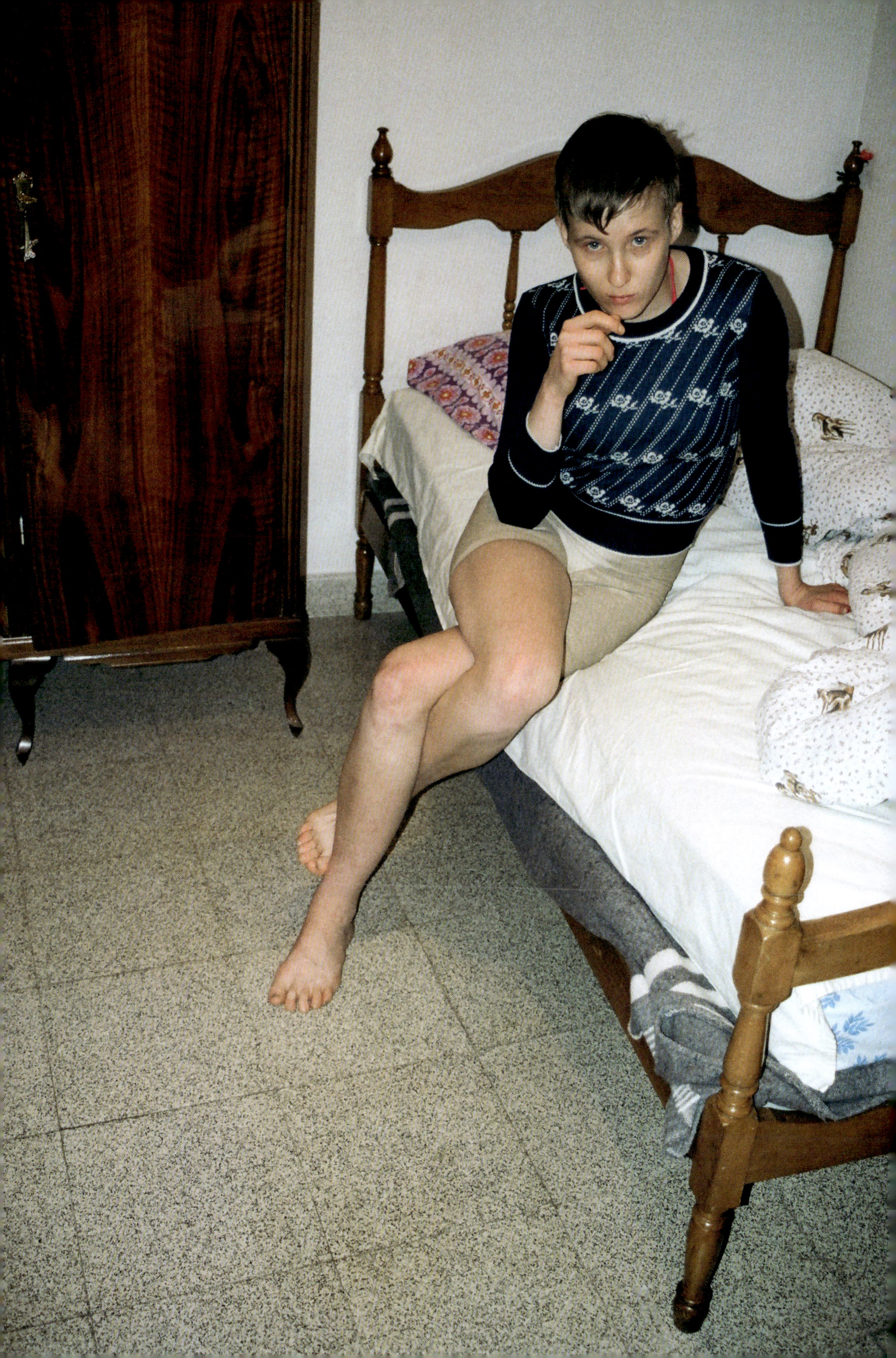

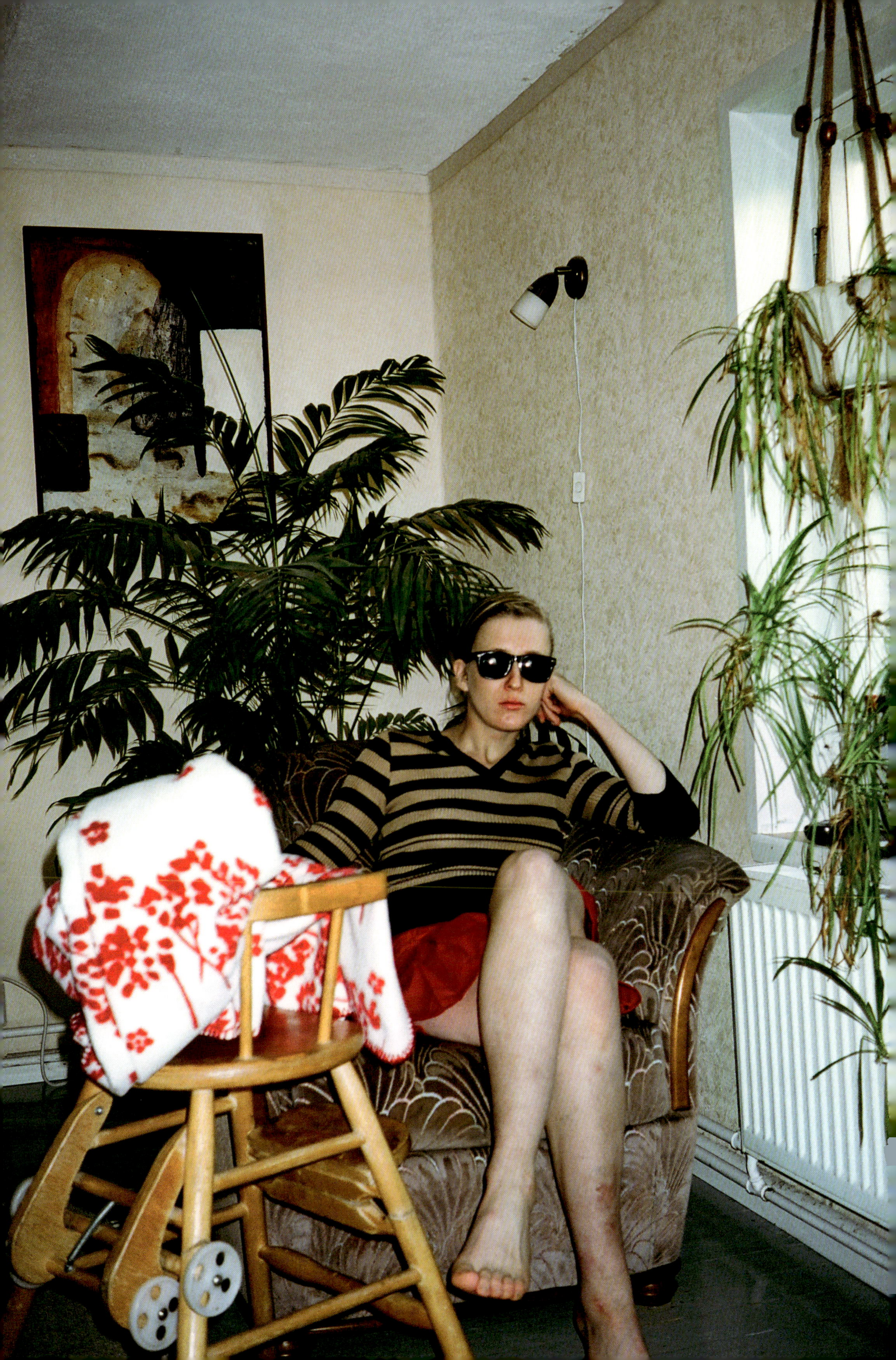

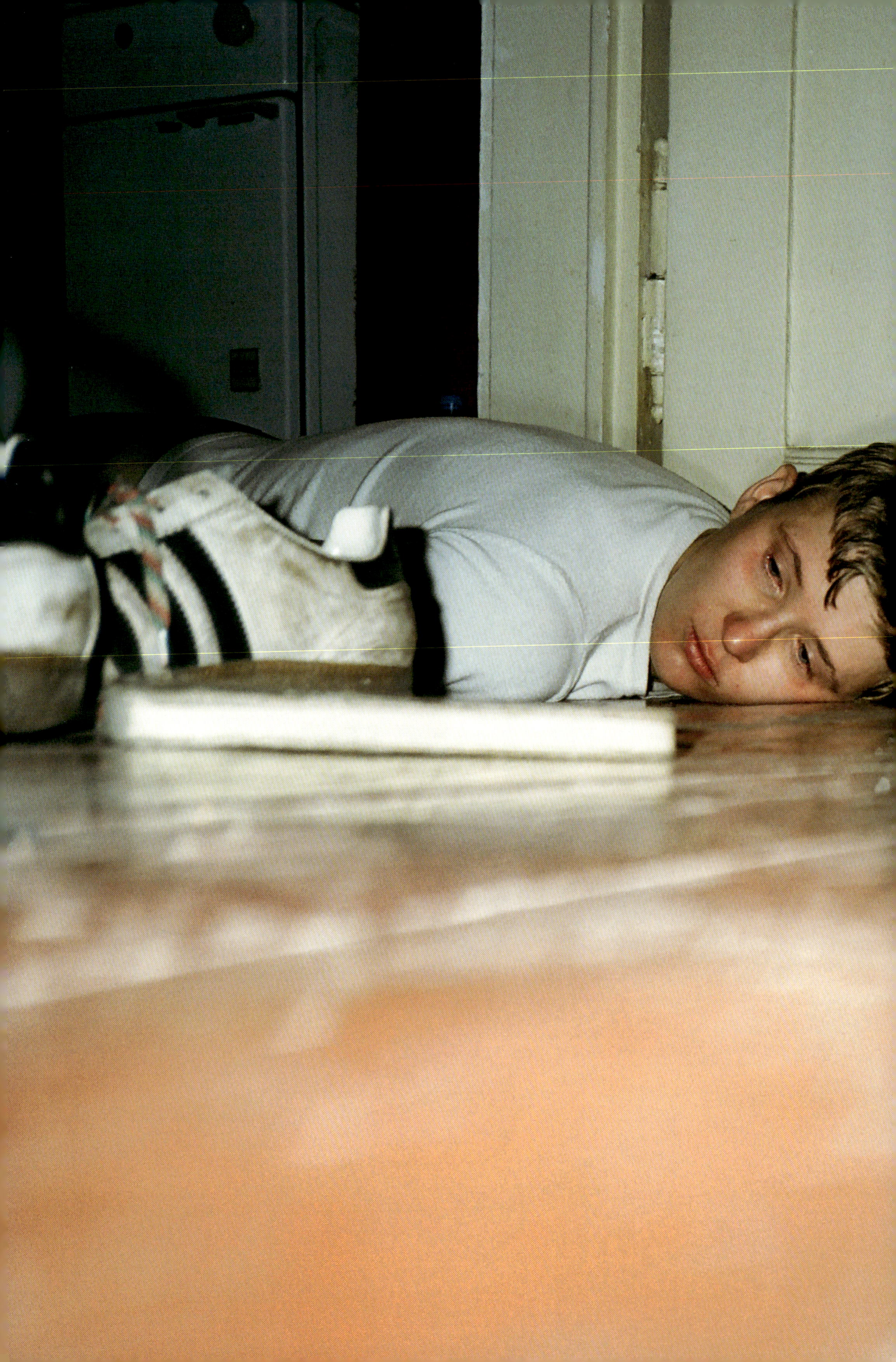

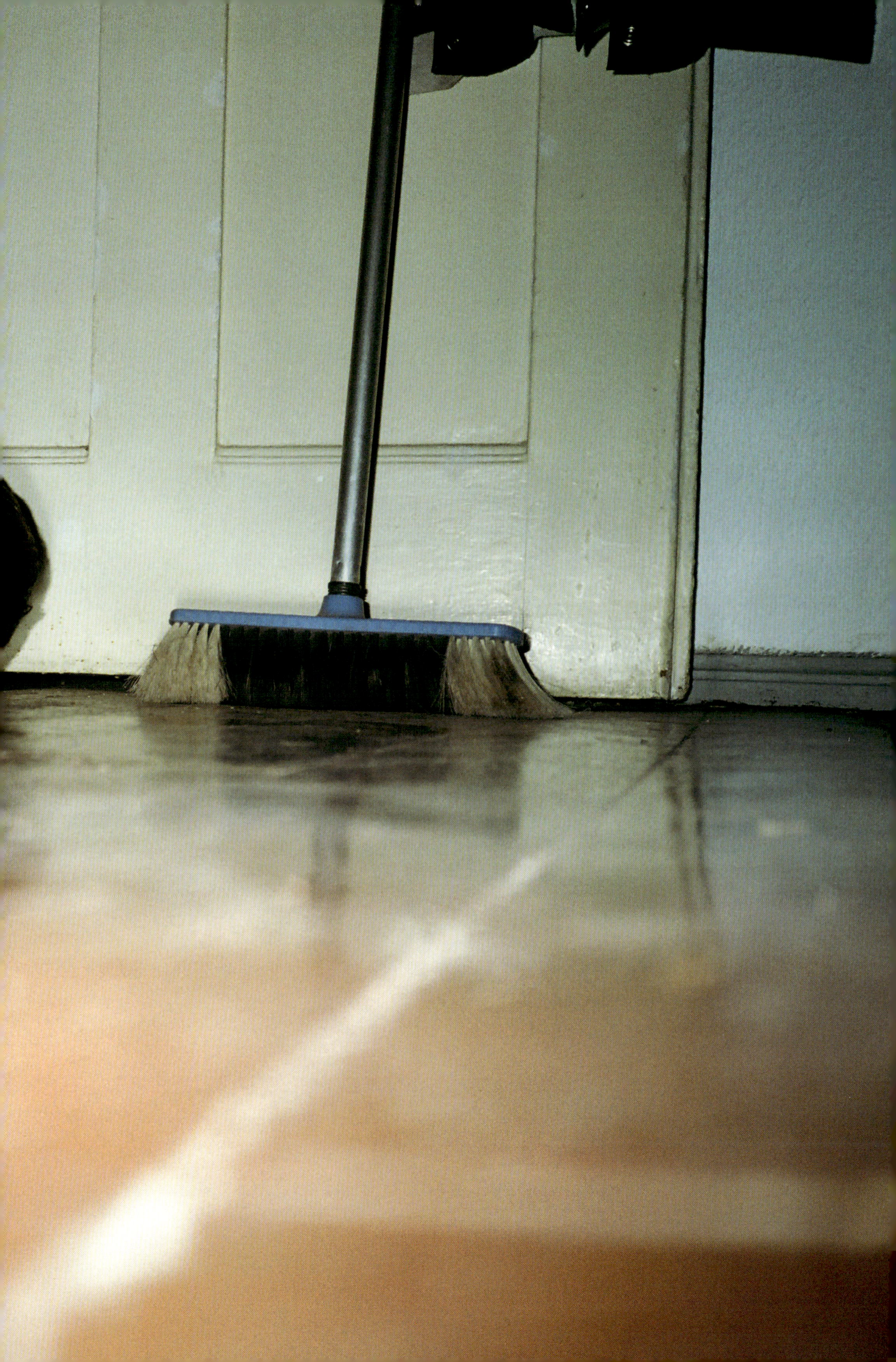

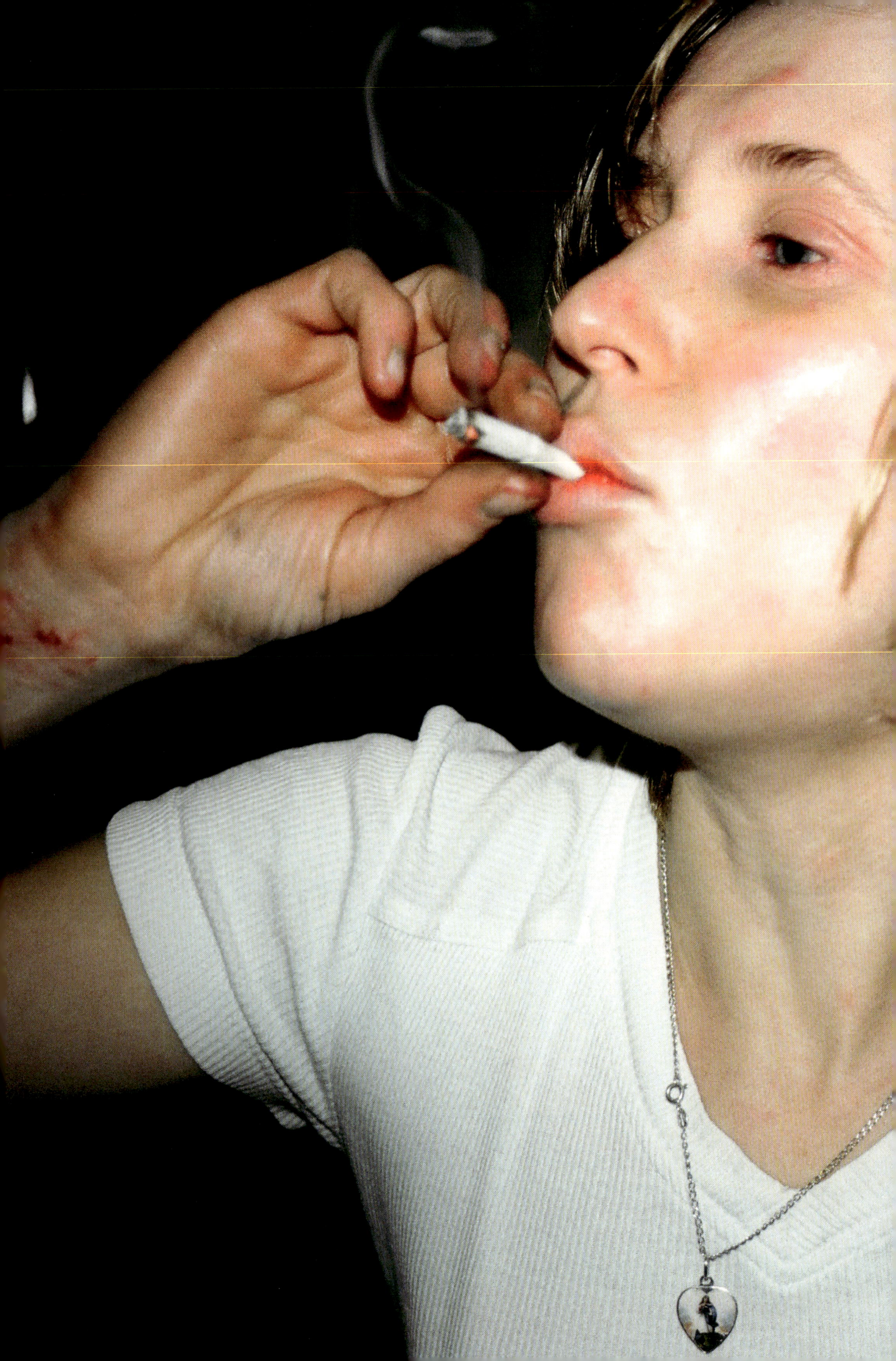

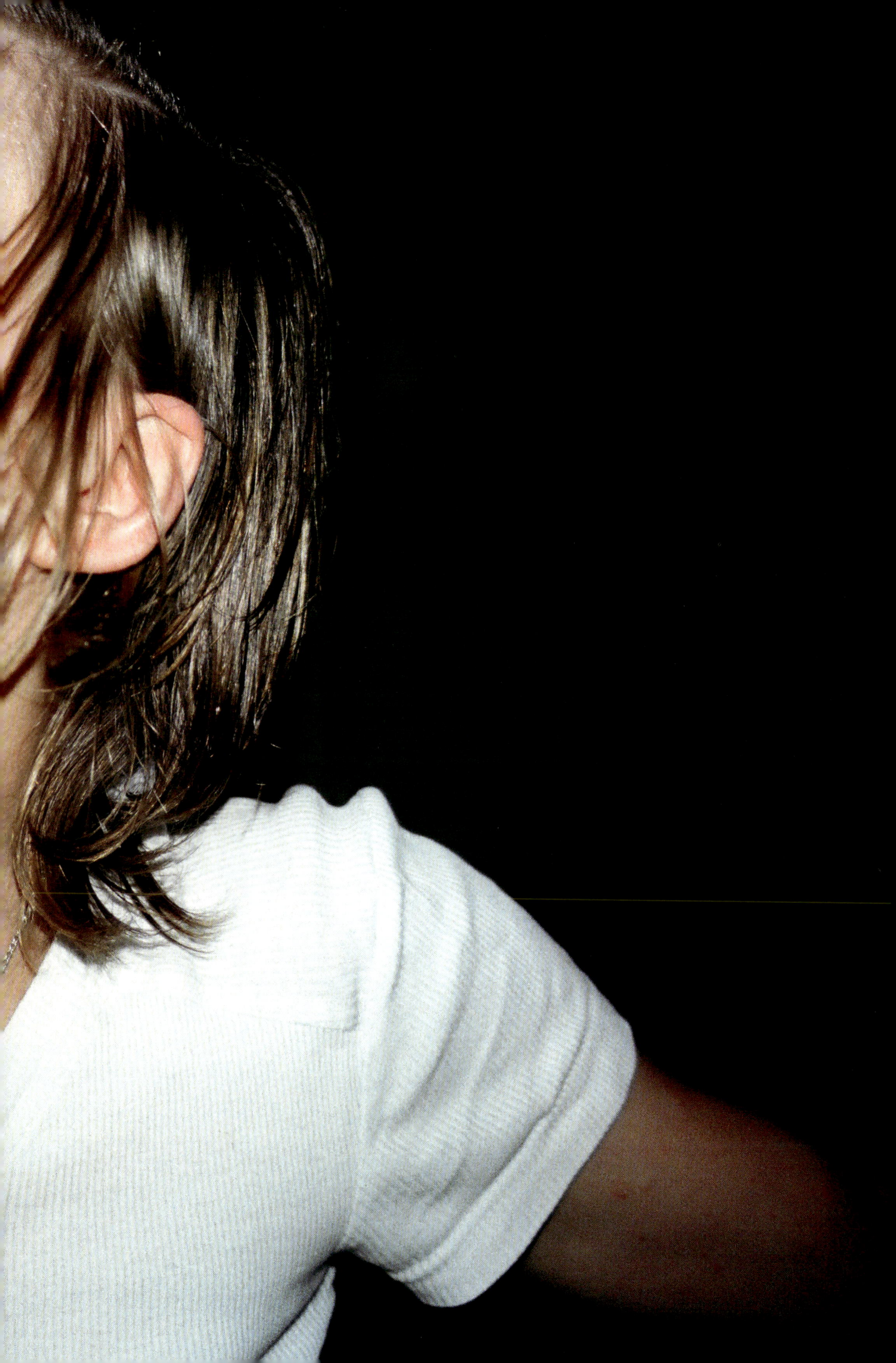

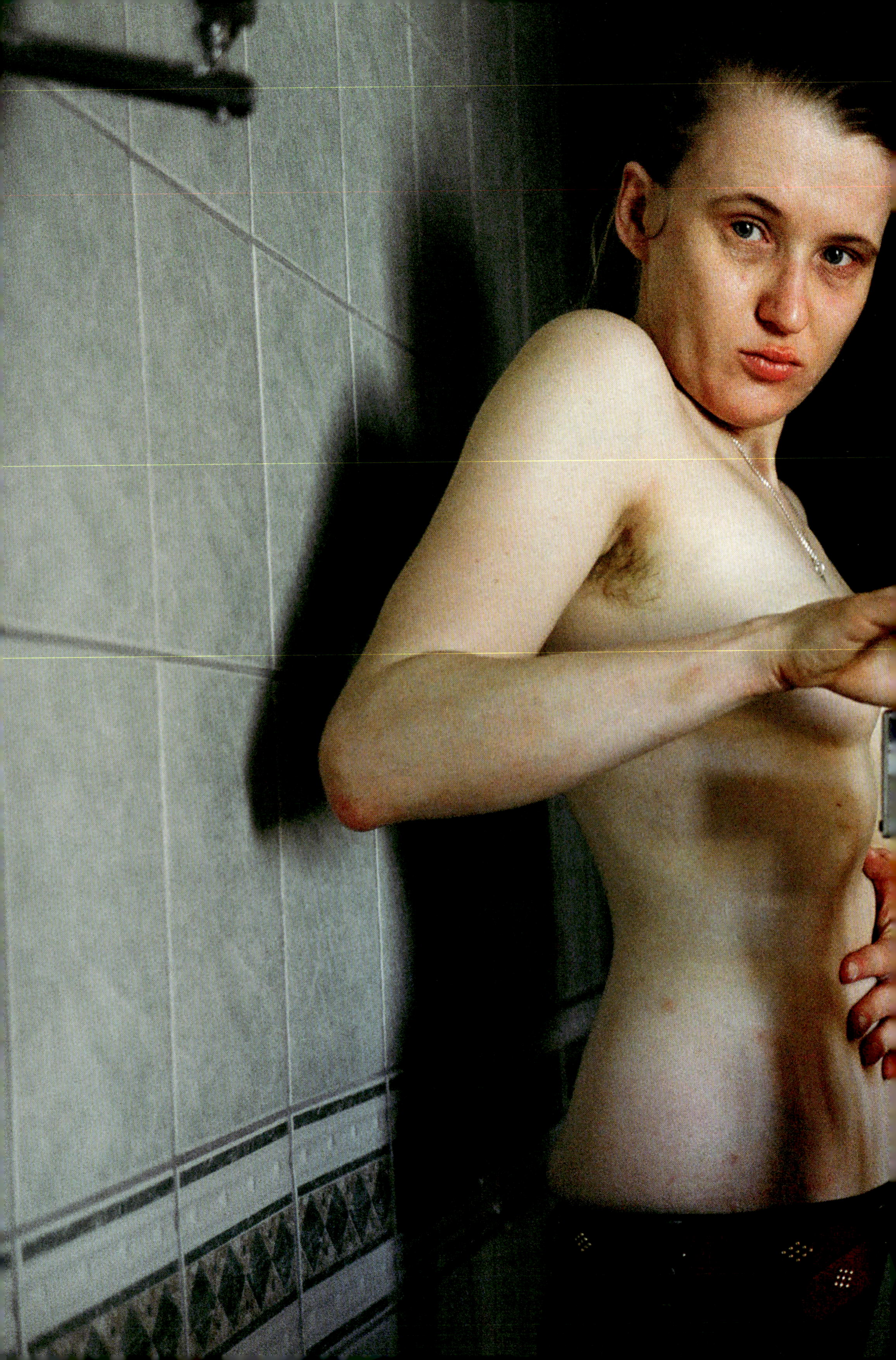

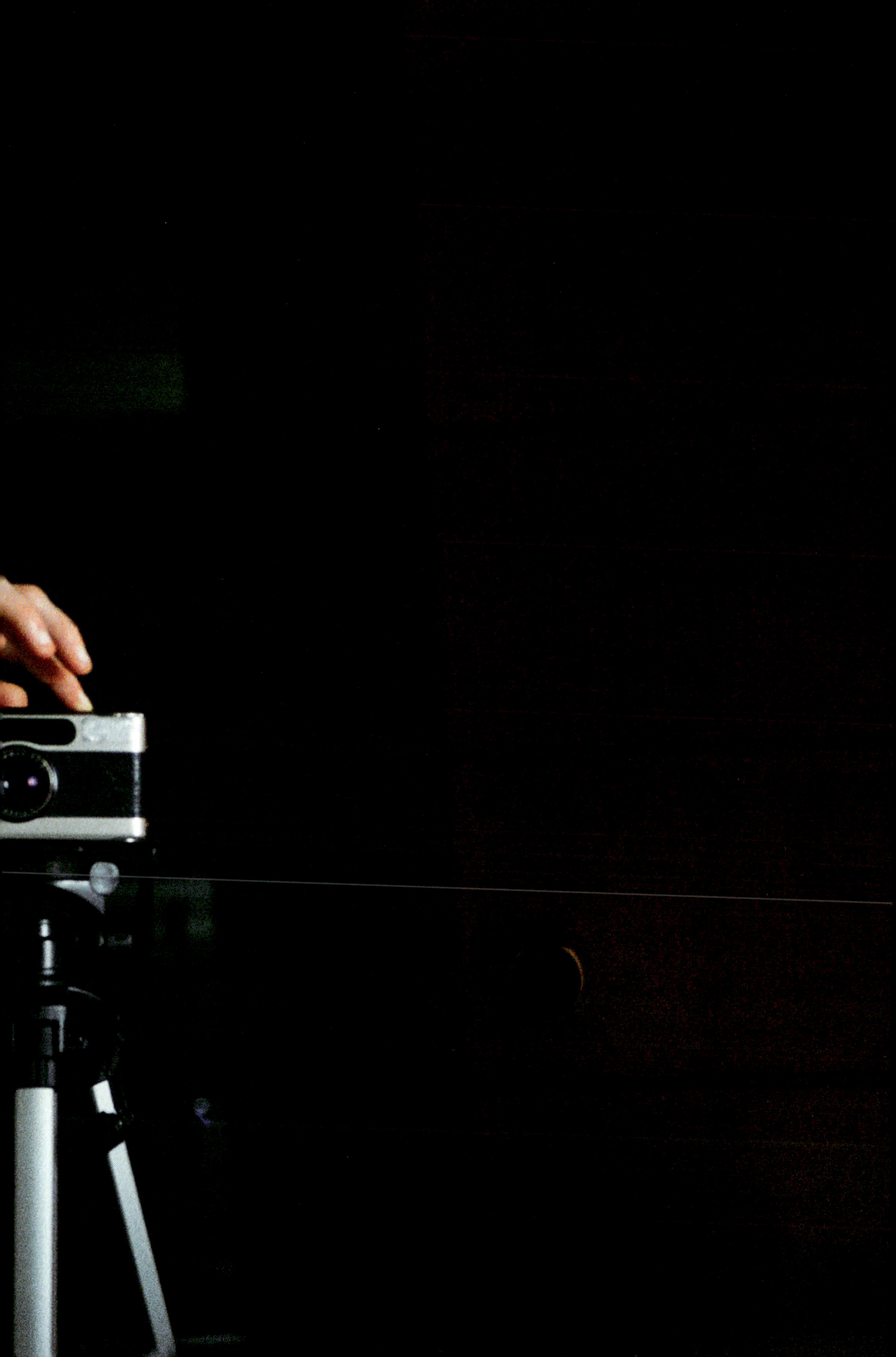

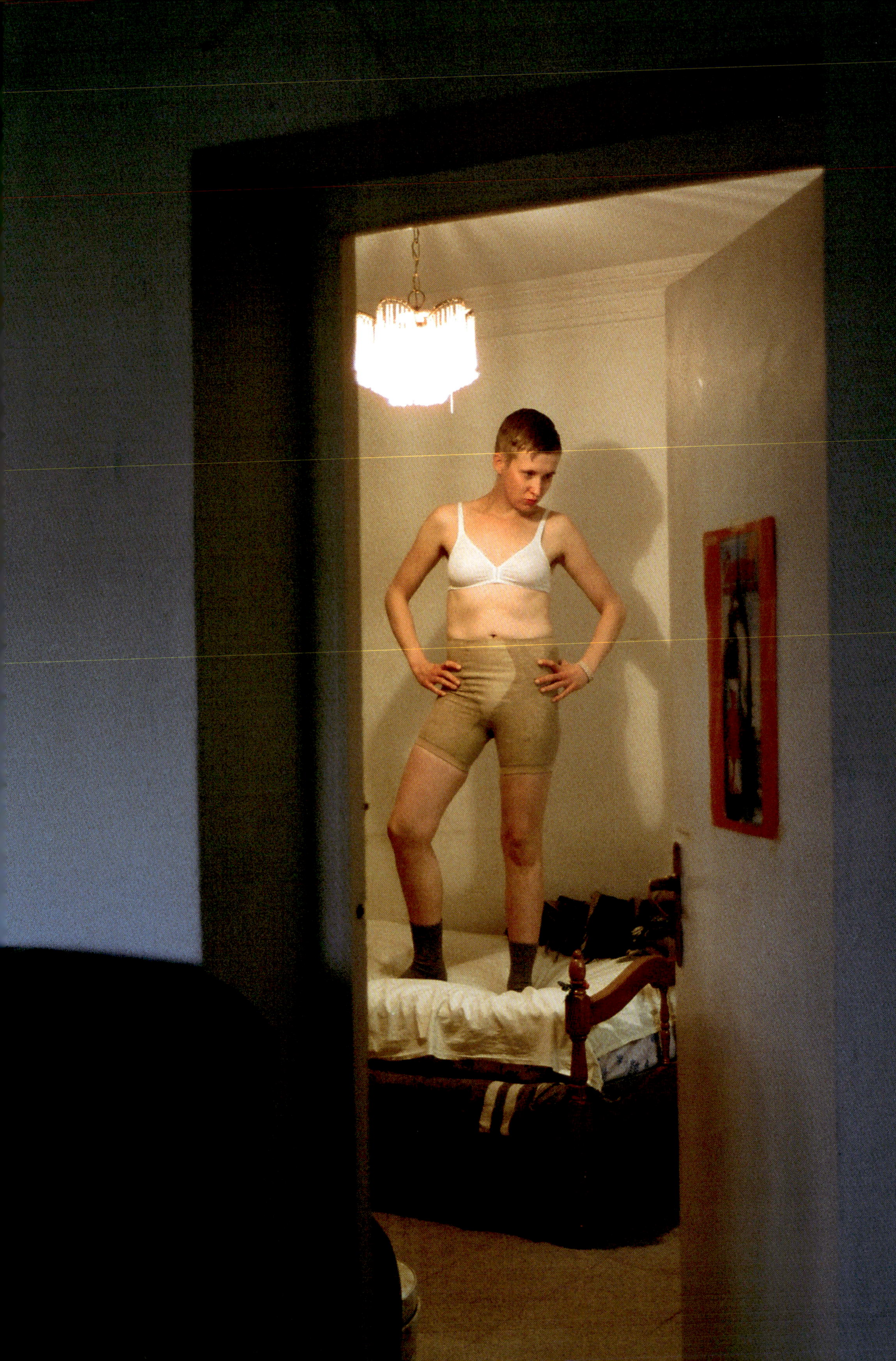

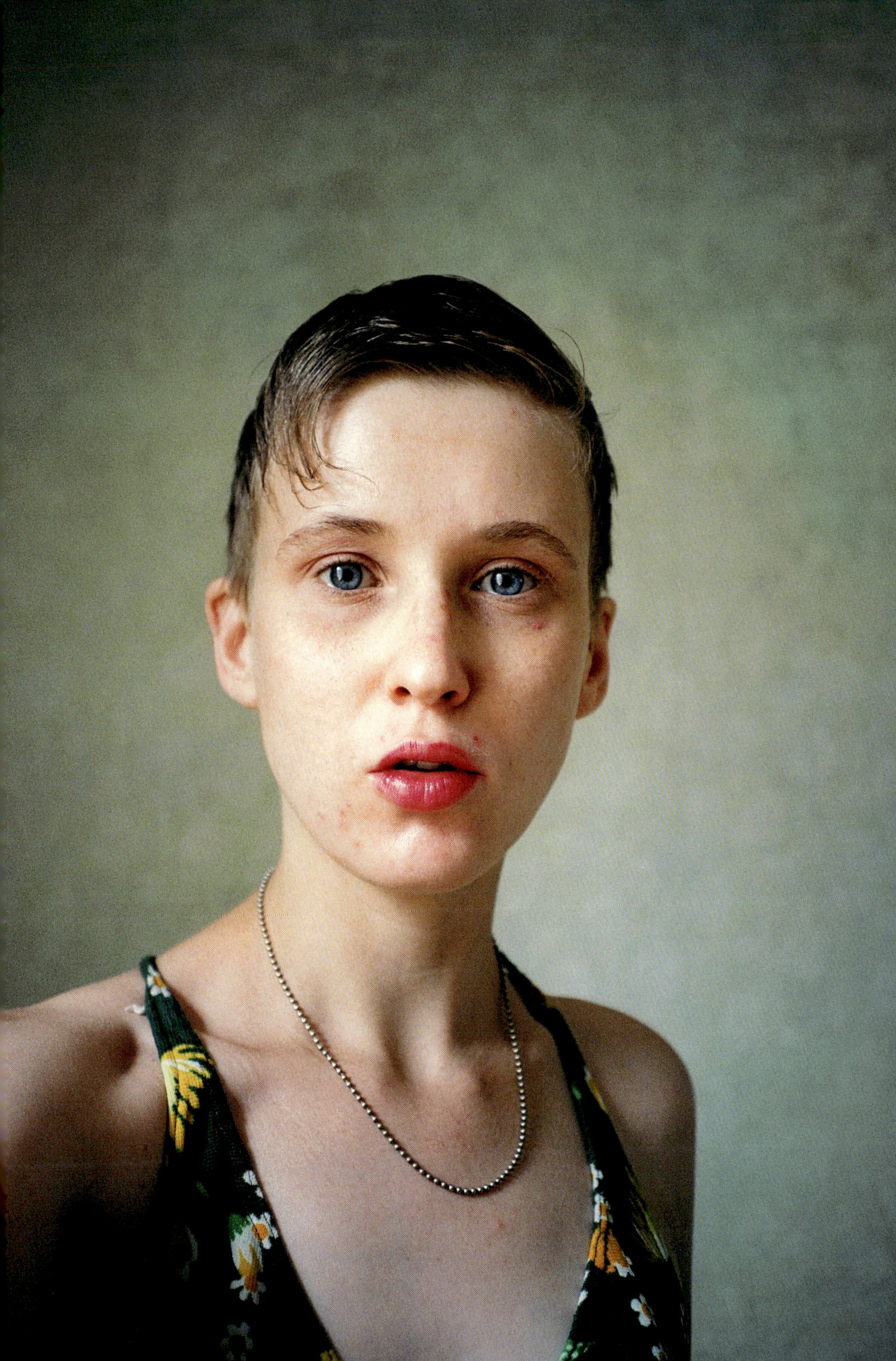

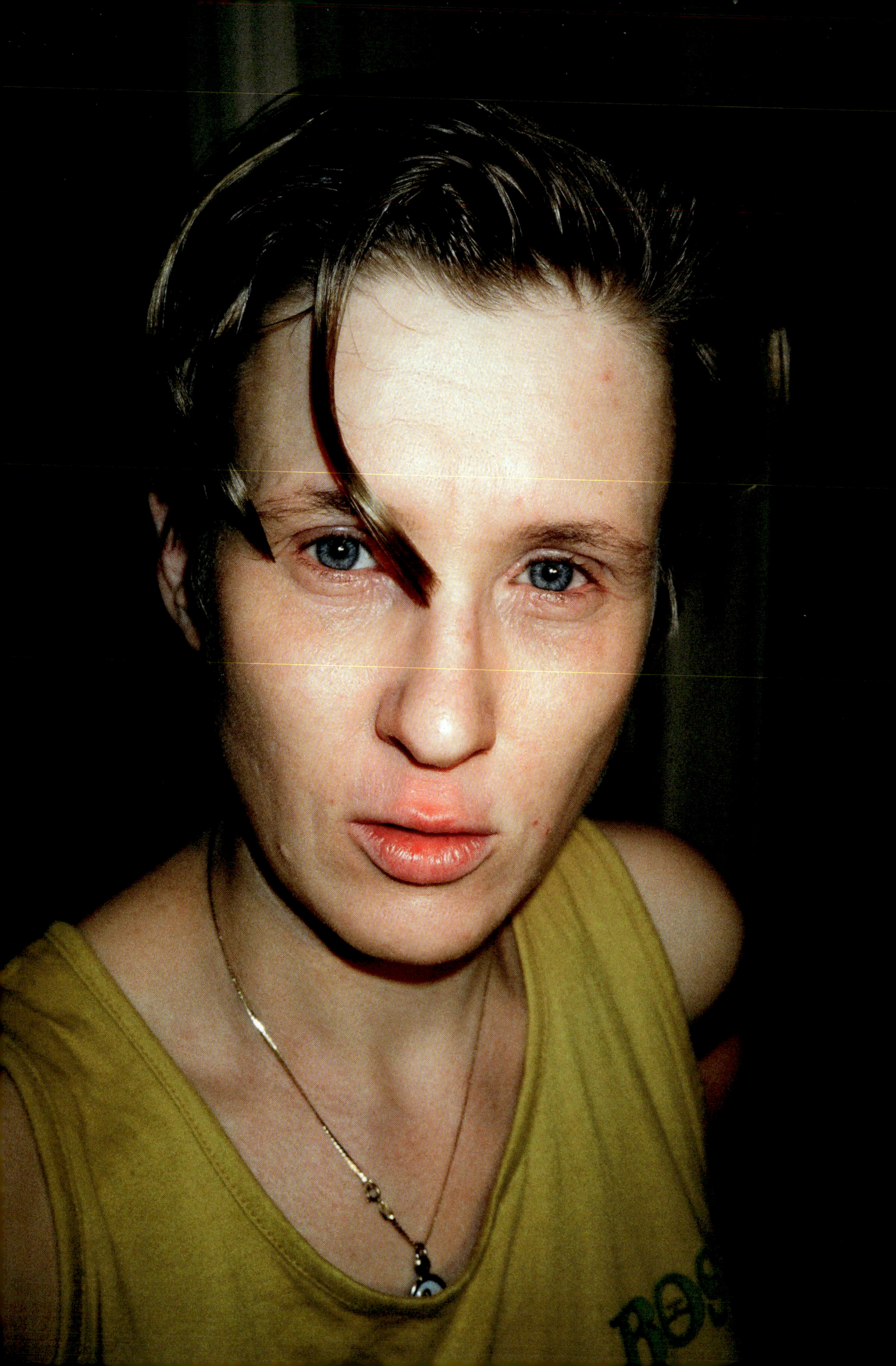

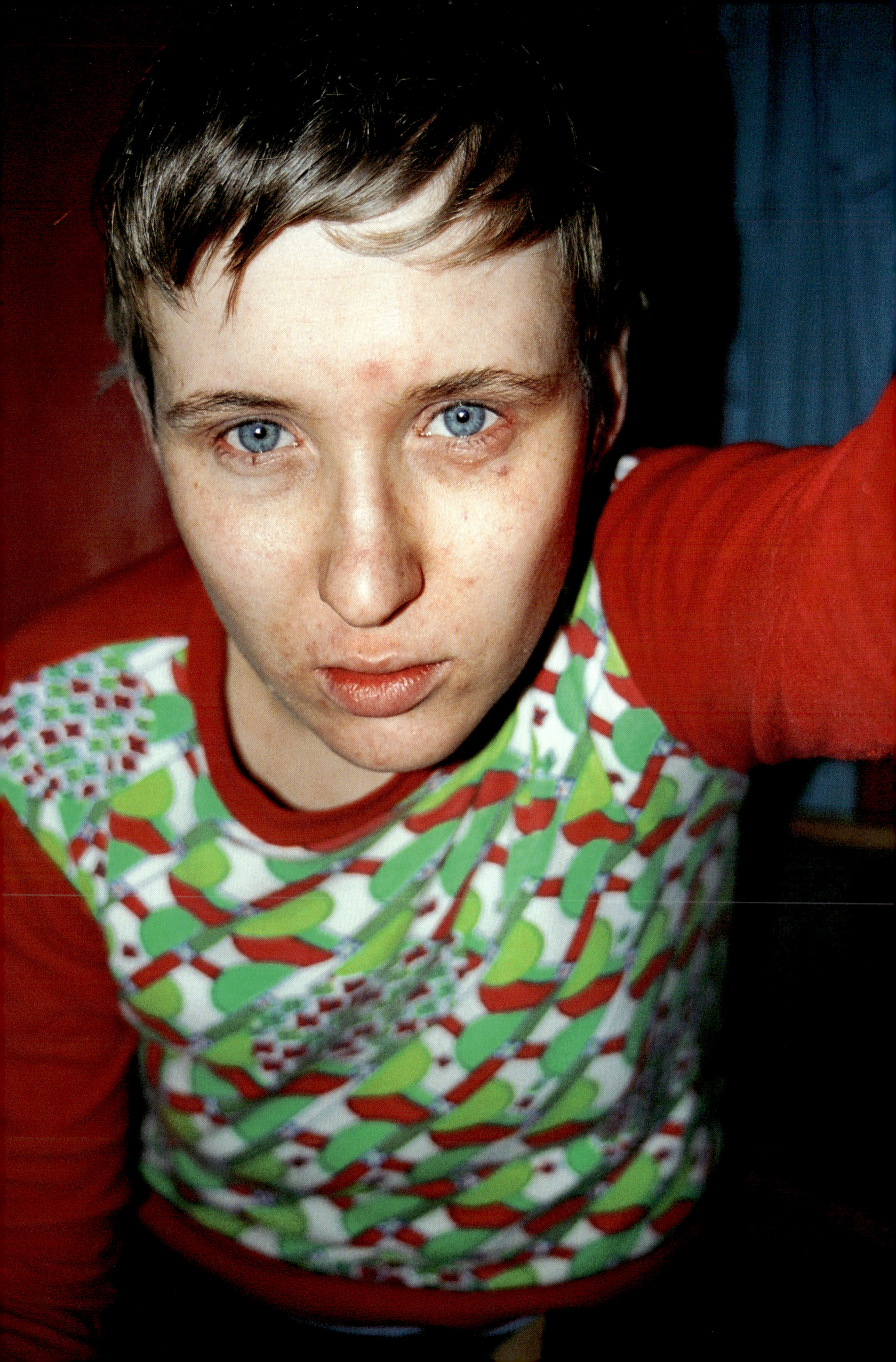

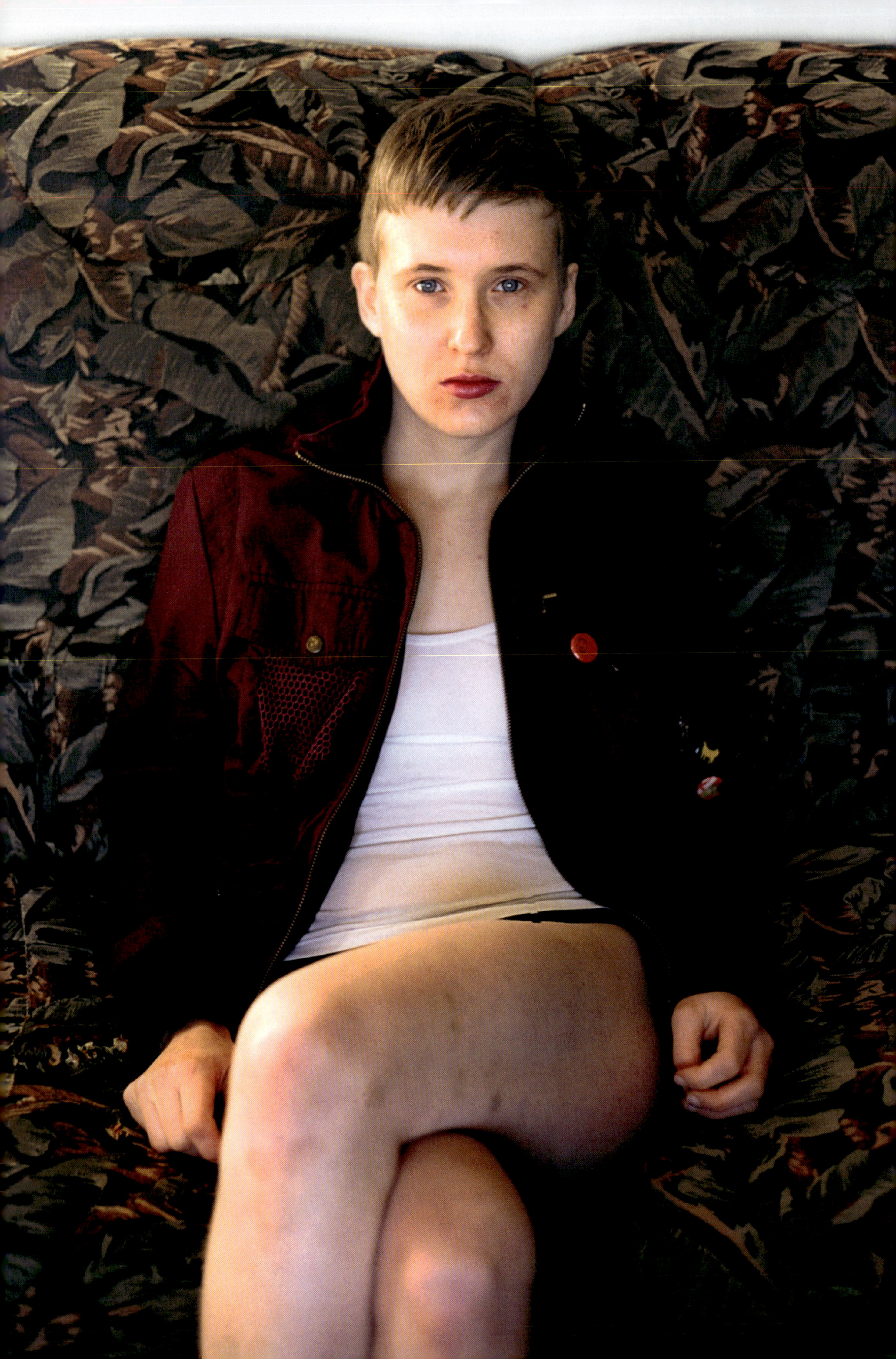

grit, risk

die niederländische, in berlin lebende künstlerin risk hazekamp lernte ich über umwege 2011 kennen. wie ich fotografiert auch sie häufig sich selbst. ich nahm meinen katalog zum anlass, um mit ihr über unterschiede und gemeinsamkeiten zu sprechen. wir trafen uns an einem nachmittag im august 2014 in berlin.

g warum hast du angefangen, dich zu fotografieren beziehungsweise dich als modell zu nehmen?
r weil ich total schüchtern war und mir nicht vorstellen konnte, jemand darum zu bitten, mein modell zu sein. für mich war es also total logisch, damit anzufangen, die kamera auf mich zu richten. ger van elk, ein holländischer künstler, der gerade verstorben ist, hat vor einigen jahren gesagt: „ich bin immer da". und diese aussage finde ich so offen und so einfach und wahr. so ist es. das stimmt.
g ich kenne die gleiche schüchternheit oder die hemmung, andere zu fotografieren. auf der anderen seite war es auch, ich zitiere lisette model, die mal gesagt hat: „wenn du nicht weißt, was du fotografieren sollst, dann fotografiere doch das, was du am wenigsten verstehst." und da habe ich damals gemerkt, dass ich mir schon auf eine art fremd bin und dass ich auch etwas rausfinden will.
r das verstehe ich. ist ja auch eine art research. damit hat es auch zu tun, das suchen. andererseits ist es natürlich so, dass die kamera niemals eine antwort gibt.
g sie ist eigentlich eine zeugin.
r ja, aber sie lügt auch.
g wie gedruckt.
r da gibt es keine wahrheit. das ist so ein quatsch, diese annahme. und manchmal ist die kamera auch nervig. sie ist ein gerät, das macht, was du sagst und ist andererseits sehr hart, schon eine art waffe. ich habe eine sehr gemischte beziehung zur kamera. ich finde es ganz gruselig, dass sie zu einem gerät geworden ist, das so viele menschen als mittel zur bestätigung ihres seins nutzen. sie beruhigt mich nicht, sondern hat im gegenteil etwas fast aggressives. da bin ich mit susan sontag's betrachtung total einverstanden. also, wenn ich die kamera auf jemand richte: krass. man muss einen bestimmten charakter dafür haben. und den habe ich nicht.
g es ist auch erbarmungslos, wenn man sich selbst fotografiert. auf der einen seite hat man die kontrolle, auf der anderen seite wieder gar nicht.
r und das, obwohl die digitale fotografie heutzutage tut, als ob es eine kontrolle gäbe. das

i met risk hazekamp, a dutch artist living in berlin, in 2011, after some detours. like me, she also tends to photograph herself. i took my catalogue as an incentive to speak to her about the differences and similarities in our work. we met in berlin one afternoon in august 2014.

g why did you start to take pictures of yourself, or otherwise, to use yourself as your own model?
r because i was very shy and could not imagine to ask somebody to be my model. so to me it was totally reasonable to start pointing the camera at myself. ger van elk, a dutch artist who recently passed away, said a few years ago: "i am always around." and i find this statement to be so open and simple and true. that's how it is. it's true.
g i know this kind of shyness and the inhibition to shoot other people. then again, another reason for me was a notion i found in this quote from lisette model: "if you don't know what to photograph, then try taking pictures of that which you understand the least." when i first read this i realised that i am estranged from myself in a certain way, and that i am trying to figure out something.
r i understand that. in a way it is a kind of research. the act of searching is related to this. but then again, a camera will of course never give you an answer.
g it is a witness, actually.
r yes, but it also does lie.
g through its teeth.
r there is no truth in photography. that notion is such bullshit. and sometimes the camera is plainly annoying. it is a tool that does what you tell it to, and at the same time it is very tough, almost a weapon. i have a very mixed relation to my camera. i find it very scary that cameras have become tools used by so many people to validate their existence. it doesn't comfort me, on the contrary, there is something aggressive about it. i fully agree with susan sontag's point of view here. i mean, when i point my camera at someone, that is a crass action. you need to have a certain character to do that. and i don't have it.
g but it is also ruthless to photograph yourself. on the one hand you are in control, and on the other you're not at all.
r and that in spite of the present claims of digital photography that there is always a sense of control. that's exactly what anton corbijn said: "digital photography is striving for the perfect

image and analog photography is striving for the imperfect." just like him, i find the notion that there could be something like a "perfect" image absurd. that is exactly what i am not looking for. that is why i work exclusively analog, because it limits my control quite a lot. to let go of this control, especially when you are in front of the camera yourself, is a very crucial thing. i have a problem with the idea that photography is now merely there to control reality or make it more beautiful.

g what do you think about the notion of authenticity?

r authenticity—oh dear, that is a difficult term, since it is so complicated. let me put it this way: i don't think there are people who are doing totally new things. nobody is completely isolated and without contact to other people. everything is connected, so how should something appear that is completely uninfluenced by other things? even someone like sadie benning was influenced by others, by her parents for instance. you come, and that is actually a beautiful thing, into the world and you are influenced by it. end of story. and that is a good thing. you have to work out things, you react. and in those terms, authenticity is a highly difficult concept. to me the term suggests that everything comes from you and completely ignores that we are all constantly influenced by something.

g from my point of view, authenticity is associated with honesty and truth. where does staging begin and where does authenticity end?

r when i look at your pictures for instance, they are staged and yet i feel that they are close to you. you are acting a part, you are posing, you are referencing images that are familiar to people and yet i do get a sense of your personality. my pictures also look staged, but that is not intentional. of course i am aware that i am going to take a picture, but what the result of the process will be is more spontaneous than intentional.

g so it is incidental.

r well, let's call it a laboured incident. i am aware of what i'm doing, but usually there are moments where i'm not in control. and those images are usually more interesting than the pictures that i had in mind. i am not such a big fan of my own world of thought. insofar i appreciate an element of surprise.

g are you alone when you take the pictures?

r oh yes. always.

g then you know that "beep beep beep."

r yes, ten seconds. that is my job. those ten seconds of the self-timer evoke a kind of trance-like state. you drift into this tiny crazy world, in this rhythm of ten seconds, you know the lights of your camera and that is just a perfect time frame. it's really enough. that is also the time when you start to think. actually it's a second too long.

ist genau das, was anton corbijn gesagt hat: „digitale fotografie sucht nach dem perfekten bild und analoge fotografie sucht das imperfekte." ich finde es, genau wie er, einen absurden gedanken, dass es überhaupt ein „perfektes" bild geben könnte. ich suche genau das nicht. deshalb arbeite ich auch ausschließlich analog, weil ich da viel weniger kontrolle habe. dieses aufgeben von kontrolle, vor allem, wenn man auch noch selbst vor der kamera steht, ist ein ganz großes ding. ich habe ein problem mit der idee, dass fotografie nur noch dazu da ist, die realität zu kontrollieren oder schöner zu machen.

g was denkst du über den begriff authentizität?

r authentizität – oh je, das ist ein schwieriger begriff. denn es ist so kompliziert. ich kann es so sagen: ich glaube nicht, dass es leute gibt, die total neue sachen machen. niemand steht völlig isoliert und ohne kontakt zu anderen da. alles ist miteinander vernetzt, wie soll da ein völlig unbeeinflusstes ding entstehen? selbst jemand wie sadie benning wurde beeinflusst, durch ihre eltern zum beispiel. man kommt, und das ist auch das schöne, auf die welt und ist beeinflusst. ende der geschichte. und das ist auch gut. man muss sachen verarbeiten, man reagiert. und was das betrifft, ist authentizität ein sehr schwieriger begriff. dieser begriff suggeriert für mich, dass alles aus dir heraus kommt und blendet aus, dass wir alle ständig von etwas beeinflusst werden.

g authentizität wird in meinen augen mit ehrlichkeit und wahrheit in verbindung gebracht. wo fängt inszenierung an und wo hört authentizität auf?

r wenn ich deine bilder anschaue, die sind ja auch inszeniert und trotzdem habe ich das gefühl, dass sie nah an dir dran sind. du spielst eine rolle, du posierst, rufst bilder ins gedächtnis, die man schon mal gesehen hat und trotzdem bekomme ich etwas von dir mit. meine bilder sehen auch inszeniert aus, aber das ist keine absicht. ich weiß natürlich, dass ich ein foto mache, aber was da entsteht, ist eher spontan als inszeniert.

g also der zufall.

r naja, forcierter zufall. ich weiß schon, was ich mache, aber meistens gibt es trotzdem momente, wo ich die kontrolle nicht habe. und diese bilder sind meistens interessanter als die bilder, die ich vorher im kopf hatte. ich bin nicht so ein großer fan meiner eigenen gedankenwelt. insofern werde ich gerne überrascht.

g bist du allein, wenn du die bilder machst?

r oh ja. immer

g dann kennst du dieses „piep piep piep".

r ja, zehn sekunden. das ist mein job. diese zehn sekunden des selbstauslösers erzeugen eine art trance. man kommt in so eine kleine crazy welt, hat diesen rhythmus von zehn sekunden, kennt die lichter seiner kamera und das ist eine perfekte zeit. das ist auch wirklich genug. das ist auch die zeit, wo man anfängt zu denken. eigentlich eine sekunde zu lang.

g kommt darauf an wie groß der abstand ist.

r ja, und ob du hindernisse überwinden musst!

g wenn du in die kamera guckst, in die linse, was siehst du dann? siehst du da was?

r nee. du?

g ja, das ist verschieden. bei manchen bildern gucke ich in die kamera und guck auf eine art mich an. und da habe ich schon auch das gefühl, dass ich mir zusehe, wie ich mich fotografiere. manchmal ist es eher ein unbestimmter blick in die welt, also nach draußen gerichtet. und manchmal stelle ich mir vor, dass hinter der kamera jemand steht, den ich kenne und der mich anschaut.

r das ist total interessant. dann arbeitest du näher an dir als ich an mir. ich schlüpfe doch eher in eine rolle, glaube ich. oft erkenne ich mich auch nicht auf meinen bildern. also, ich weiß, was du meinst, aber das habe ich nicht so sehr, wenn ich arbeite. dann ist da nur diese kamera und ich versuche, so sehr wie möglich mit der technik beschäftigt zu sein, also möglichst nichts denken.

g hat das selbstporträt ein alter?

r meine erste reaktion auf diese frage ist: nein. aber ich bin mir sicher, dass das selbstporträt ein alter hat, also muss die antwort „ja" sein. ich weiß nur noch nicht, warum.

g wie haben sich deine selbstporträts über die jahre verändert?

r bei mir geht es ja vor allem um identität. und da könnte man denken, irgendwann hätte man sich gefunden und würde aufhören, selbstporträts zu machen. aber man findet sich niemals. identität ist etwas, was sich immerzu verändert, es ist dynamisch, das kann man nicht finden. denn genau dann, wenn du glaubst, etwas gefunden zu haben: vergiss es! dann geht es wieder weiter. darum denke ich, das selbstporträt bleibt immer interessant und wichtig.

g bei mir gab es eine phase, so von 2002 bis 2005, in der ich mich sehr viel fotografiert habe. da gab es eine innere notwendigkeit und eine große lust, die möglichkeiten auszutesten. dann habe ich diese bilder auch ausgestellt. ziemlich lange ging das. 2008 wurde es weniger, dafür gab es mehrere gründe. zum einen hat es mich genervt, ständig das bild meines gesichts zu sehen. und häufig wurden die fotografien sehr persönlich aufgefasst, das hat mich etwas irritiert. ich dachte immer, ich gebe universelle zustände wieder, aber die meisten leute wollen nur mich in den bildern sehen, meinen schmerz, und sind beeindruckt, dass ich so ehrlich bin und mich so schonungslos zeige.

r das ist ein interessantes gebiet, weil der moment, wo du deine arbeit ausstellst, da denken die betrachter, jetzt ist es public – für alle. und das stimmt auch ein stück weit. schwierig wird es, wenn sie nach dem betrachten der arbeiten rückschlüsse auf dich selbst ziehen. mir passiert das in meiner arbeit nicht so oft. die leute erwarten nach meinen bildern einen bestimmten typ und wenn ich dann komme, bin ich

g that depends on the distance.

r yes, and whether you have to climb obstacles!

g when you look at the camera, into the lens, what do you see? do you see anything?

r nah. you?

g yes, it differs. with some pictures i look at the camera and in a certain way i'm looking at myself. and then i do get this feeling that i am watching myself taking a picture of me. sometimes it is more of an undefined gaze at the world, directed toward the outside. and sometimes i imagine someone i know standing behind the camera, looking at me.

r that is very interesting. then you are working much more with yourself than me. i think i rather slip into a role. often i don't recognise myself in my pictures. i mean, i know what you are saying, but i don't encounter this as much when i'm working. then there is only this camera and i try as much as possible to focus on the technology; in other words: to think as little as possible.

g does a self portrait have an age?

r my initial reaction to this question is: no. but i am convinced that self portraits do have an age, so i have to reply with yes. i am just not sure yet why.

g how have your self portraits changed over the years?

r i am mainly concerned with identity. and one might think that at one point you would have found yourself and you could stop taking self portraits. but you never find yourself. identity is something that is constantly changing, it is dynamic, you can never find it. because exactly when you think you have found something: forget it! it has already moved on. that's why i think the self portrait always remains interesting and relevant.

g i had a phase, between 2002 and 2005, where i took a lot of pictures of myself. there was an inner need and a great desire to test the possibilities. i have also shown these pictures in exhibitions. that went on for quite a long time. in 2008 it started to get less, there were several reasons for that. on the one hand i found it annoying to constantly look at the image of my face. and often people understood the pictures as highly personal, which i found slightly irritating. i always thought that i was representing universal conditions, but most people only want to see just myself in the pictures, my pain, and it impresses them that i am so honest and that i present myself in such a ruthless manner.

r that is an interesting subject, because the moment you show your work, the viewers think it is now public—for everyone. and to an extent that is true. it only becomes problematic when they start to form conclusions about you after looking at your work. this doesn't happen to me so much with my work. after seeing my pictures people expect a certain type and when they meet me, they sometimes find me too nice or my voice too high-pitched. or they think i am a model, or they just don't recognise me at all. but when the public and private image coalesce, as in your work, people think: ah, now it's out in public and i'm entitled to whatever. i must say, i personally do not feel that so strongly with your work, because i can sense that it is very private. and because of that there remains a boundary. i enjoy looking at your pictures, and often i find myself really touched by them—or affected, as they say, when something really moves you. i see that there are many more layers and i am not really sure whether your work is really about you or not. you don't really make that clear, in this regard.

g that is nice to hear. it's reassuring. in any case i have been doing less self portraits.

r the time is through or what?

g i have been wondering about that, too. this absolute impulse to take pictures of myself has definitely faded. there are phases when i still do them more often, but the gaps between these phases have grown larger. this is probably also due to the fact that i have more and more turned to drawing in the last years.

r this impulse you mention, i remember that from the past, but i don't feel it anymore. but i also do not feel the need to be in the picture. you know, to just tell a story is very interesting to me now.

g i had a lot of fun making the *simon & simone* pictures together with claudia. we started doing that four years ago, we always do a couple of series once in a while and for 2015 we published a calendar. it's nice because i'm not in the focus as an individual. i have noticed that a single person in a picture almost automatically exudes a sense of loneliness. alone against the world. the pictures with claudia are different from that.

r how was it like in your excessive phase? did you shoot yourself on a regular basis?

g yes, whenever i felt like it, i just did it. but at the time i did not think about exhibiting the pictures. it was more of an experiment with myself. i wanted to find out pretty simple things, such as: how do i look like from behind, or how do i look when i bend down? and often this resulted in pictures that i didn't intend the way they turned out.

r that is interesting. you are aware of yourself in front of the camera. i think that i was trying to avoid exactly that. i was looking for the moment when i didn't feel the presence of the camera anymore. to me it is not an instrument, rather a device that registers and records what happens. and i try to pretend as if it wasn't there, which is probably complete nonsense. you still work in analog, too, don't you?

g yes. i do have a digital camera that i use sometimes, but i don't take it seriously.

r funny. neither do i.

manchmal zu nett oder meine stimme ist zu hoch. oder sie denken ich wäre das model, oder erkennen mich einfach gar nicht. aber wenn das öffentliche und das private so verschmelzen wie bei dir, dann denken die leute: ach, jetzt ist es öffentlich, jetzt darf ich. ich muss sagen, ich habe das nicht so sehr bei deiner arbeit, weil ich spüre, dass es sehr privat ist. dadurch bleibt da immer eine grenze. ich gucke mir das sehr gern an, ich bin auch oft wirklich berührt – oder betroffen, wie man so sagt, wenn es wirklich etwas bewegt. ich sehe, dass es da noch viel mehr ebenen gibt und weiß überhaupt nicht, ob es in deiner arbeit wirklich um dich geht oder nicht. du machst, was das angeht, keine aussage.

g das ist schön zu hören. das ist beruhigend. auf jeden fall sind die selbstporträts weniger geworden.

r ist die zeit vorbei oder was?

g das habe ich mich auch schon gefragt. der absolute drang, mich selbst zu fotografieren, hat schon nachgelassen. es gibt phasen, in denen ich häufiger welche mache, aber die abstände zwischen diesen phasen sind größer geworden. das hat sicherlich auch damit zu tun, dass ich mich in den letzten jahren verstärkt dem zeichnen gewidmet habe.

r dieser drang, von dem du redest, den kenne ich von früher, aber den habe ich nicht mehr. ich muss aber auch nicht mehr zwangsläufig auf dem bild sein. weißt du, einfach etwas zu erzählen, finde ich jetzt auch sehr interessant.

g mir hat es großen spaß gemacht, die *simon & simone* bilder mit claudia zu machen. damit haben wir vor vier jahren angefangen, es entstehen immer mal ein paar serien und für 2015 haben wir einen kalender rausgebracht. das ist schön, weil ich da nicht als einzelwesen im fokus stehe. mir ist aufgefallen, dass eine einzelne person auf einem bild fast automatisch eine art von einsamkeit ausstrahlt. allein gegen die welt. die bilder mit claudia sind da anders.

r wie war das in der exzessiven phase? hast du dich da kontinuierlich selbst fotografiert?

g ja, immer wenn mir danach war, hab ich losgelegt. ich hatte damals aber noch nicht im sinn, das einmal auszustellen. es war eher ein experiment mit mir selbst. ich wollte auch ganz simple sachen wissen: wie sehe ich von hinten aus oder wie, wenn ich mich bücke? und oft sind dann bilder entstanden, die ich so auf keinen fall im kopf hatte.

r das ist interessant. du bist dir deiner selbst schon bewusst vor der kamera. ich glaube, dass ich versucht habe, genau das nicht zu machen. ich habe nach dem moment gesucht, wo ich die kamera nicht mehr wahrnehme. für mich ist sie kein instrument, sondern eher ein gerät, das registriert und aufnimmt, was passiert. und ich versuche so zu tun, als wäre sie nicht da, was wahrscheinlich totaler quatsch ist. du arbeitest auch noch analog oder?

g ja. ich habe eine digitale knipse, mit der ich mich manchmal fotografiere, aber das nehme ich nicht ernst.

r lustig. ich auch nicht.

g bei der digitalfotografie kann ich mich kontrollieren, und das mag ich nicht. ich arbeite lieber ins schwarze hinein, ins nicht-wissen-was-dabei-herauskommt. außerdem liebe ich so sehr den moment, wenn ich die fotos abhole.

r ja, den mag ich auch.

g wir hatten ja auch so einen lustigen weg, wie wir uns kennengelernt haben. du hast meine bilder mal irgendwo gesehen.

r in barcelona.

g das ist witzig, weil ich mich gar nicht erinnern kann, dass meine bilder da gehangen haben. und du hast, glaube ich, irgendwem was mitgegeben. oder?

r ja, ja. ich habe deiner galeristin so einen kleinen katalog von mir für dich mitgegeben.

g der mich nie erreicht hat. das ist schade. denn dann sind noch mal jahre ins land gegangen, ehe wiederum ich eine bekannte von dir getroffen habe, die meine bilder sah und meinte, wir beide müssten uns unbedingt kennenlernen.

r einen katalog mitgeben – ich mache das niemals. aber ich fand deine bilder wahnsinnig gut. ich habe total verstanden, was du da gemacht hast. es war, als ob du meine geschichte auch erzählst. nicht, dass wir die gleiche geschichte haben, aber deine zeichnungen sind sehr offen und ich habe mich total gesehen gefühlt. ich sehe oft bilder, die ich gut finde, aber dass ich so richtig eine connection habe, passiert nicht so oft.

g schön, das freut mich.

r mich auch.

g zum schluss noch eine letzte frage. hast du etwas, was du mir mit auf den weg geben willst?

r wow. na ja, lass dich nicht so sehr beeinflussen von dem kunstmarkt. das künstlerdasein kann hart und enttäuschend sein und manchmal macht es wirklich traurig. dann kannst du dich sehr alleine fühlen. ich habe das öfter gehabt. da hängen die bilder, es wird auch verkauft und ich sitze da, champagner wird aufgemacht und dann sagen die käufer: mach mal mehr bilder, werde mal ganz berühmt, mach mich mal reich. und ich denke: gott, darum geht es nicht!

g vielen dank.

r ganz gerne.

g with digital photography i can control myself, and i don't like that. i prefer to work in the unknown, in a state of not-knowing-what-will-come-of-it. and also i love the moment when i go to collect the prints.

r yes, i like that, too.

g there is also this funny story about how we met. you saw my pictures sometime, somewhere.

r in barcelona.

g that is funny, because i cannot recall that my pictures were ever exhibited in barcelona. and i think you gave someone something to pass on to me, is that right?

r yes, yes. i gave a catalogue of my work to the owner of your gallery and asked her to give it to you.

g and i never received it. which is a shame. because it took some more years still before i met an acquaintance of yours, who saw my pictures and told me that we needed to meet each other.

r to give someone a catalogue—i never usually do that. but i thought your pictures were stunningly brilliant. i totally got what you were doing with them. it was as if you were telling my story as well. not that we share the same story, but your pictures are very open and i felt they totally portrayed myself. i often see images that i think are good, but to feel such a connection, that doesn't happen very often.

g great, that makes me happy.

r me too.

g one final question. is there any bit of advice you want to give me for the future?

r wow. well, don't let yourself be influenced by the art market. being an artist can be hard and disappointing and sometimes it will make you really unhappy. then you will feel very alone. i have been through that several times. you have your pictures on the wall, you are making sales and then you sit there and someone opens another bottle of champagne and then the buyers tell you: come on, make some more pictures, get really famous, make me rich. and i'm thinking: god, that's not what it's about.

g thank you very much.

r very welcome.

grit, vip

in early 2003, myself, along with lysann buschbeck and kathrin pohlmann, established the artists group *vip*. at the time we were all studying in the photography class of prof. timm rautert at the *academy of visual arts leipzig*. since then a lot of things have happened, but *vip* still exists. in late october 2014 i met with my friends and collaborators to have a conversation on the occasion of this catalogue.

g what do you think are the advantages, what are the disadvantages of an artist collective? what is possible, what is impossible?

l essentially i think that anything is possible with *vip*—but making it happen is difficult.

k but it's like that with anything.

l it is nice that you interact so well.

k you join forces. from a pragmatic point of view you share work, time and processes, and you also have access to extra energy; it's more dynamic, there is more exchange and more communication. we all share similar backgrounds and have similar interests. so you have mutual inspiration, of course. there are disadvantages in management, getting three people to sit at a table together.

l which has become more difficult than it used to be.

k and then there are big discussions and that often drains your energy.

l but i find that to be quite positive sometimes. for instance, when i think that this or that would have to be like this, someone immediately looks at it from another angle and gives counter arguments until i realise: right, this will do just fine as well.

k yes, there's instant feedback, which you don't get when you're working on your own. and if you're working alone, the insecurities are likely to be more notable, compared to when three people find an agreement. then you support that position more strongly and more confidently than you would if you had formulated it only by yourself.

g how significant is the fact that all of us produce solo work outside of *vip*? do we inspire each other or do we stand in each other's way? is there any internal competition?

k competition—well, in terms of time. i'm not sure if competition is the right term. there are certain energies at this point which are exclusive, for instance because there is an opportunity to be successful or to sell a solo piece and that can be very tempting, in the sense that it might be possible to make a living off of that. and if you're not rising up into that league with

anfang 2003 gründeten lysann buschbeck, kathrin pohlmann und ich das künstlerinnenkollektiv *vip*. damals studierten wir alle drei in der fachklasse für künstlerische fotografie bei prof. timm rautert an der *hochschule für grafik und buchkunst* in leipzig. seitdem ist viel passiert und *vip* gibt es immer noch. für den katalog bat ich ende oktober diesen jahres meine freundinnen und arbeitskolleginnen zum gespräch.

g was, denkt ihr, sind die vorteile und was die nachteile eines künstlerinnenkollektivs? was ist möglich, was ist nicht möglich?

l prinzipiell denke ich, dass mit *vip* alles möglich ist – nur machen ist schwierig.

k aber das ist ja immer so.

l schön ist, dass man sich die bälle zuspielen kann.

k man bündelt kräfte. ganz pragmatisch gesehen teilt man arbeit, teilt zeit, vorgänge, auch hat man mehr energie, mehr dynamik, mehr austausch und mehr kommunikation. außerdem kommen wir aus einem ähnlichen background, haben ähnliche themen und das befruchtet natürlich gegenseitig. die nachteile liegen im management, drei personen an einen tisch zu kriegen.

l was heute schwieriger ist als früher.

k es gibt natürlich auch große diskussionen. und das ist dann auch kräfte zehrend.

l aber das finde ich auch manchmal ganz angenehm. wenn ich z.b. denke, jenes müsste jetzt so oder so sein, denkt meistens sofort eine um die ecke und argumentiert dagegen, bis ich denke: stimmt, so geht's auch.

k ja, es kommt automatisch ein feedback, was man in der einzelarbeit nicht hat. einzeln sind die unsicherheiten vielleicht auch größer, als wenn drei personen auf einen nenner kommen. dann steht man stärker und selbstbewusster dahinter, als wenn man etwas allein vertritt.

g welche rolle spielt die tatsache, dass wir alle neben *vip* auch einzeln arbeiten? inspirieren oder behindern wir uns? gibt es konkurrenz untereinander?

k konkurrenz – allein schon wegen der zeit. ich weiß nicht, ob da konkurrenz das richtige wort ist. es gibt an diesem punkt energien, die sich abgreifen, weil zum beispiel die chance, erfolgreich zu sein oder eine einzelarbeit zu verkaufen, sehr verführerisch ist, in dem sinne, dass man davon vielleicht leben könnte. und wenn man bei der kollektivarbeit eben nicht gleich in eine liga hüpft, bleibt natürlich am ende weniger geld übrig. du guckst so kritisch ...

l ja.

k ist aber so.

l da sprechen jetzt andere kollektivbeispiele dagegen. das größere wagnis für mich wäre zu sagen, wir arbeiten nur noch zu dritt. das fände ich verrückter. nicht wegen des gedankens, in einem kollektiv verdiene ich nicht genug geld, sondern weil mir innerhalb der gruppenarbeit fehlen würde, dass ihr keine autonomie hättet. oder ich.

k ich glaube – was die nachteile anbelangt – dass man als teil einer gruppe in den wenigsten fällen davon leben kann. und meistens beabsichtigen kollektive das auch nicht. das finanzielle ist nicht das, worum es bei kollektiven geht. da bin ich völlig konform mit dir, dass es um etwas anderes geht. schnittmengen, die man teilt.

g was die konkurrenz zur einzelarbeit betrifft, habe ich mich oft gefragt, wo stecke ich jetzt meine energie und zeit hinein. aber mir ist auch wichtig, meinen eigenen horizont, der beschränkt ist, zu erweitern und von *vip* wurde ich definitiv inspiriert. ich glaube, dass es sich im günstigsten fall gegenseitig befruchtet und weniger behindert.

k auch wenn wir verwandte themen oder interessen haben, bringt jede von uns verschiedenes mit, dinge, die sie kann oder nicht kann, die die eine vielleicht auch weniger interessieren, dafür die andere mehr. bisher passt das ganz gut, finde ich. aber ich habe nicht das gefühl, dass wir konkurrieren oder ich konkurriere nicht mit euch. aber was ich einzeln mache, ist auch am weitesten von dem entfernt, was ihr beide macht.

l ich würde sagen, dass man eigentlich nicht konkurriert, sondern dass man zu konkurrentinnen gemacht wird. das ist etwas, das von außen kommt. das ist nicht etwas, was in meinem kosmos vorkommt. das ist dann auch eher eine zum beispiel vom kunstmarkt gesetzte konkurrenz.

g mit der man umgehen muss.

l ja ja. und die sich in so eine gruppenarbeit mit hineinpressen kann, also wenn man als einzelperson und als gruppe arbeitet und das die zwei sternchen sind, die man irgendwie an den himmel bekommen will.

g als wir 2003 anfingen, waren wir mitte 20, jung und frisch. und noch ohne erfahrung. wir haben zusammen die ersten ausstellungen gemacht und haben erlebt, wie es läuft im ausstellungskontext. jetzt, zwölf jahre später, blicken wir auf beinah 50 ausstellungen. was hat sich verändert im laufe der vergangenen zwölf jahre und wie hat das unsere künstlerische arbeit beeinflusst?

k jetzt sind wir nicht mehr jung und frisch, sondern alt und verwelkt.

l ich lege veto ein. das kommt nicht in deinen katalog. da kommt rein: jetzt sind wir noch frischer.

k vieles hat sich verändert. wir studieren nicht mehr, ich habe ein kind bekommen, wir sind in

your collective work, there's less money to go round in the end, of course. you're giving me a very critical look...

l yes.

k but it's true.

l there are other examples of collectives that contradict your point. to me, the greater dare would be to say we only work together from now on. i think that would be more crazy. not because of the notion that you are not going to make enough money as a collective, but because i tend to think that you two would miss your autonomy when we would only be working as a group. or i would.

k i believe—in terms of disadvantages—that you can only make a living as part of a group in rare cases. of course, most of the time that is not the goal of collectives. the financial aspect is not what collectives are about. in that sense i totally agree with you, that it's about something else. about intersections that we share.

g as far as the competition with solo work is concerned i have often wondered where to put my energy and time. but for me another important factor is to expand my own limited horizon and *vip* has definitely been an inspiration to me. i believe that in the best case the work is mutually inspirational and less something that gets in the way.

k even if we share topics and interests, every one of us brings something different to the table. things that one might be good at or not at all, things that some of us might find less interesting, but others more. until now it has been working out quite well, i think. but i do not feel that we compete with each other. anyway, i am not competing with you. but what i do by myself is also most different from what you do in your solo work.

l i would say that while we do not actually compete, we are made into competitors. that is something put on us from the outside. it is not something that is part of my universe. it is rather a form of competition dictated by the art market.

g a factor you need to deal with.

l yes, sure. and this aspect can interfere with the work in a collective, especially in a situation where you are working as a solo artist and as the member of a group and those happen to be the two little stars you want to get up there in the sky somehow.

g when we started out in 2003 we were in our mid-twenties, young and fresh. without any experience. we did our first shows together and eventually learned how the exhibition circuit works. now, twelve years on, we can look back onto almost 50 shows. what has changed over the course of the last twelve years and how has this influenced our artistic work?

k we are not young and fresh anymore, but old and worn.

l i veto this. this will not go into your catalogue. this is what it will say: we are even fresher now.

k a lot of things have changed. we are not students anymore, i have a child, we all moved to a new city. we are still all in one city, just not in leipzig, where everything was very much enmeshed with our studies, the academy, the well-connected art scene, we made a name for us there. we don't have a position like this in berlin.

l i would say that a sense of ease has gone, but not only in our collective work, also in our solo work. and in life.

g you mean we are now making more depressed works?

l no. but part of having to manage things at different time scales is that you find yourself under more pressure. and i think that eventually you arrive at the point where you really have to struggle. i mean struggle to stay on top of things.

k which is funny, because we anticipated this situation with our fights in a certain way; although we need to throw punches into a lot more directions in our contemporary struggles. that is why it is remarkable that we have kept going for so long, that there is an element that is working out until today, in spite of all crises.

g sometimes i would like to have an outside perspective from someone who does not know us personally and only looks at the works. the lost sense of ease: is it noticeable?

l i believe it is not obvious.

k it sure is. i think that a lot of things have changed, in artistic terms.

l you might say that the topics and issues have changed, but essentially, the fights in *für dich kleiner stern* and *genullt* have a lot in common. also, *genullt* has a sense of ease, but there was nothing easy about working on it.

g when i compare *für dich kleiner stern* and *genullt*, i see very clear differences.

l yes, in terms of subject matter and content, of perspective, but in terms of how it feels …

k well, we are still who we are. our personalities haven't changed and there has been no change in what working together means to us. still, we have created many works in the last years in which we take ourselves much less seriously than we did in the beginning. the focus now is more on issues. in the beginning *vip* was much more personal.

l in the meantime we have assembled a tool kit we can use, that we can rely on, also for how we relate to each other. that's good. but when you begin to study, you don't think about it like: well, this is now also your job. and yet today it is like that. i think that it takes a bit of time for you to realise that.

g frankly, in the beginning it often used to be silly ideas, developed out of conversations we had in bars. we often met in private, anyway. only later we would consider these occasions as work meetings.

eine andere stadt gezogen. zwar sind wir alle in einer stadt, aber eben nicht mehr in leipzig, wo alles sehr eingebettet war durch studium, hochschule, überschaubare kunstszene, wo wir uns auch einen namen gemacht hatten. so ein standing haben wir in berlin nicht.

l ich würde sagen, dass die leichtigkeit gewichen ist, aber nicht nur in unserer gruppenarbeit, sondern auch in unserer einzelarbeit. und im leben.

g meinst du, wir machen jetzt depressivere arbeiten?

l nein. aber dadurch, dass man die dinge zeitlich anders unter einen hut bringen muss, steht man auch unter einem anderen druck und ich glaube, irgendwann kommt der punkt, wo man dafür wirklich kämpfen muss. also dafür, die leine in der hand zu behalten.

k was lustig ist, weil wir mit den kämpfen quasi vorgegriffen haben, wobei wir in den kämpfen, die wir jetzt haben, noch in alle möglichen anderen richtungen boxen. deshalb ist es erstaunlich, dass wir so lange durchgehalten haben, dass es etwas gibt, was trotz aller krisen bis heute funktioniert.

g ich hätte manchmal gern den draufblick von jemand anderem, der uns nicht kennt und nur die arbeit sieht. ist die verlorengegangene leichtigkeit sichtbar?

l ich glaube, das merkt man nicht.

k doch. ich finde, da hat sich künstlerisch schon einiges geändert.

l man könnte sagen, dass sich die themenfelder geändert haben, aber vom prinzip her haben die kämpfe in *für dich kleiner stern* und *genullt* viel miteinander zu tun. zudem hat *genullt* eine leichtigkeit, dabei hatten wir während der arbeit überhaupt keine leichtigkeit.

g wenn ich *für dich kleiner stern* und *genullt* nebeneinander stelle, sehe ich da ganz klare unterschiede.

l ja, von der thematik und dem inhalt, von der blickrichtung, aber wie sich das anfühlt …

k wir sind ja auch immer noch wir. wir haben uns nicht im wesen verändert und es hat sich auch nicht verändert, was uns *vip* bedeutet. dennoch sind in den letzten jahren viele arbeiten entstanden, wo wir uns weitaus weniger wichtig nehmen als noch zu beginn. die themen stehen jetzt stärker im vordergrund. *vip* war viel persönlicher am anfang.

l wir haben mittlerweile ein bisschen besteck, auf das wir zurückgreifen können, auf das wir uns ein bisschen verlassen können, auch untereinander. das ist schön. aber wenn man anfängt zu studieren, denkt man nicht: so, das ist jetzt auch dein job. jetzt ist das aber so. ich finde, dass es eine weile braucht, bis man das begreift.

g am anfang waren es ja auch häufig, ich sag mal salopp, schnapsideen, die sich aus gesprächen zwischen uns in der kneipe entwickelt haben. wir haben uns privat sowieso oft getroffen. dass das dann irgendwann immer als arbeitstreffen formuliert wurde, kam später.

l das war erst, als unsere freundschaftlichen treffen anfingen, weniger zu werden. als wir anfangen mussten, uns für treffen zu entschließen, als spontan nicht mehr ging. und es kam eine zeit, wo nicht mehr während des treffens einfach so arbeiten entstanden sind. oder dass wir uns tatsächlich soviel aus dem mörderischen leben erzählen mussten, dass man dachte, uff und jetzt noch kunst machen.

k ja, es ist schwierig, arbeit und privaten austausch auf die reihe zu bekommen.

g ist es wichtig, dass wir drei frauen sind? spielt das eine rolle in bezug auf den kunstmarkt?

l das spielt insofern eine rolle, dass *vip* immer sofort als drei frauen gelesen werden, ohne dass wir viel dazu tun müssen.

k wir haben uns nicht gesucht, weil wir frauen sind.

g aber wir haben uns auch zusammengetan – und dabei war es kein zufall, dass wir drei frauen sind – um einer herrschenden männlichen übermacht oder sichtweise etwas – uns, entgegenzusetzen. es war uns wichtig, dass wir etwas behaupten, was damals nicht, zumindest nicht in unserer damaligen klasse für fotografie, existierte.

k ja. und das frauenthema taucht auch in einigen unserer arbeiten auf. in unserem strip video thematisieren wir ja auch, dass wir frauen sind. es ist die frage, ob wir solch eine arbeit auch dann gemacht hätten, wenn wir drei männer wären. es wird jedenfalls oft so gelesen, dass wir feministische themen verhandeln.

g nur aus dem grund, weil wir drei frauen sind.

k genau. nicht wegen der tatsache, dass das unsere intention ist oder weil wir unbedingt einen feministischen diskurs bereichern wollen.

l ich glaube, dass man als drei frauen natürlich automatisch feministisch reagiert, weil: wie eigentlich anders. geht ja gar nicht anders.

k was den kunstmarkt betrifft, spielt die form der selbstvermarktung eine rolle. wie wir uns verkaufen und es uns vielleicht schwerer fällt, weil wir frauen sind, mit dem brechhammer da unsere positionen rein zu kloppen. es kommt nicht mit so einer kaltschnäuzigkeit daher wie arbeiten, die oft mehr erfolg haben.

g erinnere ich mich richtig, dass die leute früher dachten, wir wären eine band und alle drei lesbisch?

k hahaha.

l echt? haben die das gedacht?

g das wurde zumindest gemunkelt.

k na ja, vielleicht verstört eben auch, dass wir keinen vordergründig politischen oder feministischen ansatz haben, sondern dass wir so stark die subjektivität mit hineinbringen. in welche schublade kann ich *vip* packen? das funktioniert nicht so einfach.

g kommen wir zu dem geheimnis von *vip*. es gibt unterschiedliche meinungen zu dreierkonstellationen. die einen sagen, es ist ungünstig, wenn man ein erfolgreiches team gründen will, da es immer eine dritte gibt, die entweder isoliert ist oder die harmonie stört. andere sagen, drei

l that shift occurred when we began meeting less as friends. once we had to start planning our meetings ahead, when it stopped happening spontaneously. and then there was a time when works were not effortlessly created over the course of one meeting anymore. or sometimes we needed to talk about so much stuff that was going on in our murderous lives, that we got the feeling, phew, and now we also need to do some art as well.

k yes, it is difficult to balance work and private exchange.

g does it matter that we are women? does it matter in regards to the art market?

l it does matter insofar as *vip* is always identified as three women, we don't really need to do much about it.

k we didn't look for each other in particular, especially not because we are women.

g but one reason that we formed the group—and for this aspect it was not a mere coincidence that we are women—was to counter a dominant male power or perspective with something else, namely us. it was important to us that we claimed something which at the time, at least in our class for photography, did not exist.

k yes. and being a woman also matters for some of our works. in our strip video we focus on the fact that we are women. you could question whether we would have made such a piece if we were three men. anyway, people often read our works in feminist terms.

g based solely on the reason that we are three women.

k exactly. not because it is our intention, or because we feel a need to contribute to feminist discourse.

l i believe that as three women, we automatically react in a feminist way, because: what else could we do? there is really no alternative option.

k with regards to the art market the way in which you present yourself does matter. it matters how we market ourselves. it matters that it might be more difficult for us because we are women, we have to put our positions out there with a sledgehammer. it doesn't have this matter-of-fact attitude of pieces that are often more successful.

g is it true that people used to think that we were a band and all of us were lesbians?

k hahaha.

l seriously? is that what people thought?

g there had been rumours.

k well, perhaps it is disturbing that we don't have an obvious political or feminist approach, but that we bring so much subjectivity into our work. where to file *vip*? it doesn't work that easy.

g let's discuss the mystery of *vip*. there are different attitudes towards groups of three. some people say it is not an ideal number if you want to establish a successful team, because there will always be a third person who is isolated or disturbs the harmony. others say that three people are the best small-scale unit for decision making, because there will always be a majority in a voting process and therefore decisions can be made in a fast and dynamic way. where would we see *vip* in this? how important is the third person?

l i just had to think of stockhausen and his two wives, yet another constellation of three people. they lived together and one of the women said in an interview that they really lived as three people: when one of them wasn't around, that person was really missed. and this is what it's like with us. when i am setting up an exhibition together with grit, then i always wonder: what is kathrin doing now? or i sit home alone and i am thinking: what are they doing now?

k i don't find our constellation of three do be difficult at all. on the contrary, it only works because we are three people. and i believe that you cannot easily find that.

g i think so, too. all of us have gone through phases where we thought that we had more or less fallen out with *vip*, out of the group. but even in such situations i never felt isolated. i knew that i could change it around and that it wasn't about not being part of the group.

l it does take a sense of trust, a sense of certainty that the other person will come back. first, you need to trust me when i withdraw. and second, i have to trust you when one of you withdraws.

k you need to keep the third person in mind: how would she look at this, if she was here; especially when it comes to making decisions. even if you, as the third person, had a different opinion, as far as i recall there was never the problem that a decision made by two members of the group was rejected. i look at the arguments and rethink my position, because i trust you and because your opinions matter. it could still be the case that someone thinks about one piece: well, i'm still not convinced. but that was never an issue.

g yes. there are works that i like more and others i like less. anyway, i appreciate that there is someone to stir things up. when you work as a duo you can get pretty comfortable and if there is a third person that interferes, especially if it is not always the same person, that's great.

k this is important for our group: nobody is replaceable. if one of us were to leave *vip*, the project would cease to function, even if someone new would step in.

l are we still talking about the mystery? it just occurred to me what someone once told me: it was good that you did the tattoos.

k exactly, i thought about that today as well. the tattoos did it! that is why we're still together here today.

l i believe there are things that just function if you make them really close-knit. then you approach them differently as well. and perhaps it is just that i see my p on my finger everyday.

personen sind das beste kleinste entscheidungsgremium, da es in einem abstimmungsprozess immer eine mehrheit gibt und dadurch schnell und dynamisch entschieden werden kann. wo verorten wir da *vip*? wie wichtig ist die dritte?

l ich muss gerade an stockhausen und seine zwei frauen denken, das ist noch mal eine andere dreierkonstellation. die haben sogar zusammen gewohnt und eine der frauen hat in einem interview erzählt, dass sie wirklich zu dritt gelebt haben und wenn die eine gefehlt hat, dann hat die auch wirklich gefehlt. und so ist das bei uns auch. wenn ich mit grit zu zweit eine ausstellung aufbaue, dann habe ich immer im kopf: was macht jetzt kathrin? oder ich sitze allein zu hause und denke, was machen jetzt die zwei?

k ich finde unsere dreierkonstellation überhaupt nicht schwierig. im gegenteil, es funktioniert nur, weil wir zu dritt sind. und ich glaube, dass das nicht so einfach zu finden ist.

g das glaube ich auch. wir hatten alle mal phasen wo wir dachten, dass wir mal mehr oder weniger raus aus *vip*, aus der gruppe sind. wenn dem so war, habe ich mich aber nie isoliert gefühlt. ich wusste, dass ich diesen zustand ändern kann und dass es nicht darum geht, nicht in der gruppe zu sein.

l es bedarf schon eines vertrauens, dass man weiß, die andere kommt wieder. erstens, dass ihr mir vertraut, wenn ich mich zurückziehe. zweitens, dass ich euch vertraue, wenn eine von euch sich zurückzieht.

k und die dritte mitdenken: wie würde sie drauf blicken, wenn sie dabei wäre, gerade, wenn es um entscheidungen geht? selbst wenn man als die dritte eine gegenmeinung hat, gab es in meiner erinnerung noch nie das problem, dass dann die zweierentscheidung abgelehnt wurde. ich gucke mir die argumente an, denke noch mal neu nach, weil ich euch vertraue und eure meinung relevant ist. es kann ja auch sein, dass eine bei manch einer arbeit trotzdem denkt, na ja, ich bin immer noch nicht überzeugt. aber das war noch nie problematisch.

g ja. es gibt arbeiten, die mag ich lieber und andere weniger. ich finde es jedenfalls schön, wenn es einen störenfried gibt. zu zweit kann man es sich auch sehr gemütlich machen und wenn es eine dritte gibt, die dazwischenfunkt, vor allem wenn es nicht immer dieselbe ist, dann ist das toll.

k was bei uns wichtig ist: keine wäre ersetzbar. wenn jetzt eine aus *vip* austreten würde, es würde nicht funktionieren, wenn dafür eine andere käme.

l sind wir noch bei dem geheimnis? mir fällt gerade ein, dass mir mal jemand gesagt hat: es ist schon gut, dass ihr das gemacht habt mit den tattoos.

k genau, das habe ich heute auch gedacht. das tattoo war es! darum sitzen wir immer noch zusammen.

l ich glaube, es gibt sachen, die einfach wirken,

wenn man sie so festzurrt. da macht man die auch noch mal anders. und vielleicht ist es ja auch nur, dass ich jeden tag mein p auf dem finger sehe und weiß, dass es *vip* gibt. wie wenn ich anderen sage, ich habe noch eine künstlerinnengruppe und zeige auf meinen mittelfinger.

g hat schon mal eine von euch daran gedacht, *vip* zu verlassen? wenn ja, was waren die gründe und warum habt ihr es nicht getan?

k ich habe mal daran gedacht. vielleicht nicht wirklich verlassen, aber ich hatte schwierigkeiten. das war in der anfangszeit in leipzig beziehungsweise, als ich mein kind bekommen habe. ihr habt damals zusammengewohnt und euch oft gesehen. dadurch, dass mir so viel zeit oder beteiligungsmöglichkeiten verloren ging, ist ein ungleichgewicht entstanden. ich saß nicht mehr mit bei euch und habe ideen weiterentwickelt. da hatte ich immer das gefühl, ich nicke das entweder ab oder ich finde das doof, kam aber nicht dazu, etwas mitzuentwickeln. dazu kam noch, dass es während des studiums war und mir zu der zeit noch nicht klar war, wo ich hin will mit meiner persönlichen arbeit.

l also, ich habe nie daran gedacht, auszutreten. ich habe höchstens daran gedacht, sich als gruppe aufzulösen. wenn ich manchmal gemerkt habe, dass irgendwelche energien fehlten oder wenn jede in eine andere richtung wollte.

k aber da beschreibst du ja eher einen draufblick und weniger persönliche gründe…

l ok, dass es mich kurz gerissen hat, das ging uns ja allen so. zu denken, es ist jetzt gerade ein bisschen viel, jetzt auch noch *vip*. wenn nicht die richtige energie vorhanden ist, wie im letzten jahr, dann fühlt es sich schlecht an.

g während des studiums ist es mir auch leichter gefallen, einzelarbeit und *vip* parallel laufen zu lassen. in meiner erinnerung hat sich das damals überhaupt nicht behindert. nun ist es ein problem des zeitmanagements, diverse nebenjobs und weitere projekte unter einen hut zu bekommen. und wenn dann noch der spaßfaktor fehlt, weil alles nur noch abarbeiten ist, fehlt mir etwas grundsätzliches. aber ich habe die hoffnung, dass uns der spaß nie endgültig verlässt und weiterhin gute arbeiten dabei rauskommen. wenn das nicht mehr passiert, wenn ich merke, dass da nur noch schrott bei rauskommt, wäre es für mich zeit, adieu zu sagen.

k allerdings sind in den krisen immer sehr gute arbeiten entstanden. ich denke da an zwei hauptkrisen, 2008 und 2012/13. das war zäh. aber fakt ist, dass gute arbeiten nicht immer nur spass machen, sondern auch weh tun und das gehört dazu. es darf bloß nicht nur noch so sein.

l manchmal ist es auch so, dass, wenn eine arbeit fertig ist und man die loslässt, man das andere auch ein bisschen mit loslässt. als würde man wieder drüber stehen. zumindest bei *genullt* war das so. und das war ja wirklich die reinste quälerei.

it let's me know that *vip* exists. when i tell other people that i am also involved in a artists group i point at my middle finger.

g has anyone of you ever thought of leaving *vip*? and if so, what were the reasons and why did you not do it?

k i have thought about it. maybe not exactly about leaving the group, but i had my problems. that was during the early days in leipzig, and when i had my child. you two used to live together at the time and you saw each other often. because i lost so much time and missed out on opportunities to be involved, there was an imbalance. i wasn't sitting down with you to develop ideas. at the time i always felt like i was just okaying things or i found them stupid, but i wasn't able to develop something together with you. another aspect was that this was still during our studies, and at the time it wasn't clear to me where i wanted to go with my personal work.

l well, i never thought about leaving the group. if anything, i thought about disbanding the group. this was at times when i felt that certain energies were missing, or if each one of us was pulling in a different direction.

k but what you describe is more of a look upon the whole, rather than a personal reason…

l ok, it was a burden, it was for all of us. to think like: there's so much on my mind right now, and on top of that i also have to think about *vip*. when the proper energy is not there, like in the last year, then it feels bad.

g to me it was easier to do individual work and *vip* parallel during my studies, too. as far as i recall, they never really got in the way of each other. now it has become an issue of time management, to balance various other jobs and other projects. and when the fun factor disappears once everything is just going through the motions, i feel i am missing something essential. i hope that for us the fun never disappears completely and we will continue to produce good works. if that doesn't happen anymore, or when i realise that we are just making rubbish, that would be the time for me to say adieu.

k however, during our times of crisis we created some very good work. i am thinking about our two many crises in 2008 and 2012/13. that was tough. but the fact remains that creating good work is not always fun, it also hurts and that is part of the process. but it should not be a bad experience all the time.

l sometimes it is also like that once you finish a piece and you let go of it, you let go of some of the negative aspects as well. quite as if you were back on top of things. at least in the case of "genullt" it was like that. and that process was truly pure torture.

g what do you think is special about *vip*? and why do we need to continue?

k one special aspect is the fact that we are still here, in spite of all internal and external problems. i think that is also why we need to continue.

g because we have been around for a long time, we need to keep going?

k we do have things to say, we had the whole time.

l i would really like to know what we will be doing 15 years from now, if we are still active by then.

k i think it is exactly this ongoing process, which has gone through many crises and developments, that is exciting to observe, now and in the future. that we cannot predict what is going to happen in the next years is exactly what i like about it.

g i believe what makes it so special is that since we appear as ourselves or are otherwise present in our works, our work becomes a record of the times, not just for us, but also for others. and not all artists groups are built on close friendships.

l well, there really would be something missing. something would be dead.
surely, all things run their course, but maybe not just yet.

k we haven't reached the point where you can stop yet.

g was ist eurer meinung nach das besondere an *vip*? und warum muss es uns weiterhin geben?

k besonders ist schon, dass es uns immer noch gibt, trotz aller internen wie auch externen widrigkeiten. ich glaube, das ist auch der grund, warum es uns weiterhin geben muss.

g weil es uns schon so lange gibt, muss es uns auch noch länger geben?

k wir haben schon was zu sagen, die ganze zeit über.

l mich würde auch wirklich sehr interessieren, was wir in 15 jahren machen, falls es uns dann noch gibt.

k ich finde genau dieser prozess, der auch schon stattgefunden hat, schon viele krisen und entwicklungen hatte, ist spannend weiter zu beobachten. ich finde gerade gut, dass es nicht voraussehbar ist, was die nächsten jahre passiert.

g ich finde das besondere ist, dadurch, dass wir oft selbst auftreten oder irgendwie präsent sind in den arbeiten, wird unser werk zu einer art zeitdokument, nicht nur für uns, sondern auch für andere. und nicht alle künstlergruppen sind auch eng befreundet.

l also es würde wirklich was fehlen. irgendwas wäre dann schon tot.
natürlich stirbt irgendwann alles mal, aber vielleicht jetzt noch nicht.

k wir sind noch nicht an dem punkt, wo man aufhören kann.

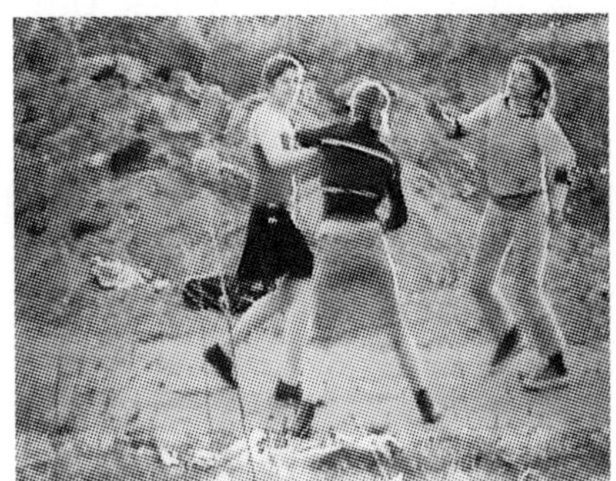

vip, *für dich kleiner stern*, [for you little star], 2003, video performance

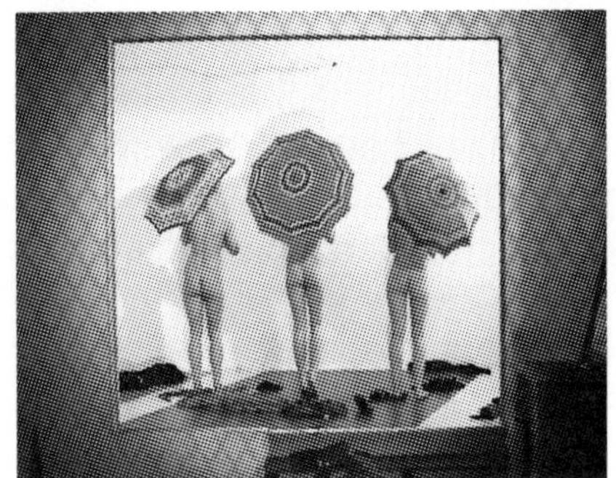

vip, *trust the girls*, 2005, video performance

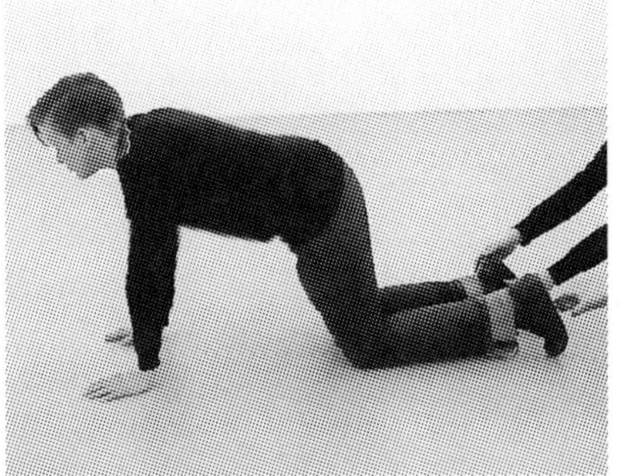

vip, *genullt #1*, [nullified #1], 2013, aus der serie/ from the series: *genullt #1–7* [nullified #1–7], video installation

grit, sophie

im april 2008 stellte ich zusammen mit der malerin sophie stillfried bei *resy muijsers contemporary art tilburg* in den niederlanden aus. wir waren bereits seit einigen jahren befreundet, kannten uns unter anderem durch das gemeinsame studium an der *hochschule für grafik und buchkunst* in leipzig. anlässlich dieser doppelausstellung interviewten wir uns gegenseitig per email.

g was denkst du, wenn du vor der weißen leinwand stehst?

s och, warum nicht nochmal setzen?

g bist du wütend?

s ja, schon von klein auf. früher weil ich nicht verstanden habe, ständig anzustoßen, ohne grund. heute über mich selbst, weil es geliebte menschen trifft, ohne grund.

g hast du manchmal lust, was ganz anderes zu machen und wenn ja, was?

s filme drehen. aber ich denke, das ist wie wenn jetzt alle kleinen mädchen fotomodel oder britney werden wollen. das kann man nicht nur, weil man's will. vielleicht in meinem zweiten leben.

g was ist wichtiger, die idee oder das aussehen/ die ästhetik?

s ich finde, das ist im günstigsten fall gleich wichtig. ein gut gemachtes bild ohne erkennbaren oder versteckten wunsch reicht mir nicht. und was habe ich von einer köstlichen idee, die nicht dieser entsprechend umgesetzt ist. und was ist ästhetik? das ist verdammt relativ.

g wenn unsere epoche einen namen hätte, was wäre dein vorschlag?

s neuer reaktionärismus.

g hast du das gefühl, die leute verstehen deine bilder, beziehungsweise ist es dir wichtig, dass sie es tun?

s manchmal verstehe ich die bilder selbst erst ganz viel später. und auf der anderen seite ist es beim betrachter eh meistens so, dass, wenn er was sieht oder sich angesprochen fühlt, er sich seinen eigenen teil denkt, und das ist gut so. ich habe aber auch viele getroffen, die verstehen „in meinem sinne" und haben mir sogar in ihrem verstehen die augen geöffnet. das ist spannend und toll.

g glaubst du, dass kunst etwas verändern kann, und wenn ja, wo liegen die möglichkeiten?

s das hoffe ich, dass sich was verändern lässt und ich denke, kunst ist da ein gewaltloses mittel. drum befürchte ich, dass kunst nichts mehr wirklich umstürzen kann. wenn sich aber damit gewisse rollenbilder und klischees aufweichen lassen, beispielsweise zuordnung männlich vs. weiblich immer wieder performativ

in april 2008 i shared an exhibition with the painter sophie stillfried at *resy muijsers contemporary art tilburg* in the netherlands. we had already been friends for a couple of years at the time, after meeting as students at the *academy of visual arts* (hgb) leipzig. on the occasion of our shared exhibition we interviewed each other via email.

g what do you think when you are standing in front of a white canvas?

s well, how about sitting down again?

g are you angry?

s yes, ever since i was a child. in the past it was because i didn't understand why i was constantly offending others, for no reason. and now i'm angry with myself, because it affects the people i love, for no reason.

g would you sometimes like to do something entirely different and if yes, what would that be?

s making movies. but i think that is just like all the little girls now wanting to be a model or britney. you can't just do that, just because you want to. maybe in an another life.

g what is more crucial, the idea or the look/ the aesthetic?

s i think that in the best case both should be equal. a well executed painting without any perceptible or obscured desire will not do it for me. and what's the use of a delectable idea, that is not realised in an appropriate manner? and what is aesthetic, anyway? it's damn relative.

g if our era had a name, which one would you suggest?

s new reactionism.

g do you think that people understand your paintings, and does it matter to you whether or not they do?

s sometimes, i myself only come to understand my paintings much later. and on the other hand, to the viewer it's usually like that when they look at things or feel that something speaks to them, they will have their own thoughts. that is a good thing. but i have also met a lot of people who see things "my way" and who have opened my eyes with their understanding. that's exciting and great.

g do you think that art can make a difference, and if so, what are its possibilities?

s i hope it can, i hope that some things can be changed and i think that art is a non-violent means to do so. which is why i'm worried that art has now become incapable of upturning anything, because it has been swallowed whole by the system. but if we can use it to dilute certain role models and clichés, for instance the notions of masculinity and femininity, if we repeatedly challenge them in performance, then that could be a start. however, it seems that reactionary aspirations have regained a powerful position.

g drugs and art, what's up with that?

a) we should take more drugs.

b) we should rather be sober.

s it's been going on forever. i can answer this question only ambivalently, with regards to the high itself. a) it brings forth something really great, unknown powers are set free. anxieties and inhibitions are overcome and the heart grows wide and your view of yourself and the others changes. and b) if everything is smashed into a thousand tiny pieces once again, see point 2. and keep in mind that kippenberger, as cited by yourself, made a lot of bold claims, although he knew they were lies.
troubles with getting high?
the true art is to stay sober!

polarisiert wird, wäre das schon mal was. das bestreben zur rückwärtsentwicklung ist neuerdings jedoch wieder in der übermacht.

g drogen und kunst, gibt es das?

a) wir sollten mehr drogen nehmen.

b) wir sollten besser nüchtern sein.

s schon eh und je. diese frage kann ich allerdings nur so zwiespältig beantworten, wie es sich mit dem rausch selbst verhält. a) es bringt etwas ganz großes hervor, ungeahnte kräfte werden frei. verbannte ängste und blockaden machen das herz weit und verändern die sicht auf dich und das andere. und b) wenn mal wieder alles in tausend kleine scherben zerbrochen ist, siehe 2. und wie du selbst zitierst, hat kippenberger auch viel behauptet, obwohl er wusste, dass es gelogen ist.
bedröhnungsproblem?
die wahre kunst ist, nüchtern zu bleiben!

sophie, grit

s are you honest?

g in the sense of being authentic? yes. up to 90%. the rest is a means to an end. or, to paraphrase martin k.: "you have to make claims even if they're all wrong."

s what does ruthlessness mean to you?

g this word is often used in conjunction with "oppressive" in reference to my work. sometimes it's just too much for me. it's not on my mind when i'm working. i have no fear of showing myself in art, because art is not reality. ruthlessness means to disregard your inhibitions.

s do you think that the peculiar, the rigorous, the hurtful, the cynical need an outlet? that can serve as a substitute for society?

g someone once said that your own suffering is always much worse than that of the others. i see it the same way. however, it feels good to see others having a similar problem, because it makes you aware that you are not alone. do you think that art can be this outlet? and that the artist acts as a surrogate for the society in which he/she lives? ok, but what about the substitute, substitute for what? i do believe we have a problem with being wasted, at least in our western part of the world. that many things are sublimated through addictions. but this might go too far here.

s how much of yourself do you put out there?

g in art: a lot, very much so. but there is also the

s bist du ehrlich?

g im sinne von authentisch? ja. zu 90%. der rest ist mittel zum zweck. oder um es mit martin k. zu sagen: „man muss behauptungen aufstellen, auch wenn alles nicht stimmt."

s was heißt für dich schonungslosigkeit?

g dieses wort wird zusammen mit „beklemmend" oft im bezug auf meine arbeit gebraucht. manchmal ist mir das zu viel. beim machen hab ich das gar nicht im kopf. ich habe keine angst, mich in der kunst darzustellen, denn kunst ist nicht die realität. schonungslos heißt, seine grenzen zu vergessen.

s glaubst du, das aparte, rigorose, leidvolle, zynische braucht ein ventil, das der allgemeinheit als ersatz dient?

g irgendwer hat mal gesagt, das eigene leid ist immer viel schlimmer als das der anderen. das sehe ich genauso. allerdings tut es gut, andere mit einem ähnlichen leiden zu sehen, dass man weiß, dass man nicht allein mit dem problem ist. meinst du, dass kunst dieses ventil sein kann? und der/die künstler_in quasi stellvertretend für die gesellschaft in der er/sie lebt? ok, aber was ist mit dem ersatz, ersatz für was? ich glaub schon, dass wir zumindest in unserer westlichen welt ein bedröhnungsproblem haben. also dass vieles durch süchte sublimiert wird. aber das führt jetzt hier vielleicht zu weit.

s wie weit gibst du dich preis?

g in der kunst weit, sehr weit. da gibt es aber auch einen schutzraum, den der galerie oder ähnliches. da gehen nur bestimmte leute hin, da muss man nicht so viel angst haben. als künstler_in wird man ja auch in schutz genommen.

s ist es die neugier an sich selbst?

g ja. und der umgang mit denen, die noch auf der welt sind, die einen umgeben. alleinsein ist schön, aber zu zweit oder dritt passiert auch was, was anderes, was man alleine nicht erfahren kann.

s denkst du die „figürliche", „realistische" malerei zwingt zu anatomischer perfektion?

g nein. wirklich nicht.

s was fällt dir zu „sex sells" ein?

g prostitution. playboy. jeff koons ... ich sehe mich wohl eher in dieser tradition, das heißt ich hänge da mit drin. einerseits wird meine arbeit mit pornographieverdacht belegt, andererseits werden die „krassesten" bilder als erstes verkauft. das ist doppelmoral. ich versuche, während des machens beides zu vergessen. manchmal gelingt mir das gut, manchmal nicht so gut. wenn die leute von einem etwas bestimmtes erwarten, muss man nicht das gegenteil davon tun, aber man muss es im kopf behalten, sich wappnen, damit umgehen lernen. das eine ist das bild zu hause, im kämmerlein, der schublade. es wird zu etwas anderem, wenn du es ausstellst, öffentlich machst. da muss ich an giftschrank denken.

s kunst und humor, gibt es das?
a) wir sollten mehr lachen.
b) wir sollten jetzt aufhören zu lachen.

g stimmt beides. kommt auf den moment drauf an. lachen kann schön sein aber auch total hässlich. aber trotzdem ist humor wichtig, für mich auch in der kunst. wenn sich jemand nicht bierernst nimmt, wenn man merkt, dass er/sie sich nicht als das nonplusultra hinstellen will, dann find ich das gut. also eine portion selbstironie kann nicht schaden.

s danke für das gespräch.

g war mir ein vergnügen. schönen tag noch.

safety zone of the gallery. only a certain type of person goes there, so you don't have to be afraid too much. as an artist people tend to protect you, anyway.

s is it the curiosity about yourself?

g yes. and the contact with those that are in the world as well, the people that surround you. being alone is nice, but when you are with another person or two other persons things can happen, other things, that you can't experience on your own.

s do you think that "figurative", "realistic" painting calls for anatomical perfection?

g no. not really.

s what does "sex sells" mean to you?

g prostitution. playboy. jeff koons ... i see myself more in this tradition, by which i mean i am part of it. on the one hand my work is criticised as alleged pornography, on the other the most "crass" paintings sell out first. that is a double standard. i try to ignore both of these aspects when i work. sometimes i manage quite well, sometimes i don't. when people expect a certain thing of you, it doesn't mean you have to do the opposite. but you need to be aware, to guard yourself, to learn how to come to terms with it. a picture at home, in your room, in your drawer, that's one thing. it becomes something else when you show it in public. in german, we speak of the poison cabinet, where you lock these things away.

s art and humour, can they coexist?
a) we should laugh more.
b) we should stop laughing now.

g they're both justified. it depends on the moment. laughing can be adorable but also totally contemptible. yet humour is important, and for me it is important in art as well. i appreciate it when someone does not take himself/herself entirely seriously, when you realise that someone refuses to present himself/herself as the cream of the crop. a bit of self-deprecation can never be wrong.

s thanks for the interview.

g my pleasure. have a nice day.

I

wir sind jung

◊ *ohne titel #6, 3, 4, 1* [untitled #6, 3, 4, 1], aus der serie/from the series: *wir sind jung und das war schön (nach ernst jandl)* [we are young and that was nice (after ernst jandl)], 2005/15, schwarzweiß fotografien/black-and-white prints, je/each 24×18 cm

simon & simone

◊ *simon & simone* (mit/with claudia gülzow), aus der serie/from the series: *simon & simone backstage*, 2014, schwarzweiß fotografien pe/black-and-white prints pe, je/each 60×40 cm

im schnee

◊ *ohne titel #1–10* [untitled #1–10], aus der serie/from the series: *menschen im schnee* [people in the snow], 2005/15, tusche auf papier/ink on paper, je/each 21×15 cm

II

die nackten

aus der serie/from the series: *die nackten* [the naked], 2014, tusche und acryl auf leinwand/ink and acrylic on canvas
◊ *marco polo*, 140×100 cm
◊ *kleines marc cain* [little marc cain], 50×40 cm
◊ *marc cain*, 120×160 cm
◊ *kleines versace* [little versace], 40×50 cm
◊ *steffen schraut*, 120×80 cm

der schatten

aus der serie/from the series: *der schatten deiner tasche*, (the shadow of your bag), 2013, glanzpapiercollage auf papier/glossy paper collage on paper, je/each 41×29 cm
◊ *samstag, 23.3.13, 8.54 uhr (grün) [saturday, 3-23-13, 8:54 a.m. (green)]*
◊ *sonntag, 7.4.13, 8.47 uhr (schwarz) [sunday, 4-7-13, 8:47 a.m. (black)]*
◊ *donnerstag, 11.4.13, 9.25 uhr (pink) [thursday, 4-11-13, 9:25 a.m. (pink)]*
◊ *freitag, 12.4.13, 9.36 uhr (orange) [friday, 4-12-13, 9:36 a.m. (orange)]*
◊ *donnerstag, 18.4.13, 10.00 uhr (blau) [thursday, 4-18-13, 10:00 a.m. (blue)]*
◊ *samstag, 20.4.13, 9.35 uhr (hellblau) [saturday, 4-20-13, 9:35 a.m. (light blue)]*
◊ *donnerstag, 23.5.13, 10.30 uhr (braun) [thursday, 5-23-13, 10:30 a.m. (brown)]*

popelman

aus der serie/from the series: *popelman*, 2005, bleistift und wasserfarben auf papier/pencil and watercolours on paper, 30×21 cm
◊ *popelman's manifest* [popelman's manifesto]
◊ *popelman's freizeit* [popelman's leisure time]
◊ *popelman's rache* [popelman's revenge]
◊ *popelman's geburt* [popelman's birth]
◊ *familie popel* [booger family]

falsche stühle

◊ *falsche stühle* [wrong chairs], 2006, kugelschreiber und buntstift auf papier/ballpoint pen and coloured pen on paper, 30×40 cm, privatsammlung/private collection
◊ *jane*, 2007, bleistift auf papier/pencil on paper, 28×19 cm
◊ *ohne titel* [untitled], 2004, tusche, filzstift auf papier/ink and felt pen on paper, 21×15 cm
◊ *ab heute* [from today on], 2013, kugelschreiber und buntstift auf papier/ballpoint pen and coloured pen on paper, 30×21 cm
◊ *ohne titel* [untitled], 2004, filzstift auf papier/felt pen on paper, 30×21 cm
◊ *erfüllte erwartungen* [fulfilled expectations], 2011, tusche und wasserfarben auf papier/ink and watercolours on paper, 32×24 cm
◊ *mann mit federn* [man with feathers], 2007, tusche und filzstift auf papier/ink and felt pen on paper, 28×19 cm
◊ *fickt euch* [fuck you], 2008, filzstift auf papier/felt pen on paper, 40×30 cm
◊ *altes baby* [old baby], 2008, tusche und acryl auf papier/ink and acrylic on paper, 40×30 cm
◊ *stefan am meer* [stefan on the seaside], 2008, tusche und filzstift auf papier/ink and felt pen on paper, 40×30 cm, privatsammlung/private collection
◊ *junge mit pferden* [boy with horses], 2008, bleistift, buntstift und filzstift auf papier/pencil, coloured and felt pen on paper, 40×30cm
◊ *mädchen mit zigarette* [girl with cigarette], 2008, tusche, acryl auf papier/ink and acrylic on paper, 40×30 cm
◊ stille nacht [silent night], 2005, tusche und wasserfarben auf papier/ink and watercolours on paper, 20×30 cm
◊ *party*, 2008, tusche, filzstift und acryl auf papier/ink, felt pen and acrylic on paper, 40×30 cm
◊ *pinkelpunks* [pissing punks], 2005, tusche und wasserfarben auf papier/ink and watercolours on paper, 24×18 cm
◊ *point of suffering*, 2008, acryl auf zeitungsseite/acrylic on newspaper page, 35×22 cm, privatsammlung/private collection
◊ *sinn und sinnlichkeit* [sense and sensibility], 2006, bleistift und pastell auf papier/pencil and pastel on paper, 30×40 cm
◊ *vor der kamera* [in front of the kamera], 2007, kugelschreiber auf papier/ballpoint pen on paper, 28×19 cm
◊ *heute kein internet* [no internet today], 2011, acryl auf laserkopie/acrylic on lasercopy, 30×21 cm
◊ *manchmal* [sometimes], 2006, buntstift und collage auf papier/coloured pencil and collage on paper, 30×40 cm
◊ *just a kiss*, 2008, tusche und acryl auf papier/ink and acrylic on paper, 30×40 cm
◊ *betrunkener hase* [drunken rabbit], 2010, bleistift und wasserfarben auf papier/pencil and watercolours on paper, 24×18 cm
◊ *anjelica*, 2012, bleistift und glanzpapier auf papier/pencil and glossy paper collage on paper, 30×21 cm
◊ *traurige brüste* [sad tits], 2012, tusche und wasserfarben auf papier/ink and watercolours on paper, 30×21 cm
◊ *courtney*, 2012, tusche und collage auf papier/ink and collage on paper, 40×30 cm
◊ *mädchen in unterhose* [girl in briefs], tusche und wasserfarben auf papier/ink and watercolours on paper, 30×21 cm
◊ *unterm rock* [under the skirt], 2008, tusche und acryl auf papier/ink and acrylic on paper, 40×30 cm
◊ *das schaf* [the shep], 2005, kugelschreiber und wasserfarben auf papier/ballpoint pen and watercolours on paper, 30×21 cm, privatsammlung/private collection
◊ *csd in wien* [christopher street day in vienna], 2007, bleistift auf papier/pencil on paper, 30×40 cm

III

grit

◊ *ohne titel #9* [untitled #9], 2005, aus der serie/from the series: *grit wir kriegen dich* [grit we will get you], farbfotografie/c-print, 50×36 cm, ed. 5+2 ap, fotografische sammlung museum folkwang essen, privatsammlung/photographic collection museum folkwang essen, private collection
◊ *expander*, 2005, farbfotografie/c-print, 60×40 cm, ed. 5+2 ap, privatsammlung/private collection
◊ *jetzt noch besser* [much better now], 2013, farbfotografie/c-print, 60×40 cm, ed. 5+2 ap
◊ *ohne titel (mit basecap)* [untitled (with basecap)], 2007, farbfotografie/c-print, 60×40 cm, ed. 5+2 ap
◊ *rot in wien* [red in vienna], 2007, farbfotografie/c-print, 60×40 cm, ed. 5+2 ap
◊ *ohne titel #21* [untitled #21], 2005, aus der serie/from the series: *grit wir kriegen dich* [grit we will get you], farbfotografie/c-print, 50×36 cm, ed. 5+2 ap
◊ *this is for you*, 2007, farbfotografie/c-print, 24×16 cm, ed. 3+1 ap
◊ *prinzessin* [princess], 2005, farbfotografie/c-print, 100×150 cm, ed. 5+2 ap, fotografische sammlung museum folkwang essen, privatsammlung/photographic collection museum folkwang essen, private collection
◊ *ohne titel* [untitled], 2014, farbfotografie/c-print, 50×36 cm, ed. 5+2 ap
◊ *ohne titel #17* [untitled #17], 2005, aus der serie/from the series: *grit wir kriegen dich* [grit we will get you], farbfotografie/c-print, 50×36 cm, ed. 5+2 ap, privatsammlung/private collection
◊ *ohne titel (mit blauer hose)* [untitled (with blue trousers)], 2005, farbfotografie/c-print, 45×30 cm, ed. 5+2 ap
◊ *starkes mädchen* [strong girl], 2005, c-print, 60×40 cm, ed. 5+2 ap, privatsammlung/private collection
◊ *camp 1–3 (touch me, make me cry, desire me)*, 2005, farbfotografie/c-print, je 65×43 cm, ed. 3+1 ap
◊ *ohne titel (mit rosa kette)* [untitled (with pink necklace)], 2007, farbfotografie/c-print, 105×70 cm, ed. 5+2 ap, privatsammlung/private collection
◊ *die schönste* [the most beautiful], 2007, farbfotografie/c-print, 36×24 cm, ed. 1+1 ap
◊ *ohne titel #2* [untitled #2] 2007, aus der serie/from the series: *der letzte besuch* [the last visit], schwarzweiß fotografie pe/black-and-white print pe, 28×42 cm, ed. 5+2 ap, privatsammlung/private collection
◊ *yakuzi*, 2015, farbfotografie/c-print, 35×55 cm, ed. 5+1 ap
◊ *worker*, 2007, farbfotografie/c-print, 105×70 cm, ed. 3+2 ap, privatsammlung/private collection
◊ *boxer*, 2007, farbfotografie/c-print, 150×100 cm, ed. 3+2 ap, privatsammlung/private collection
◊ *böses mädchen* [bad girl], 2005, farbfotografie/c-print, 60×40 cm, ed. 5+2 ap
◊ *ohne titel (im zimmer)* [untitled (inside the room)], 2005, farbfotografie/c-print, 24×16 cm, ed. 3+1 ap
◊ *untitled (mit palme)* [untitled (with palmtree)], 2007, farbfotografie/c-print, 60×40 cm, ed. 5+2 ap
◊ *komm her du brötchen!* [come here you bun!], 2005, farbfotografie/c-print, 40×60 cm, ed. 3+2 ap, privatsammlung/private collection
◊ *untitled (mit kamera)* [untitled (with camera)], 2007, farbfotografie/c-print, 24×32 cm, ed. 5+2 ap
◊ *poser*, 2005, farbfotografie/c-print, 24×16 cm, ed. 3+1 ap
◊ *ohne titel #3* [untitled #3], 2005, aus der serie/from the series: *grit wir kriegen dich* [grit we will get you], farbfotografie/farbfotografie/c-print, 50×36 cm, ed. 3+2 ap, fotografische sammlung museum folkwang essen, privatsammlung/photographic collection museum folkwang essen, private collection
◊ *boss*, 2015, farbfotografie/c-print, 50×36 cm, ed. 5+1 ap
◊ *ohne titel #13* [untitled #13], 2005, aus der serie/from the series: *grit wir kriegen dich* [grit we will get you], farbfotografie/c-print, 50×36 cm, ed. 3+2 ap, privatsammlung/private collection
◊ *ohne titel #22* [untitled #22], 2005, aus der serie/from the series: *grit wir kriegen dich* [grit we will get you], farbfotografie/c-print, 60×40 cm, ed. 3+2 ap

poster: ◊ *arkadischer akt (nach goethe)* [arcadian nude (after goethe)], 2015, farbfotografie/c-print, 100×150 cm, privatsammlung/private collection, ed. 3+2 ap

IV

48 porträts

aus der serie/from the series: *48 porträts* [48 portraits], 2012, tusche, filzstift und öl auf papier/ink, felt pen and oil on paper, je/each, 30×21 cm, kunstfonds, staatliche kunstsammlungen dresden/kunstfonds, national art collection dresden
◊ *gilles deleuze*, ◊ *diane arbus*, ◊ *carson mccullers*, ◊ *sarah kane*, ◊ *claude cahun*, ◊ *jean baudrillard*, ◊ *friedrich hölderlin*, ◊ *violette leduc*, ◊ *franz kafka*, ◊ *paul thek*, ◊ *buster keaton*, ◊ *jack smith*, ◊ *sylvia plath*, ◊ *cindy sherman*, ◊ *simone de beauvoir*, ◊ *tilda swinton*, ◊ *leslie feinberg*, ◊ *virginie despentes*, ◊ *valerie valere*, ◊ *john waters*

emser pastillen

aus der serie/from the series: *emser pastillen* [emser tablets], 2013, mixtechnik auf papier/mixed technics on paper, je/each 21×15 cm
◊ *hotel*, ◊ *alice and mr. kiwi*, ◊ *achterbahn der gefühle* [rollercoaster of feelings], ◊ *am ende des regenbogens* [at the end of the rainbow], ◊ *bad ems*, ◊ *benefizgala* [benefit gala], ◊ *cowboy*, ◊ *rendezvous*, ◊ *die wahrheit* [the truth], ◊ *montag* [monday], *pep*, ◊ *porträt* [portrait], ◊ *gute frage* [good question], ◊ *duplo*, ◊ *macht nix* [never mind], ◊ *zeit der pudel* [time of the poodle], ◊ *stuttgart*, ◊ *es ist liebe* [it is love], ◊ *nie wieder lego* [never lego again], ◊ *myzel* [mycelium], ◊ *verlieben* [falling in love], ◊ *kopfweh* [headache], ◊ *glückwunsch* [congratulation], ◊ *letzter versuch* [last try]

V

cover

◊ *selbstporträt in 48 teilen* [self-portrait in 48 parts], 2012, öl auf papier/oil on paper, 70×50 cm, ausschnitt/detail
◊ *masochist*, 2005, tusche auf papier/ink on paper, 15×21 cm, privatsammlung/private collection
◊ *pyramide* [pyramid], 2008, buntstift auf papier/coloured pencil on paper, 35×30 cm

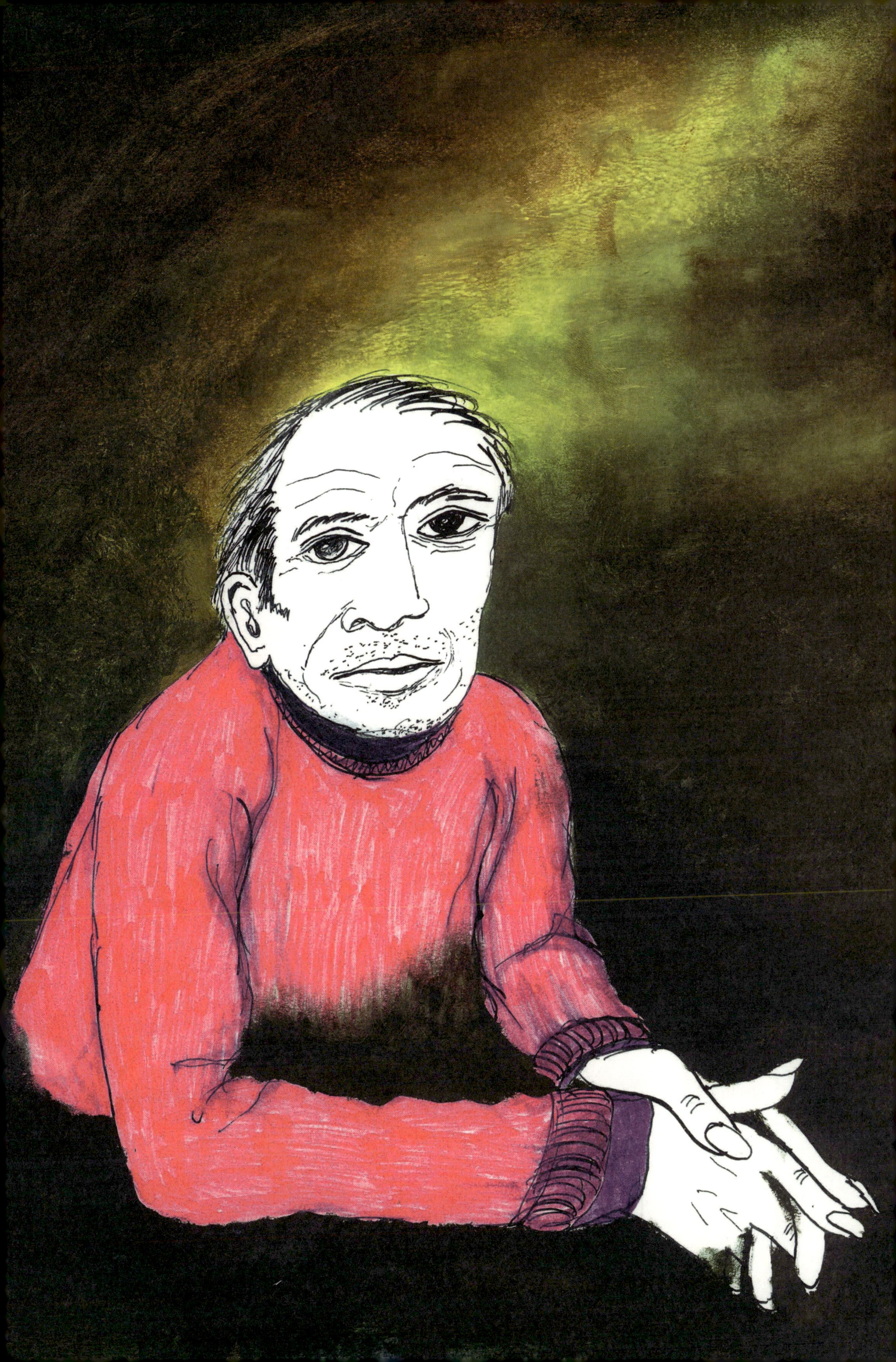

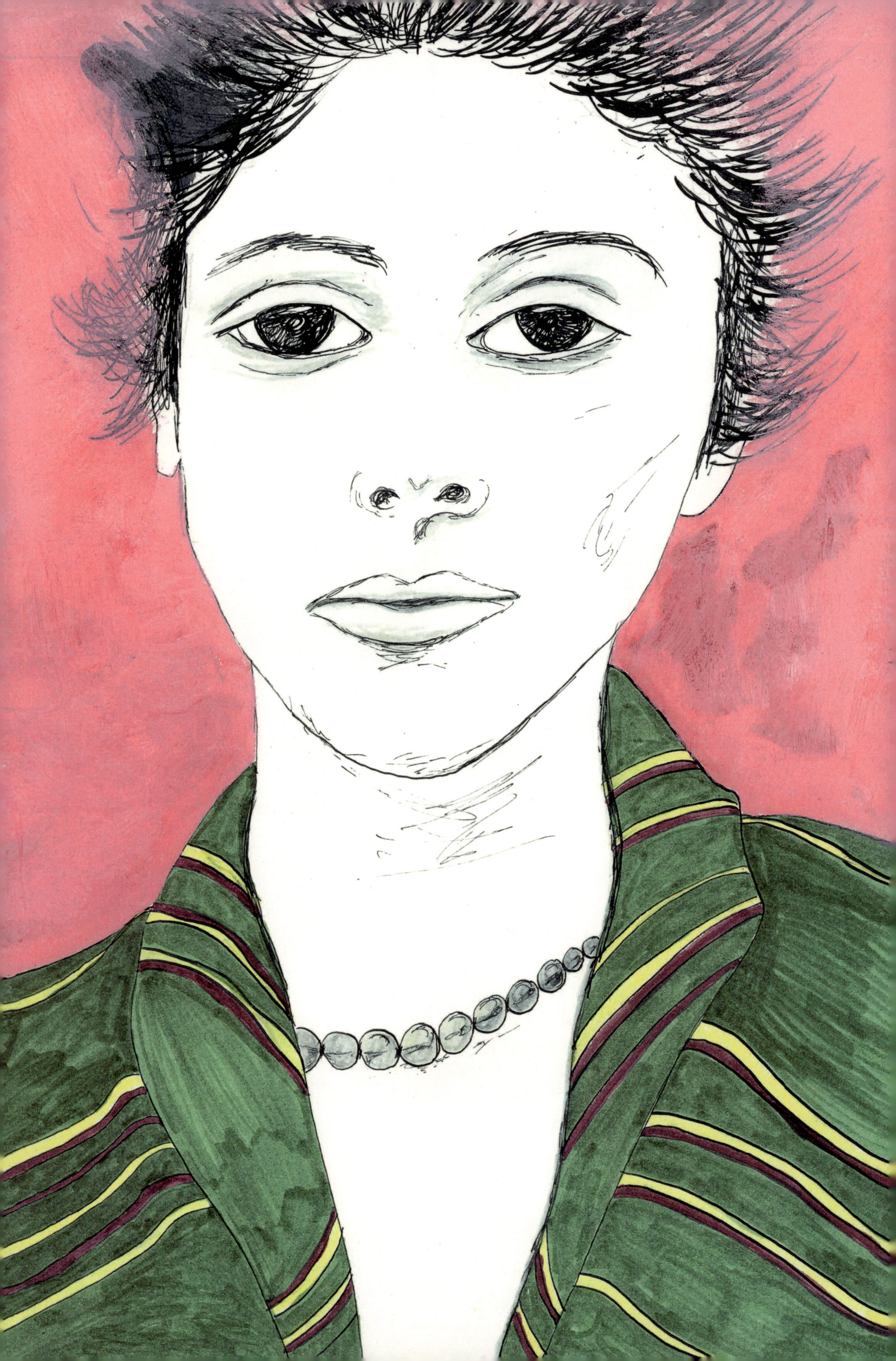

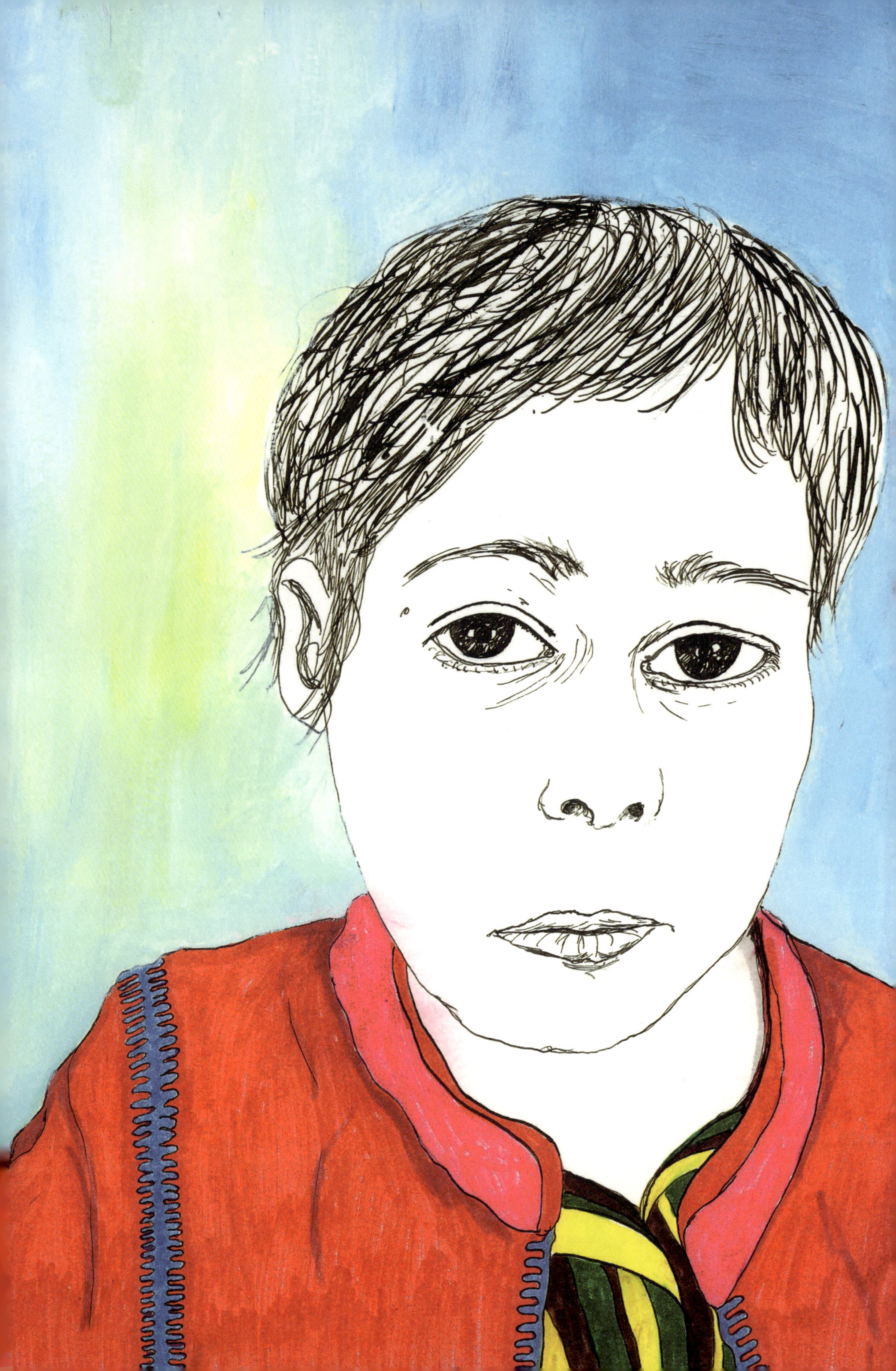

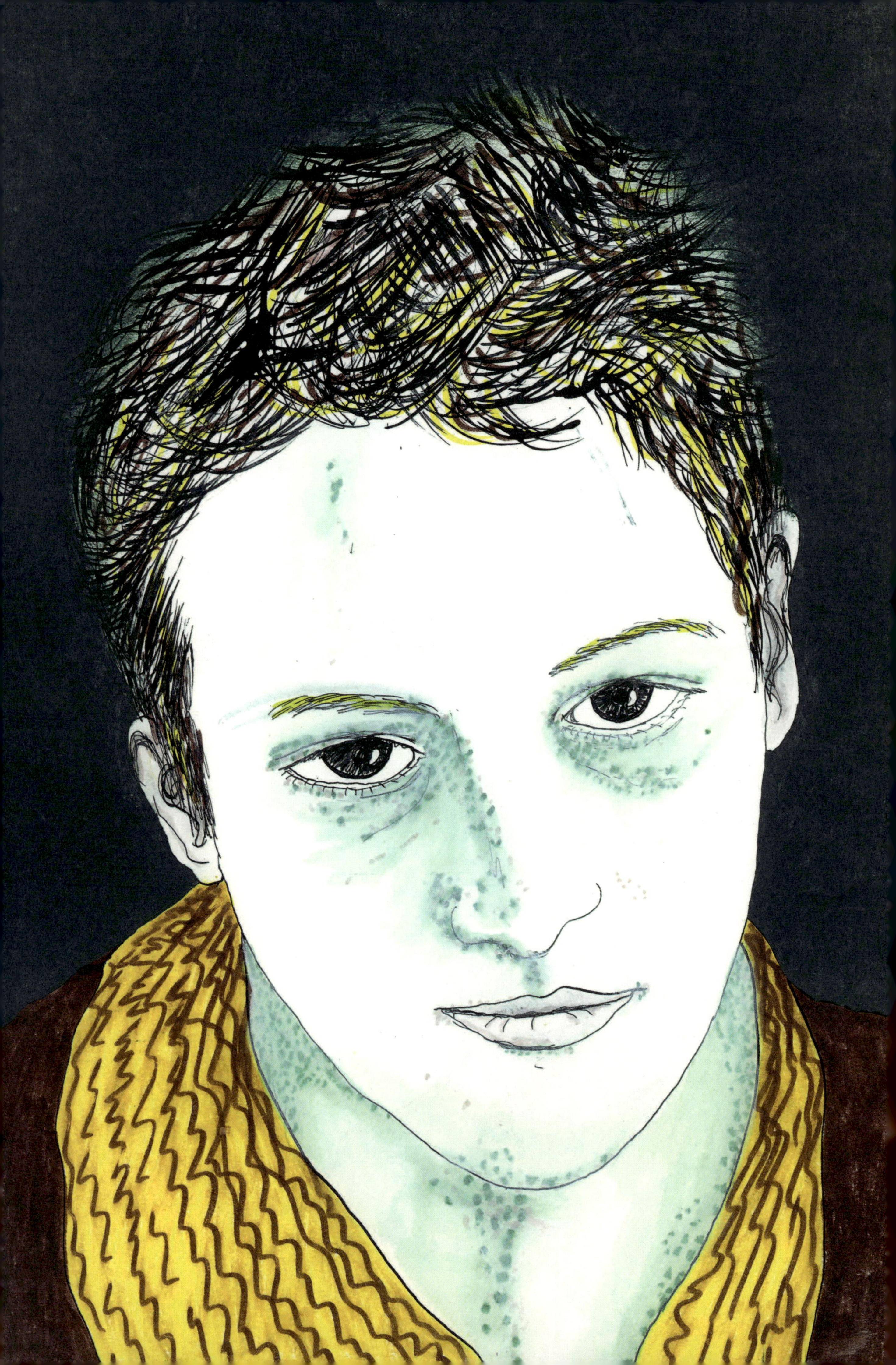

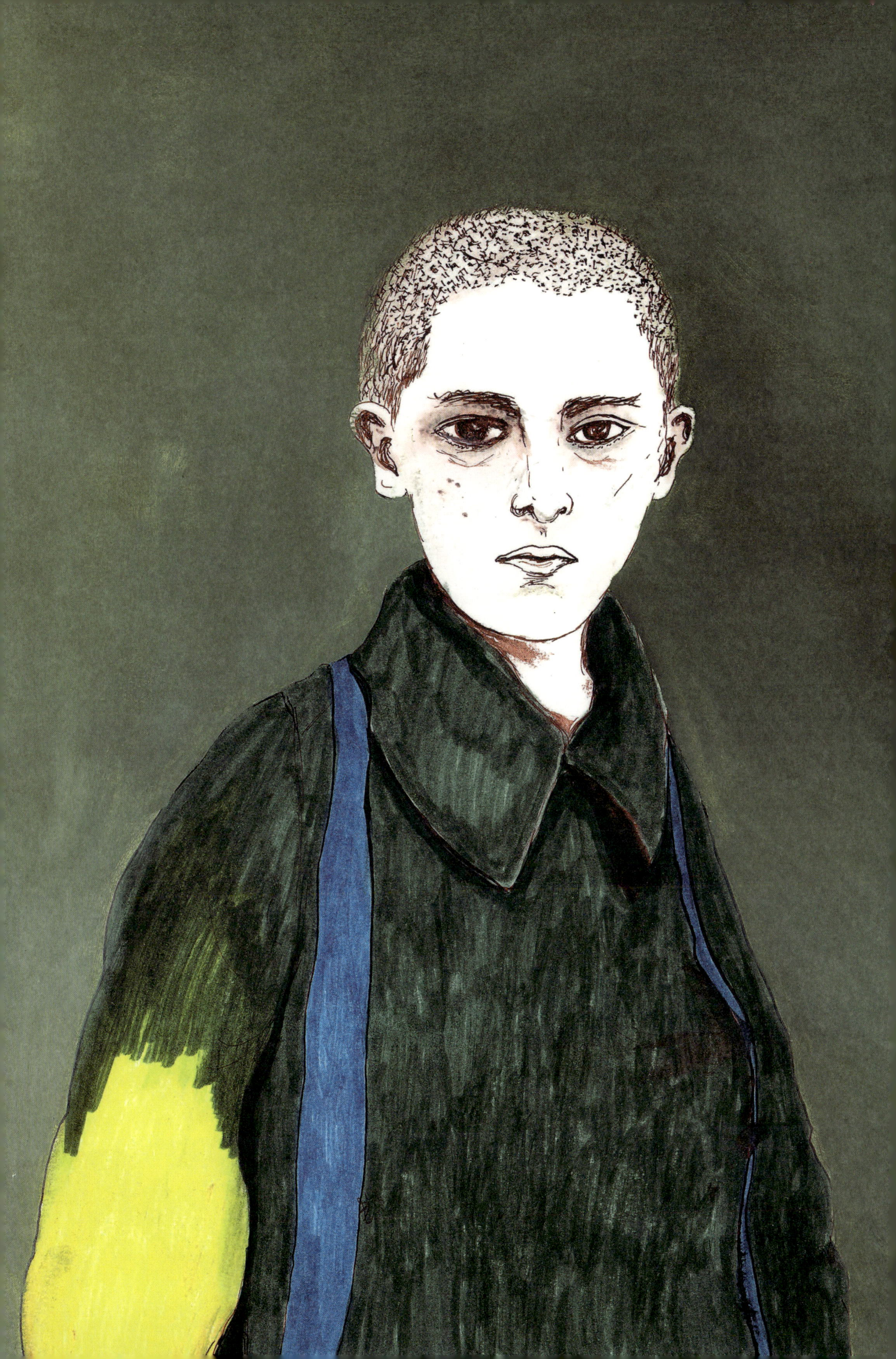

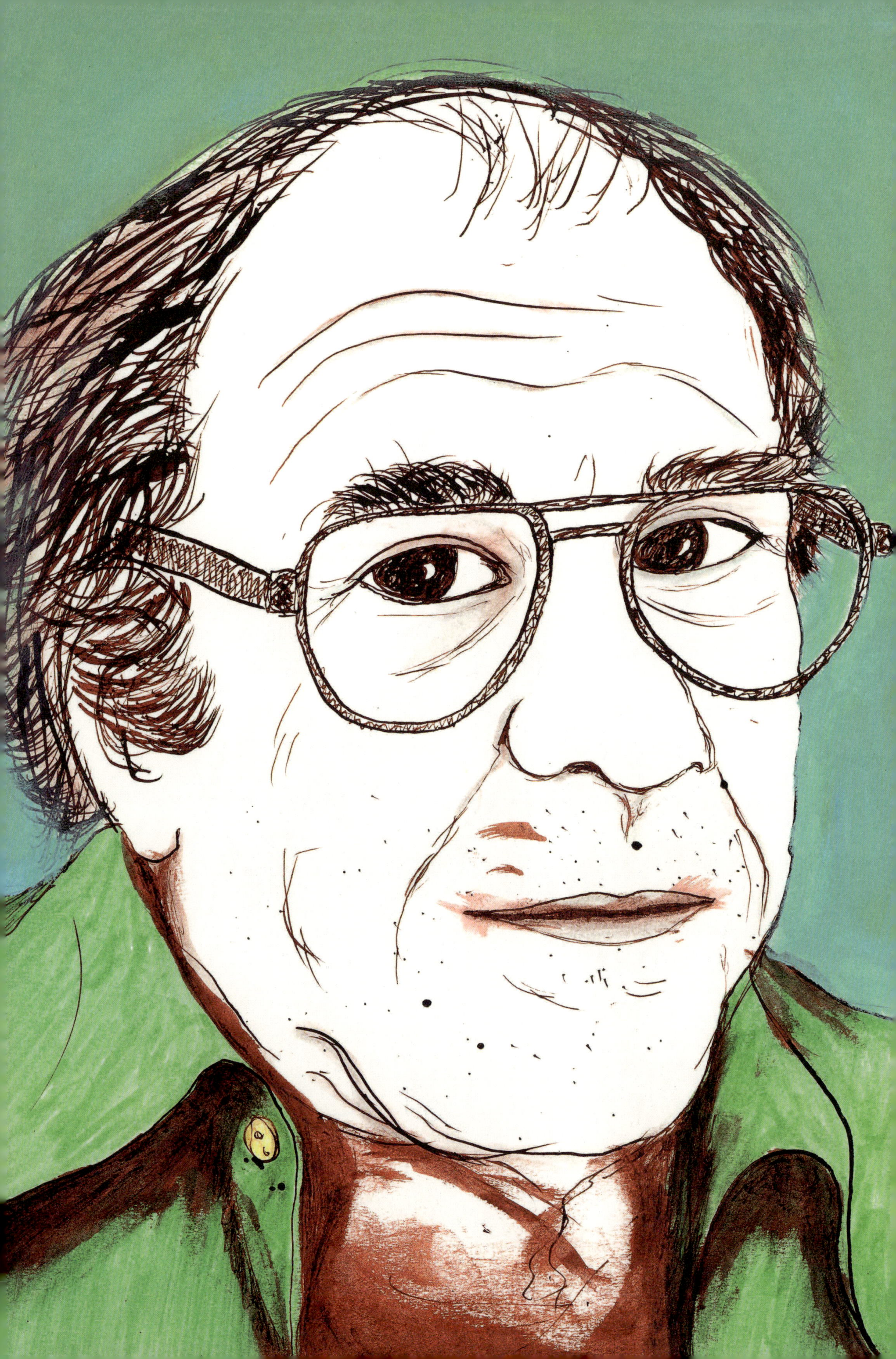

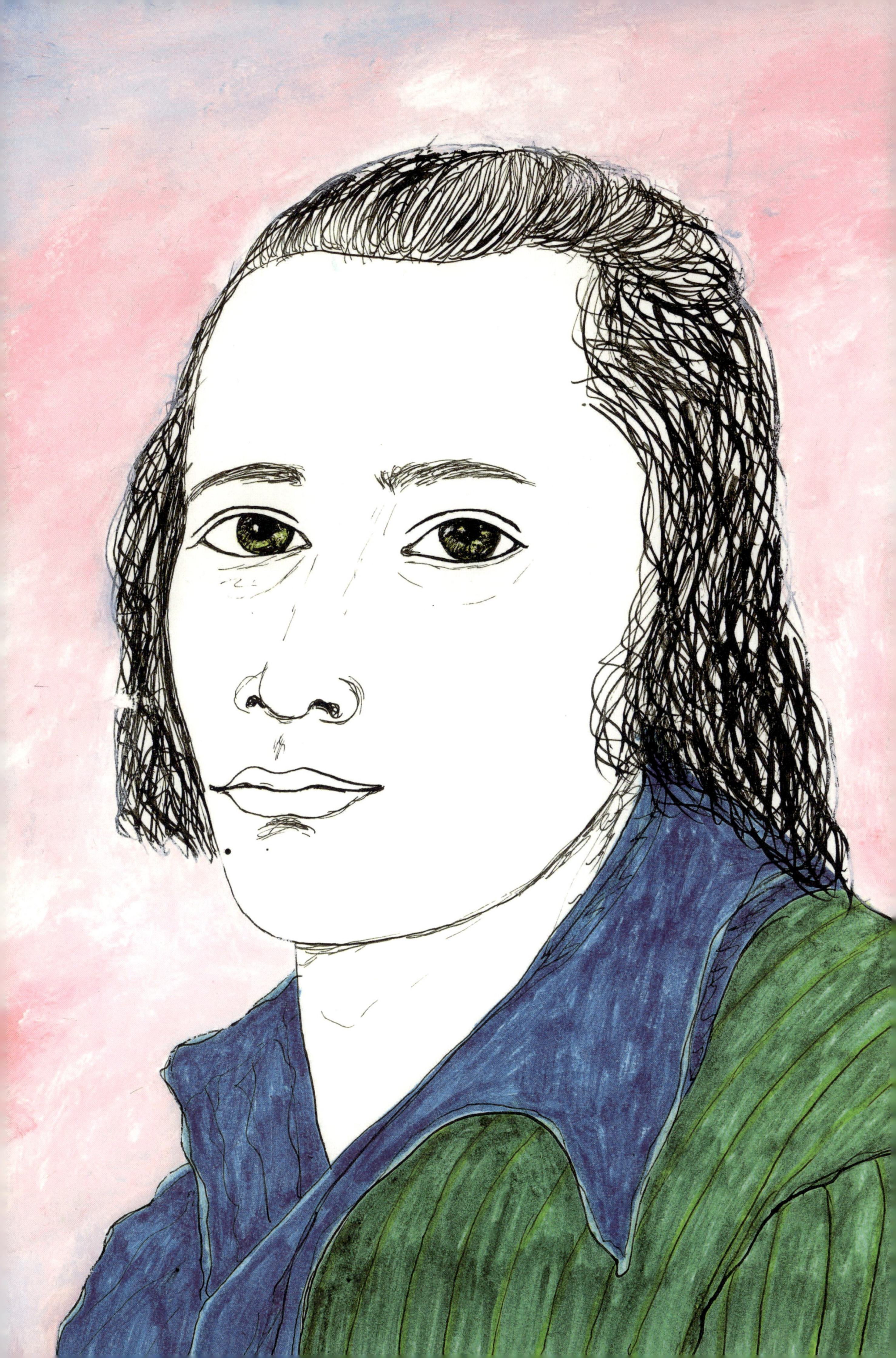

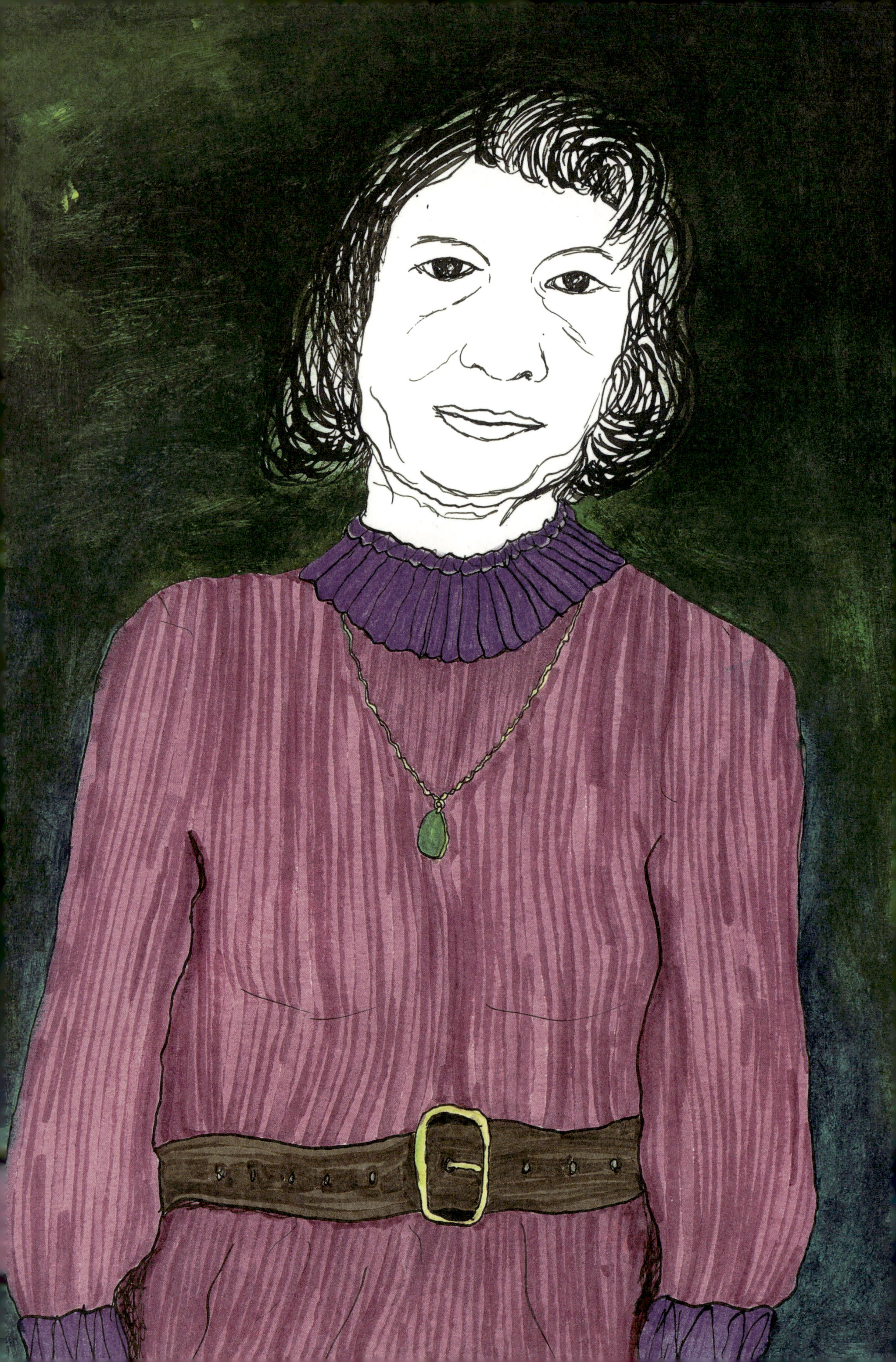

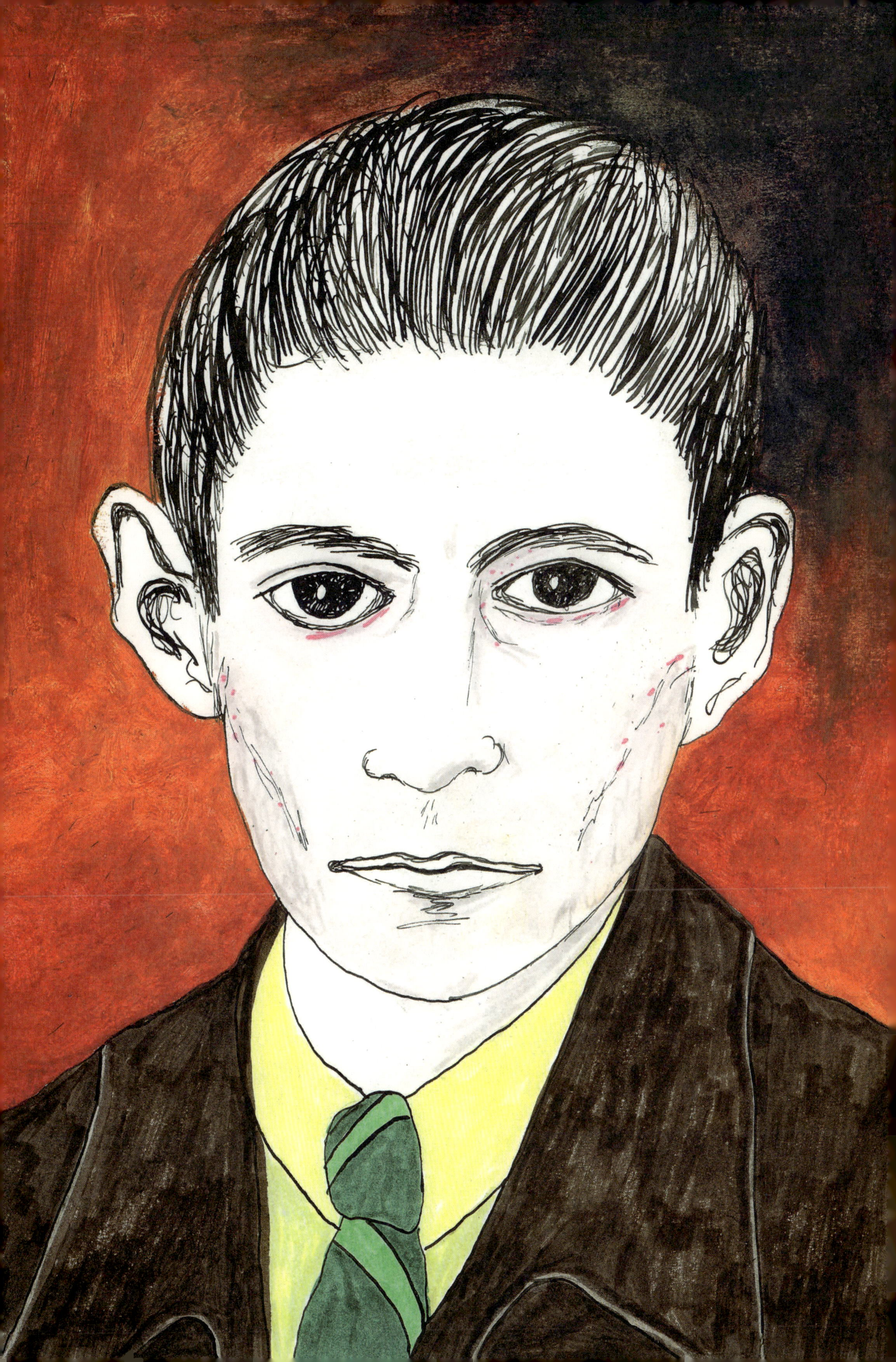

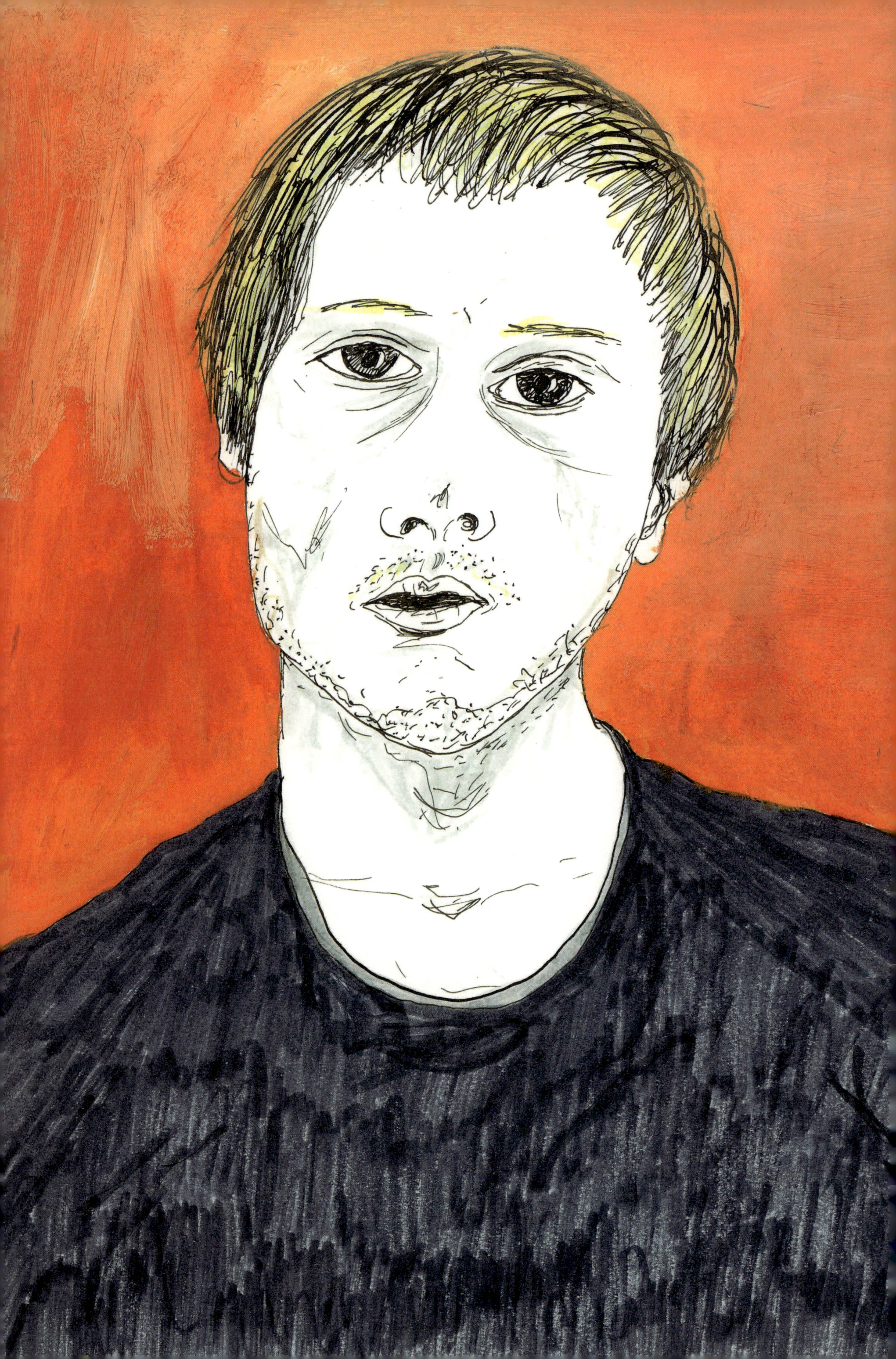

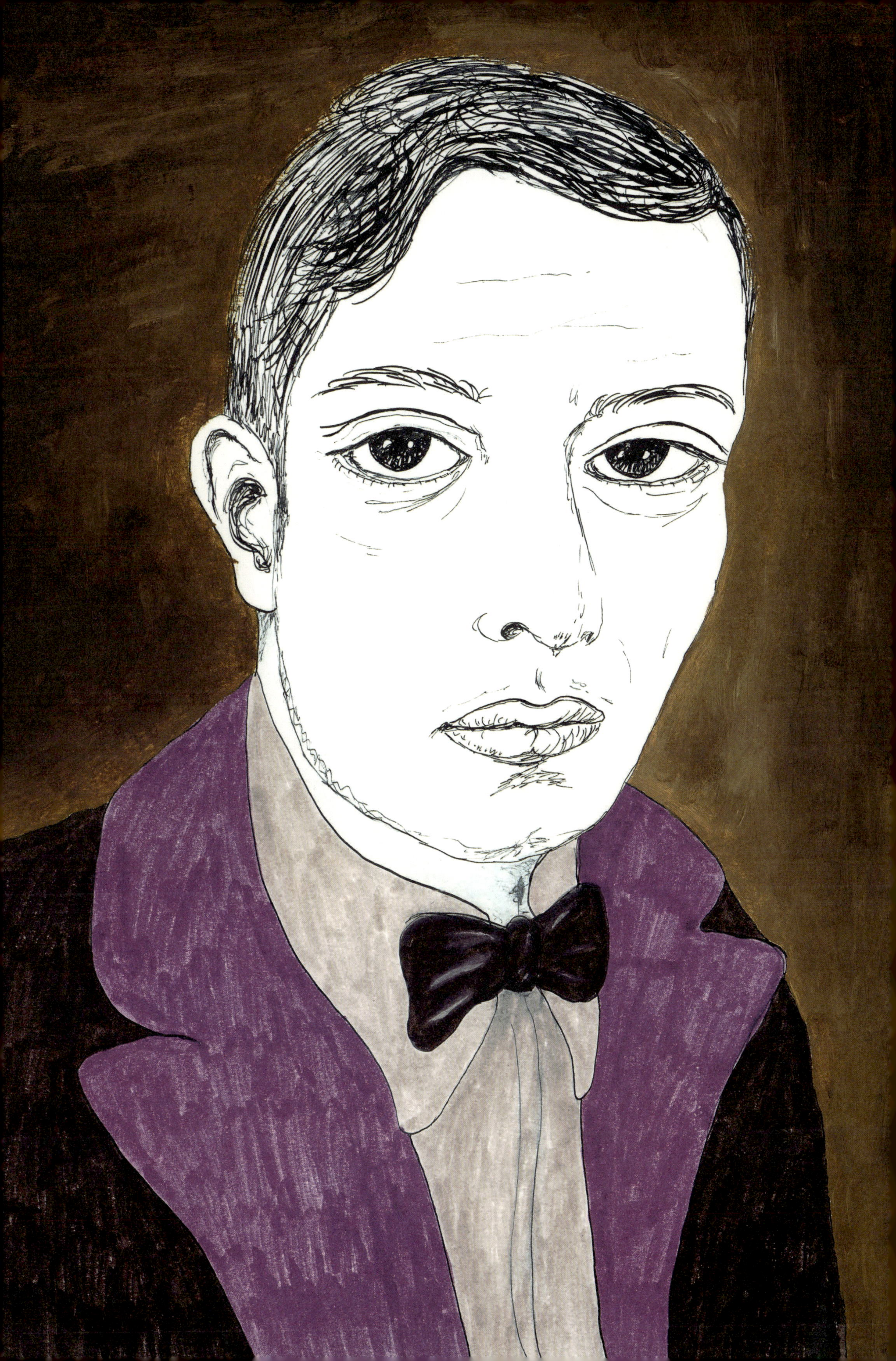

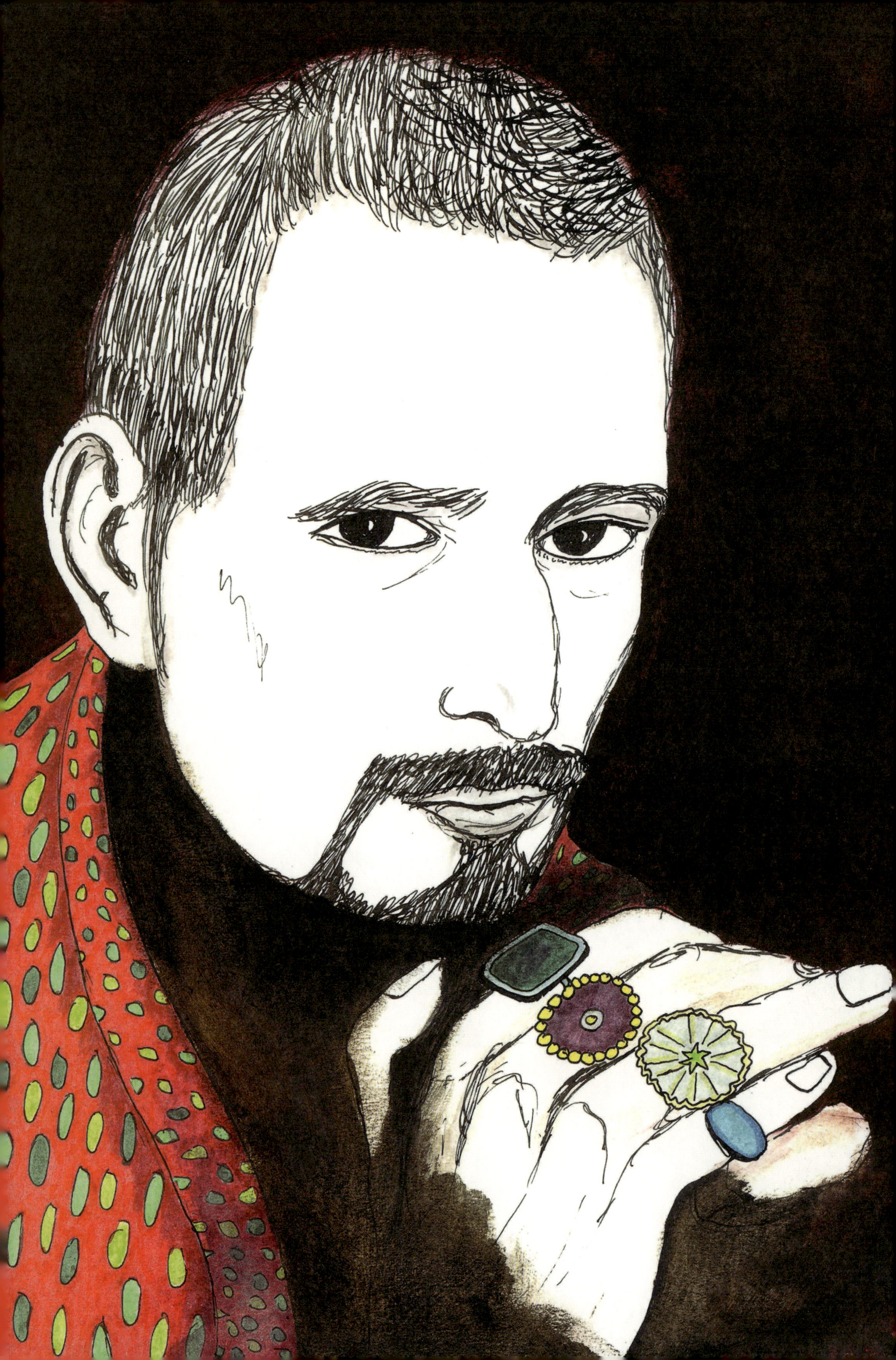

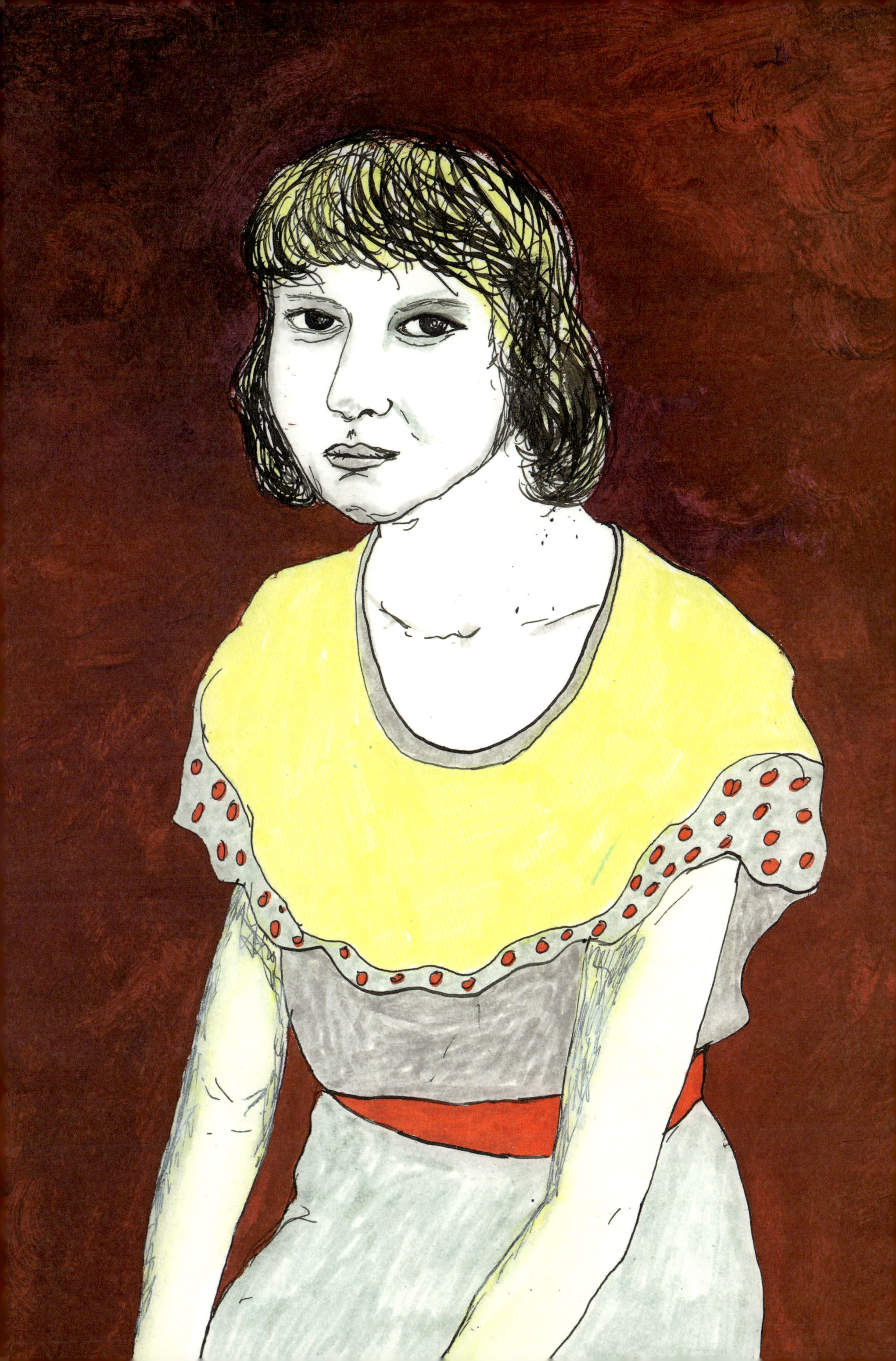

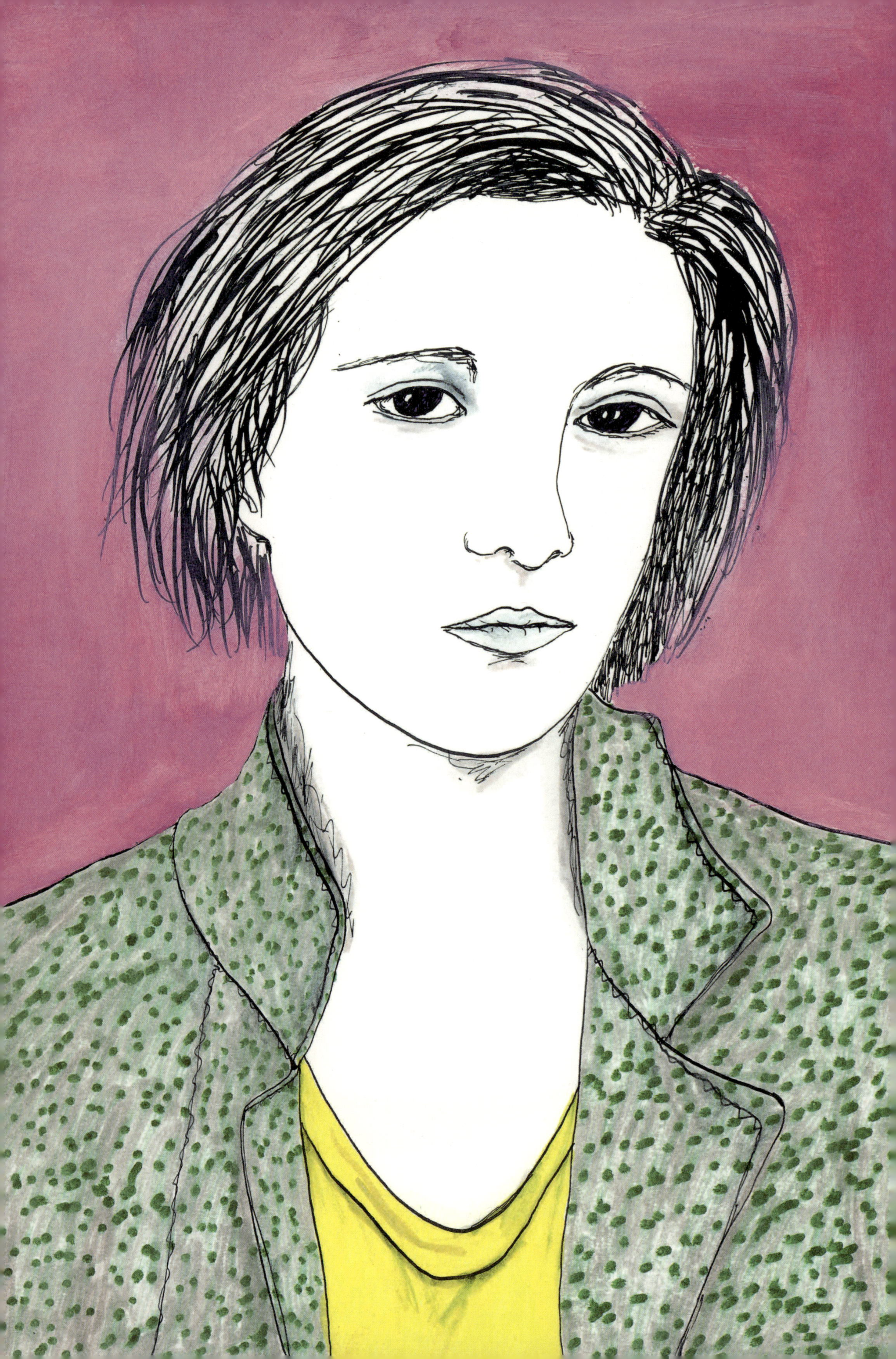

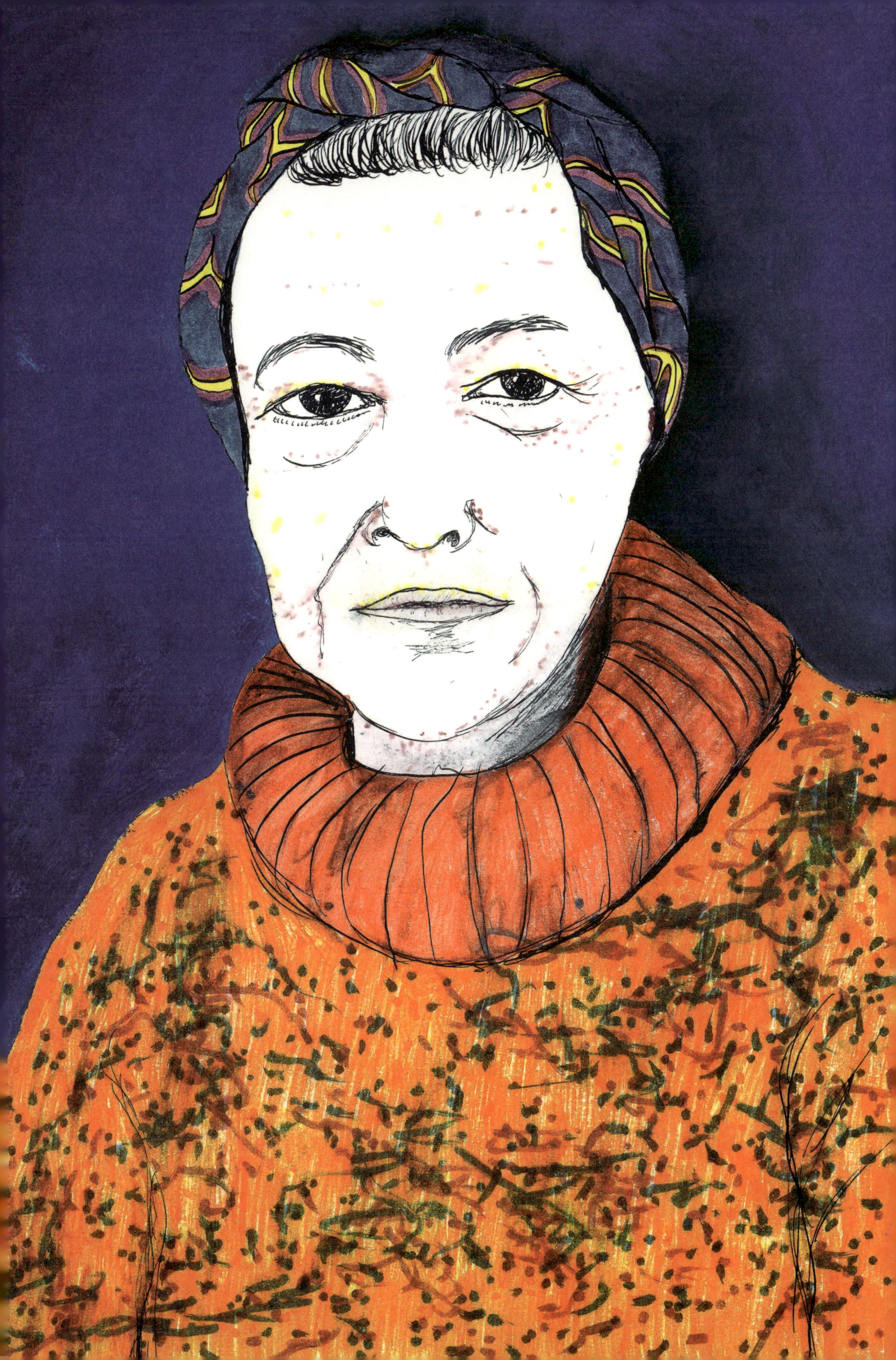

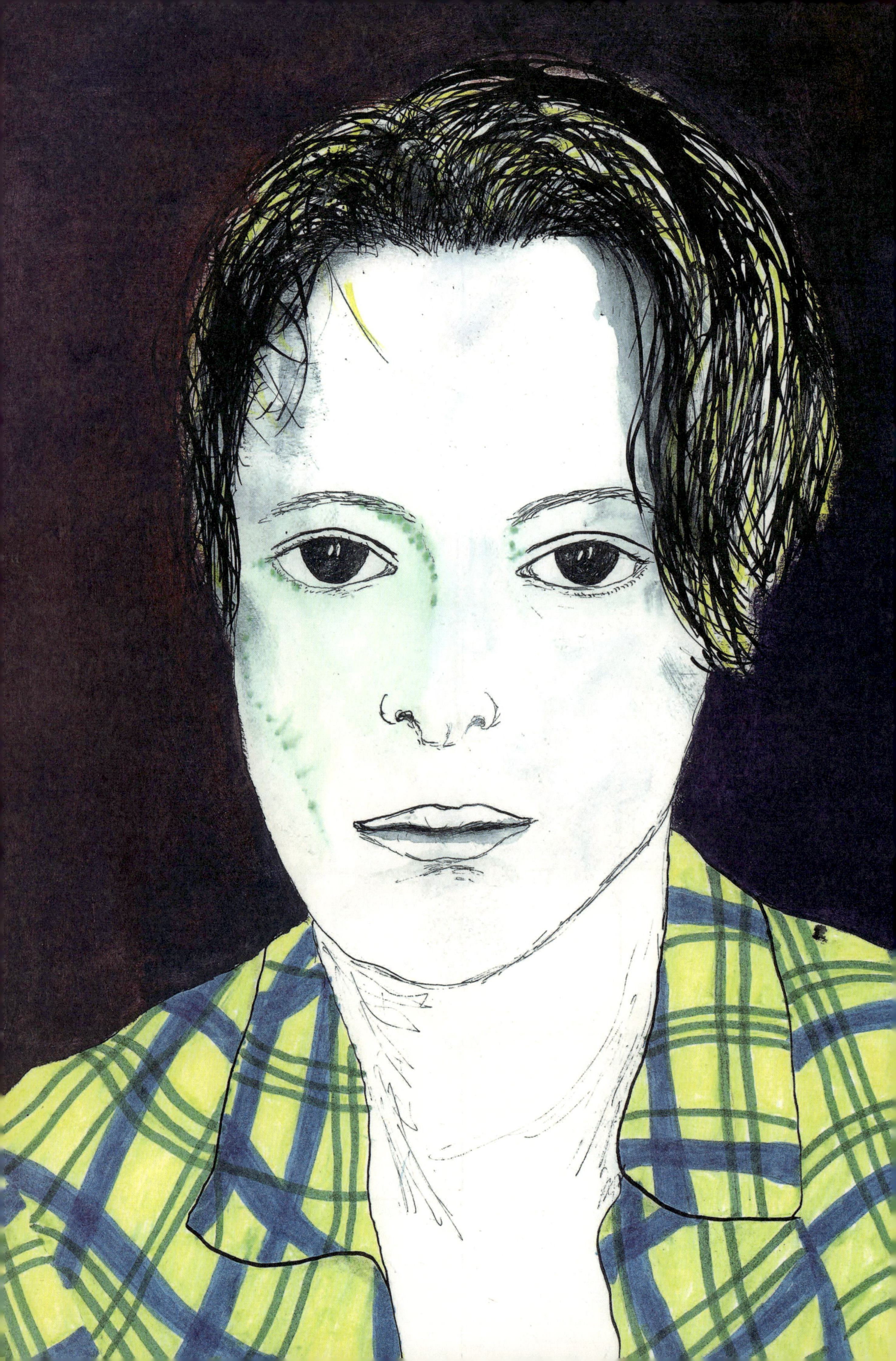

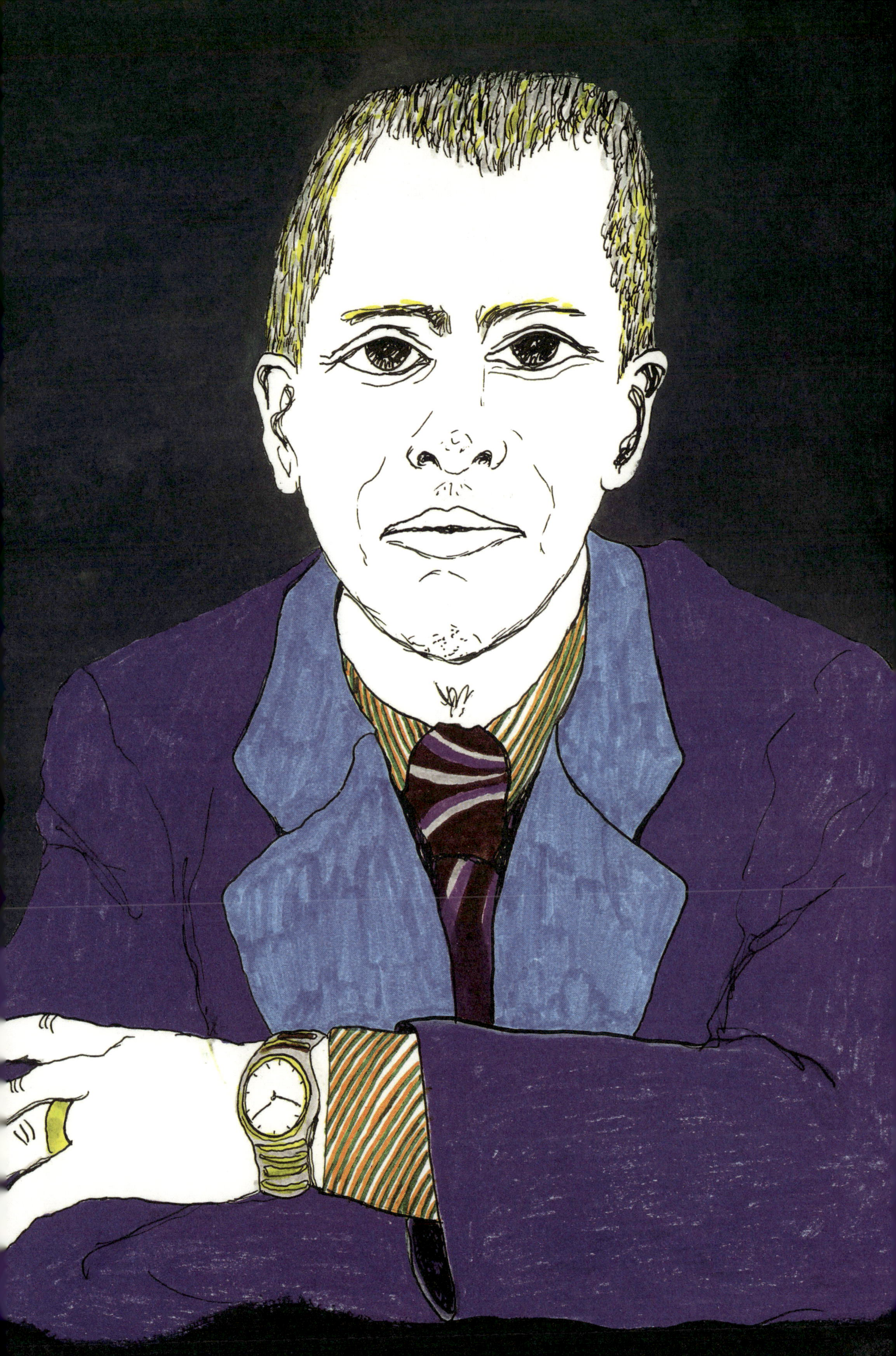

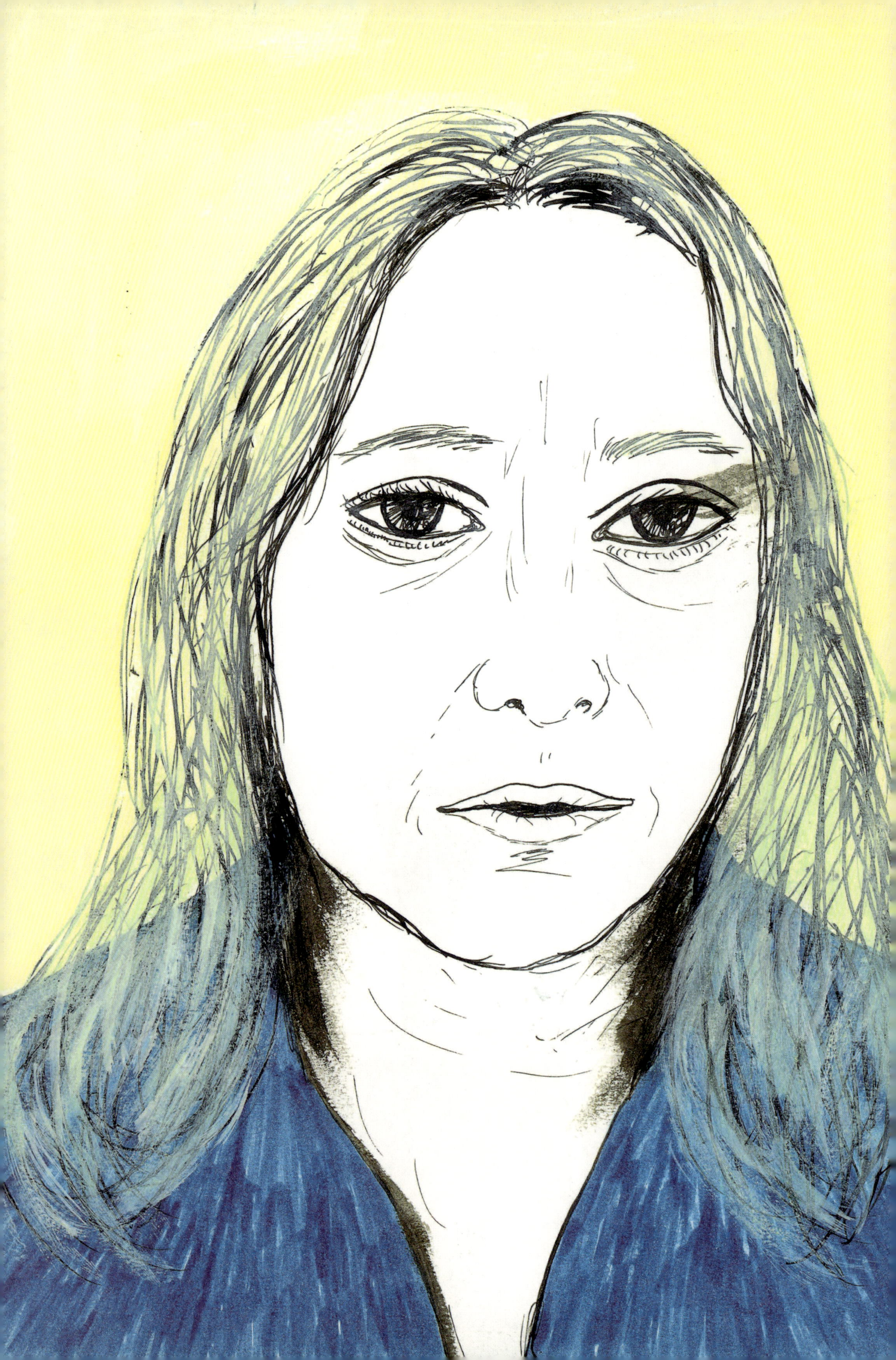

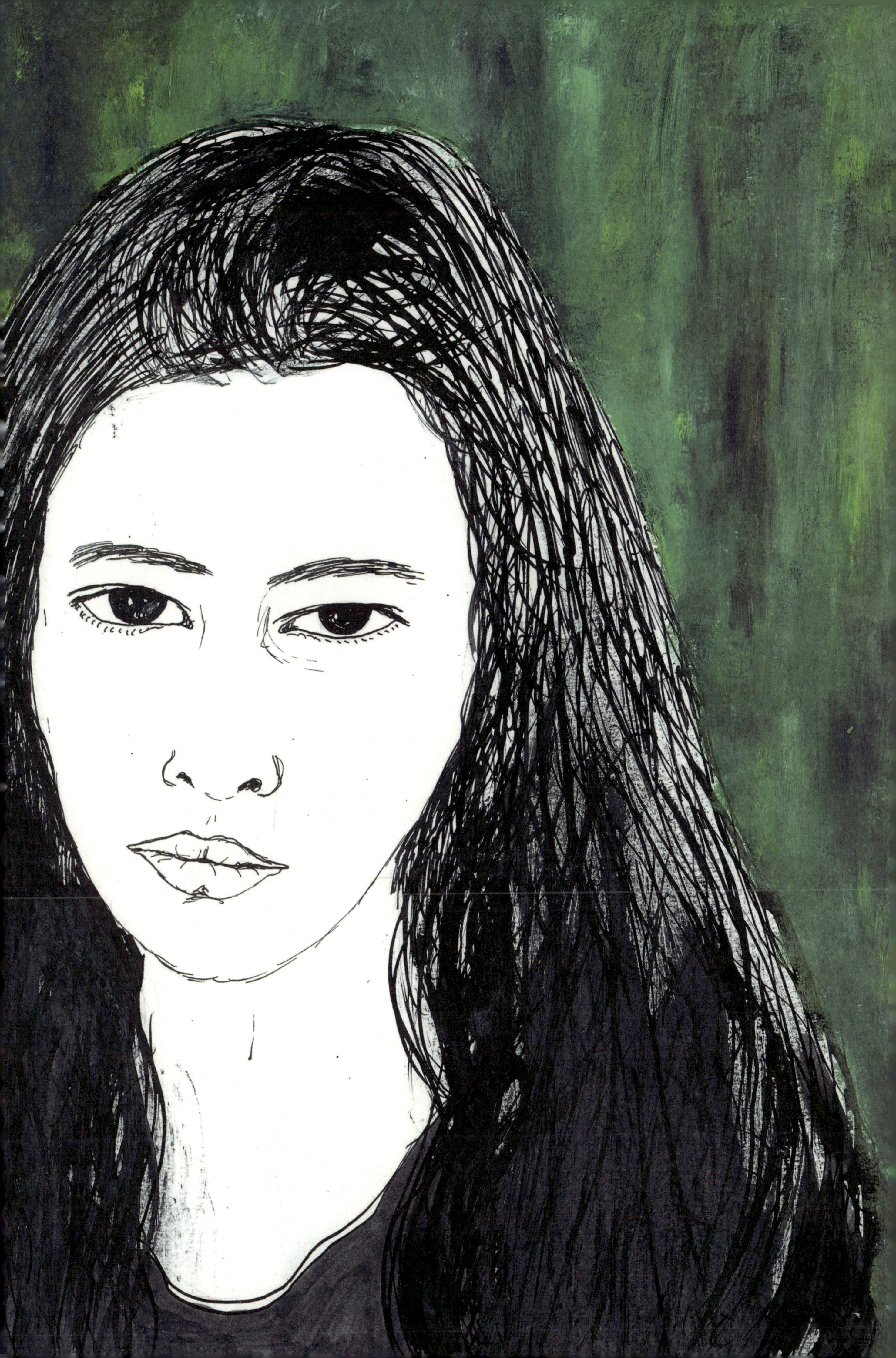

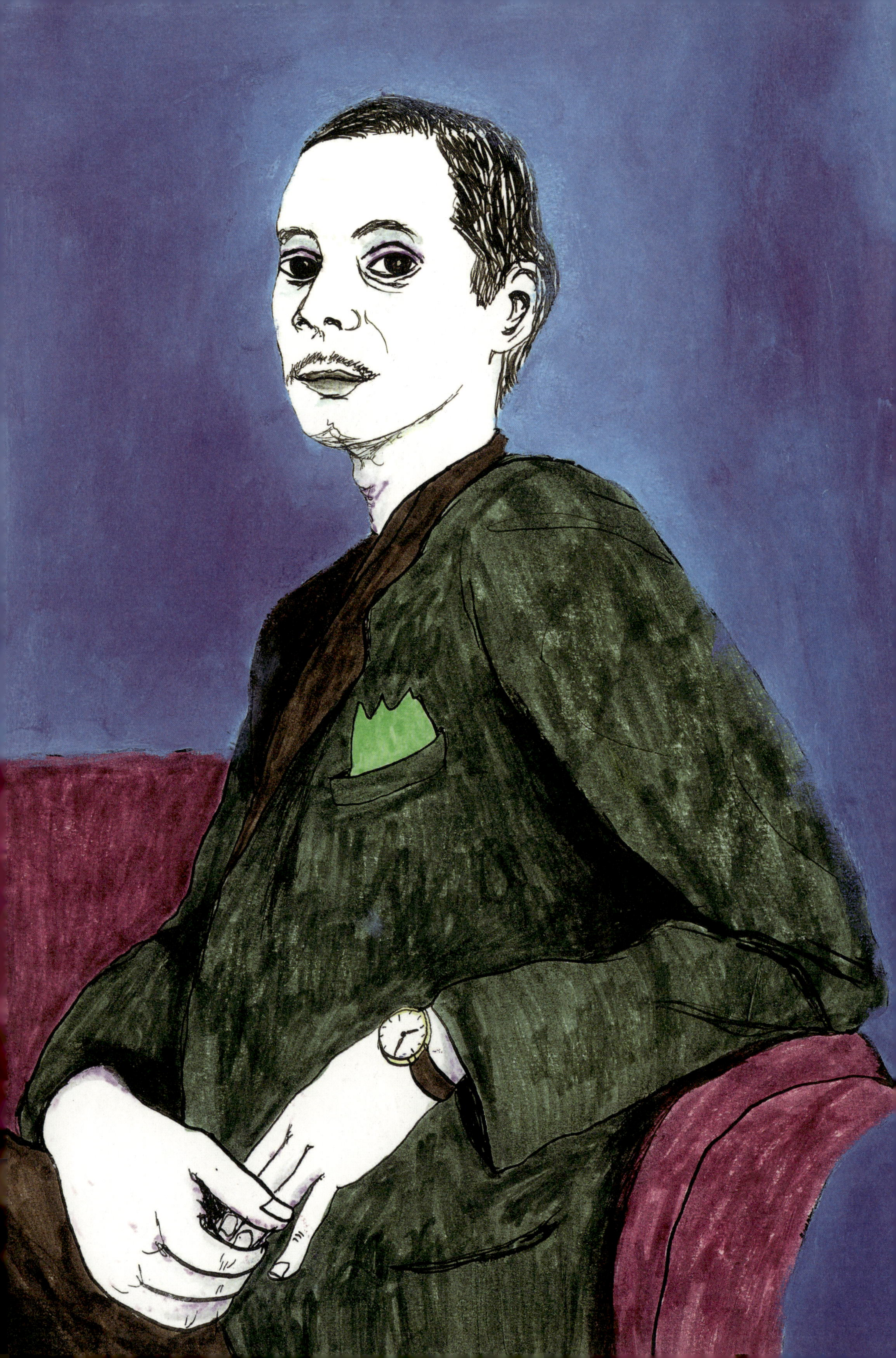

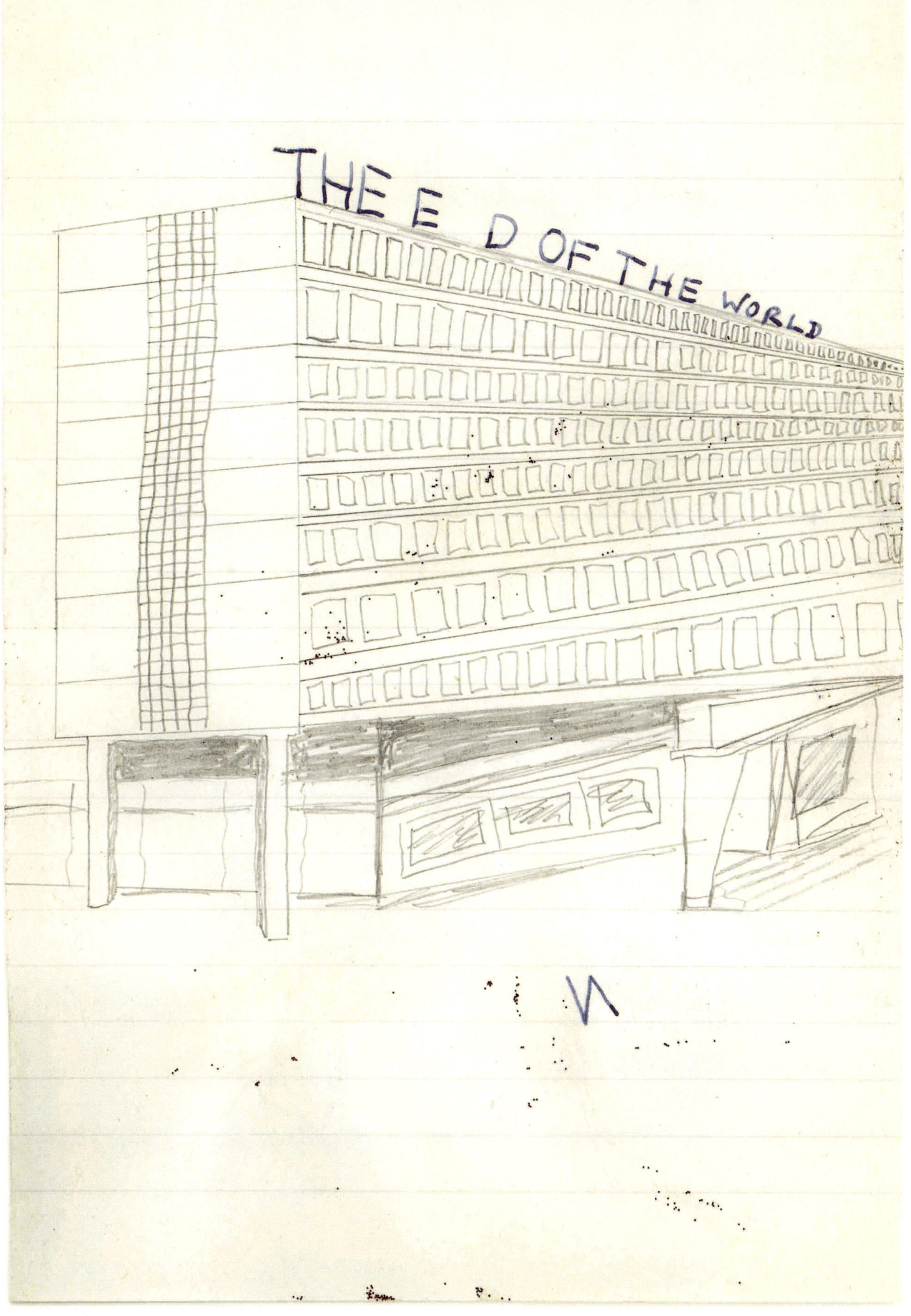
THE E D OF THE WORLD
N

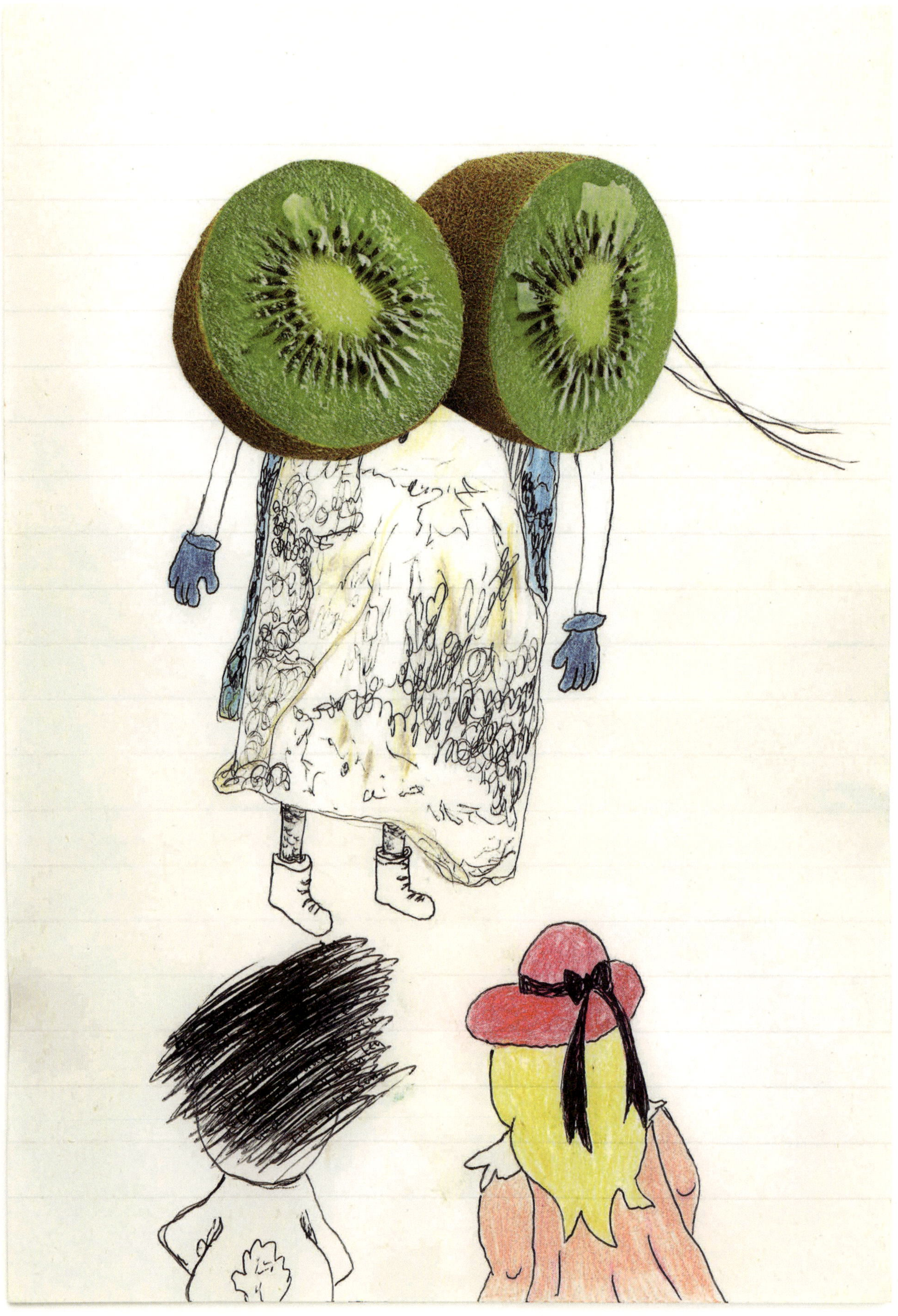

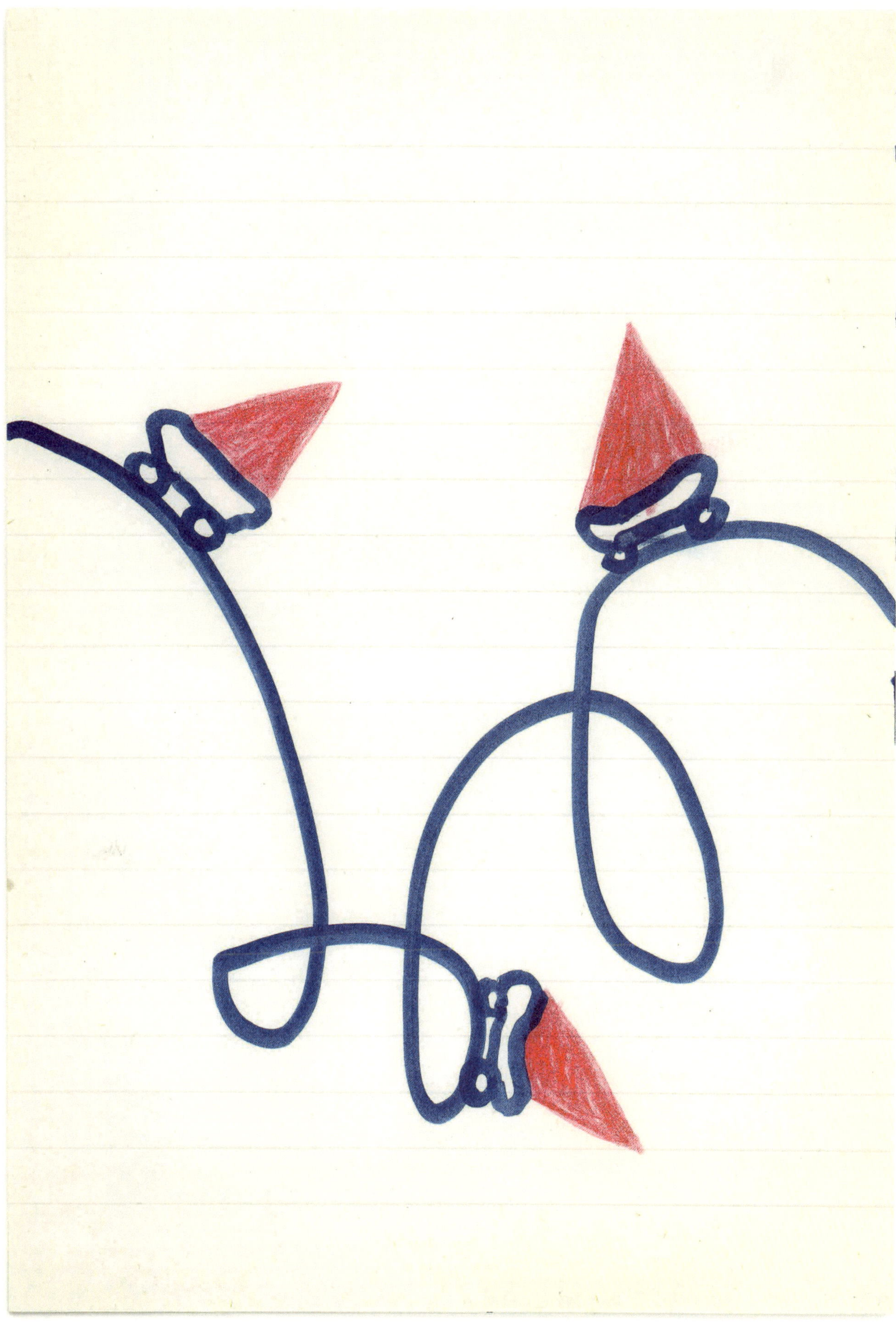

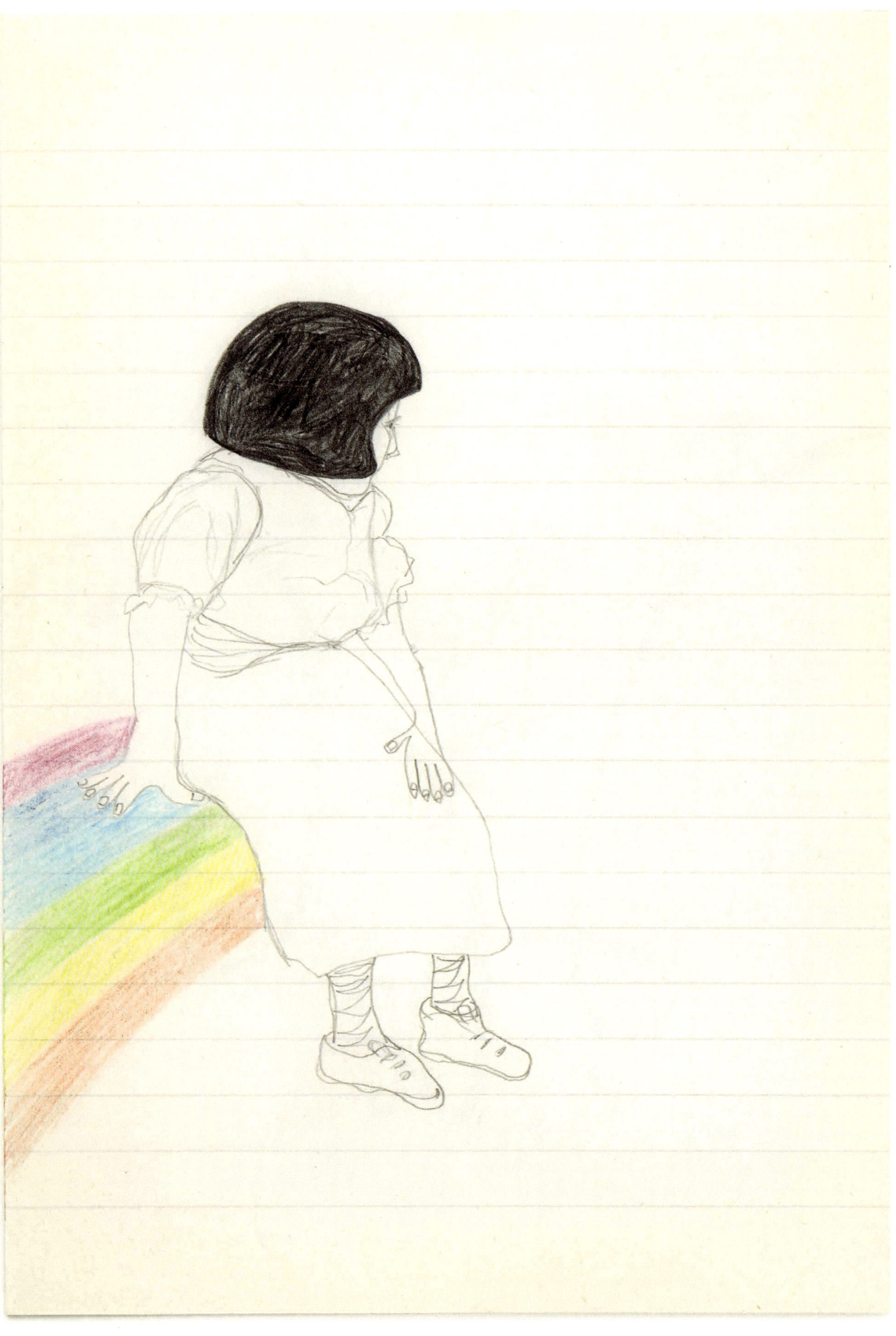

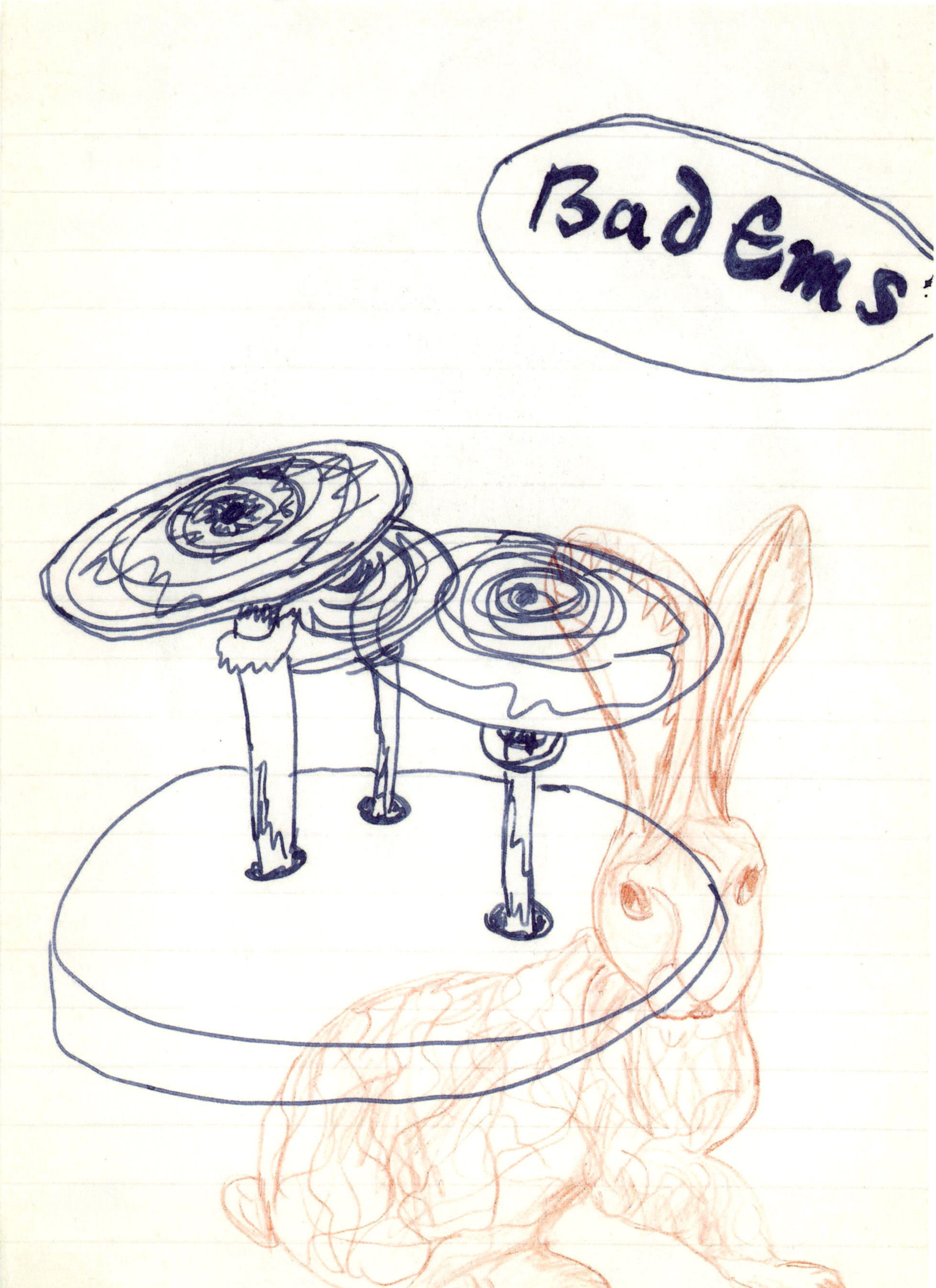

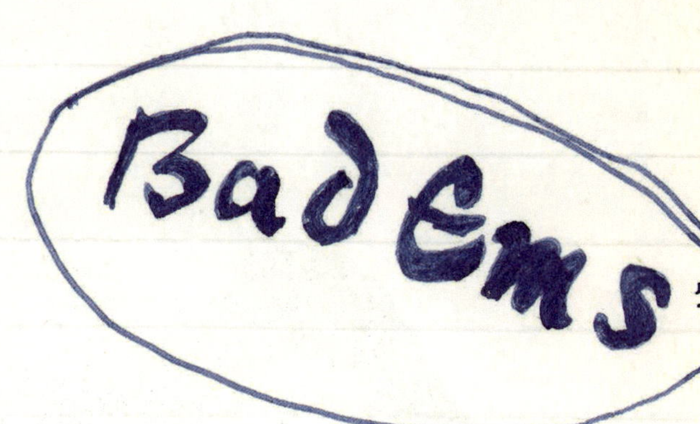
Bad Ems

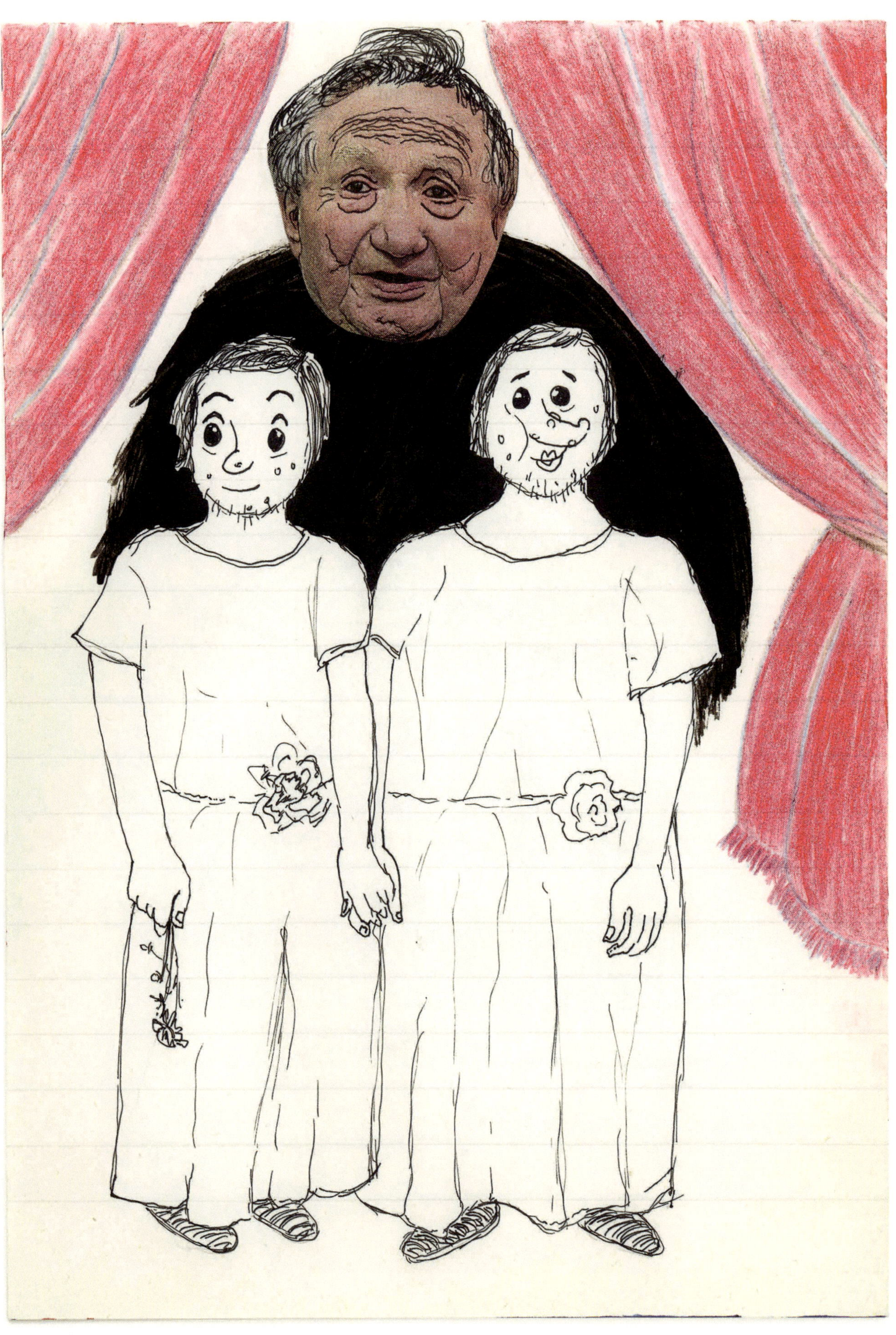

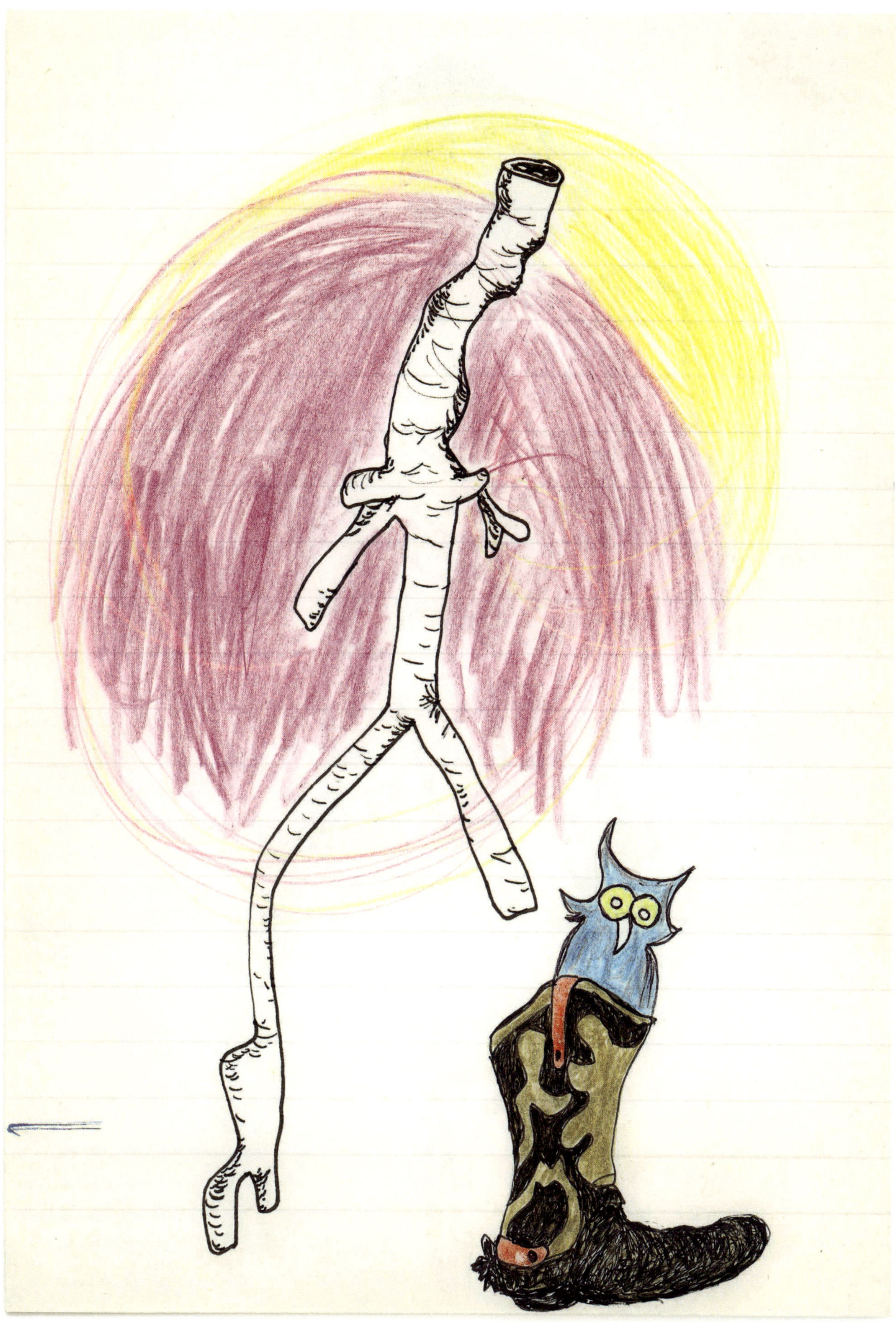

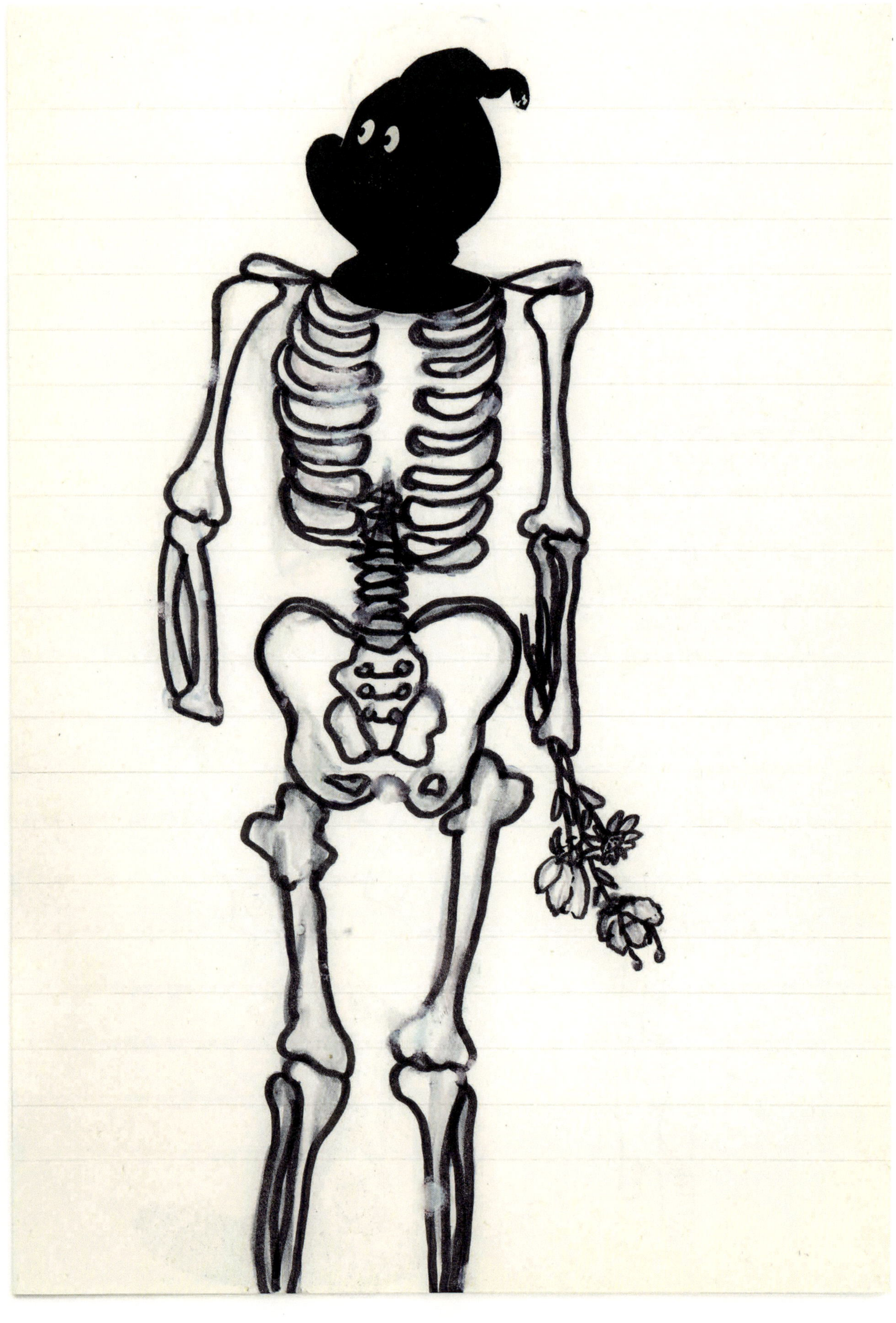

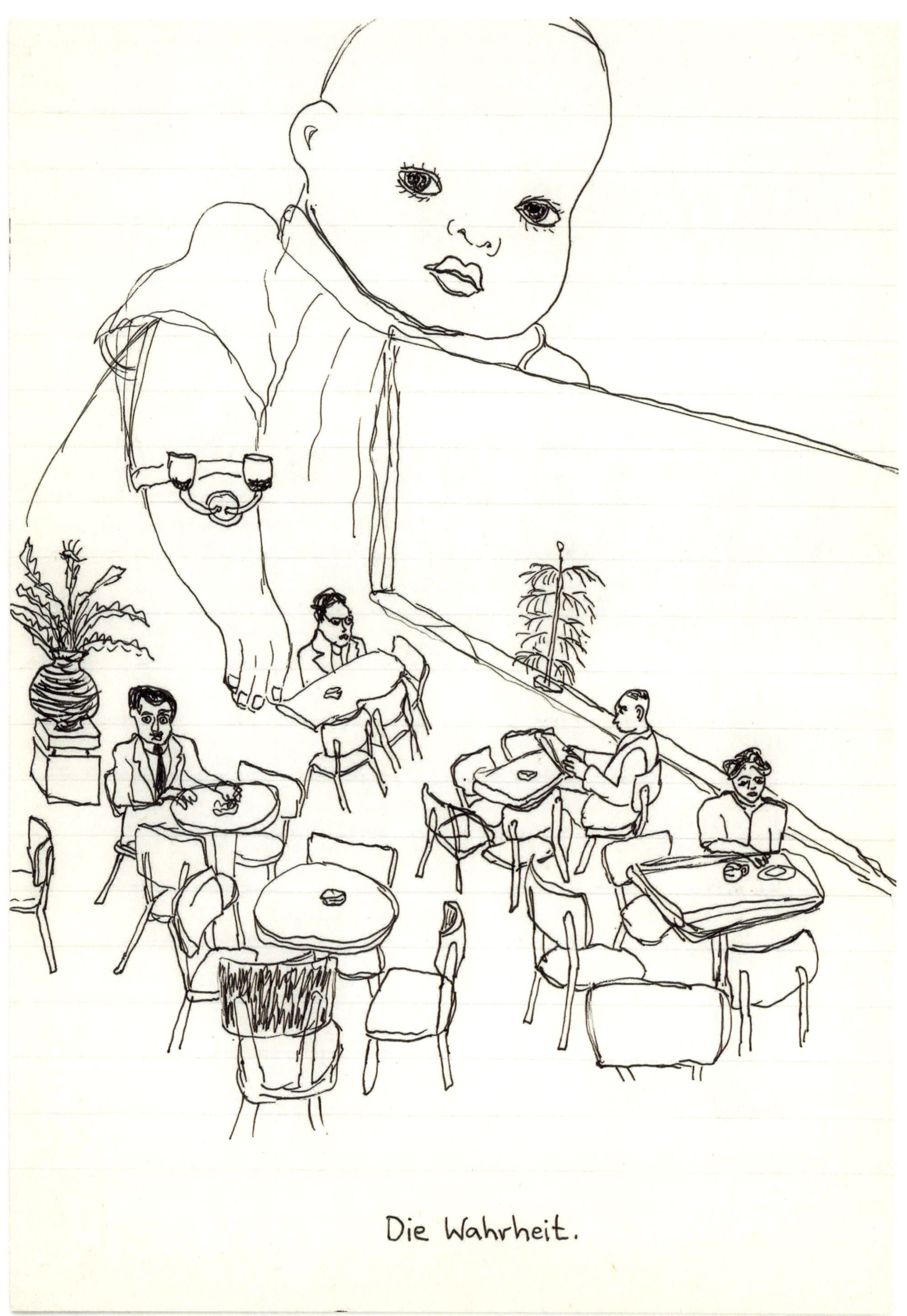

Die Wahrheit.

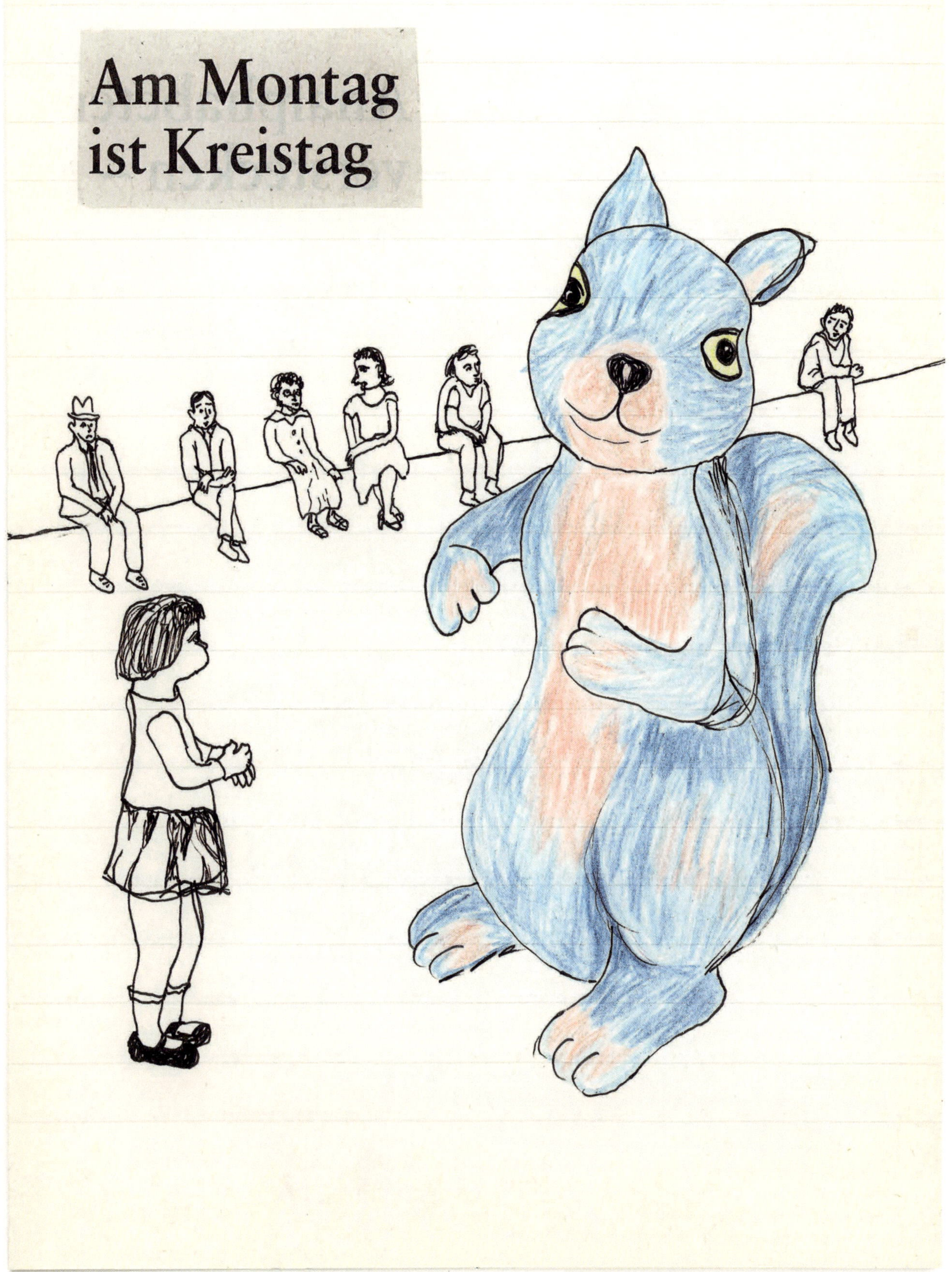
Am Montag
ist Kreistag

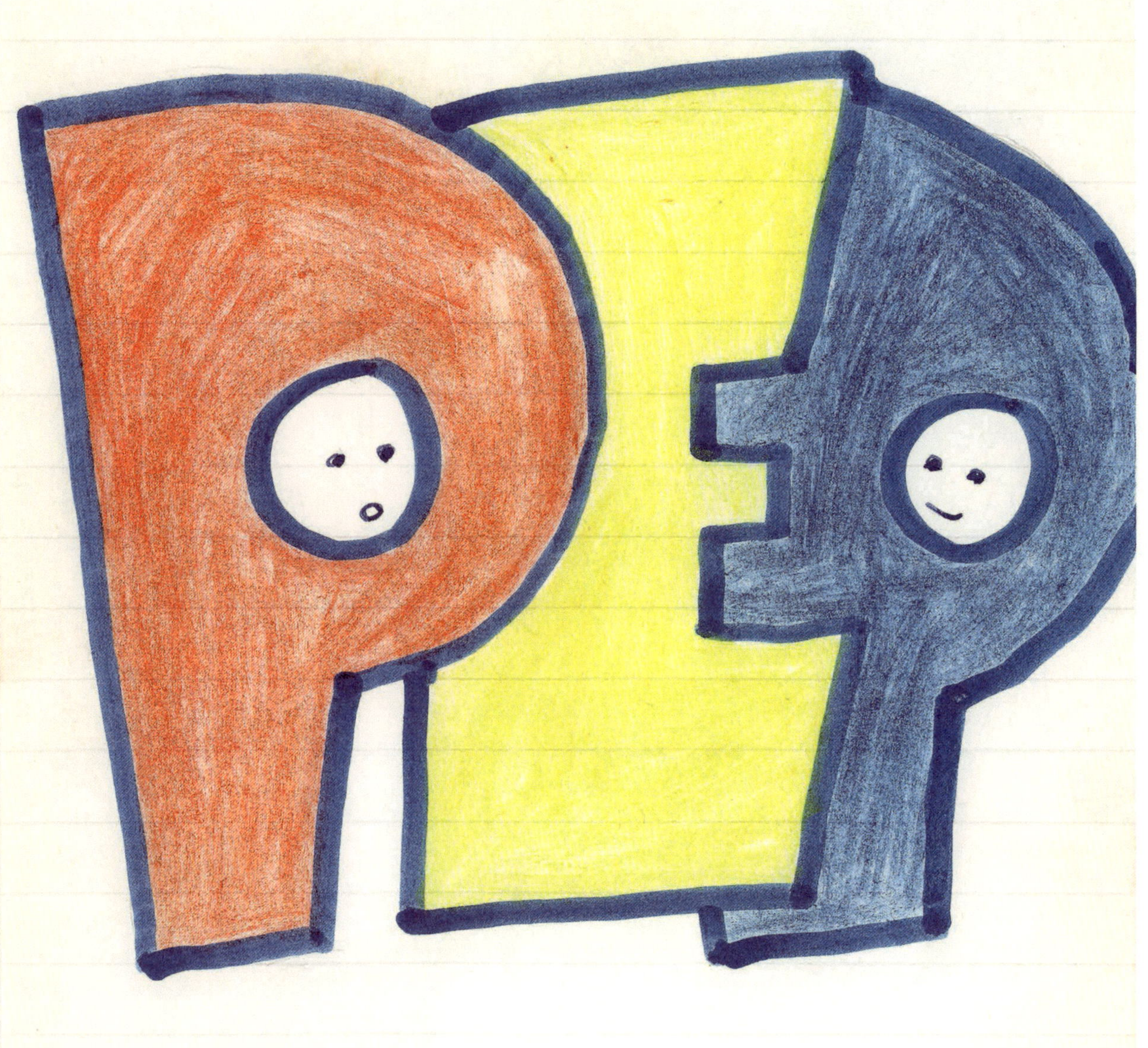
PEP

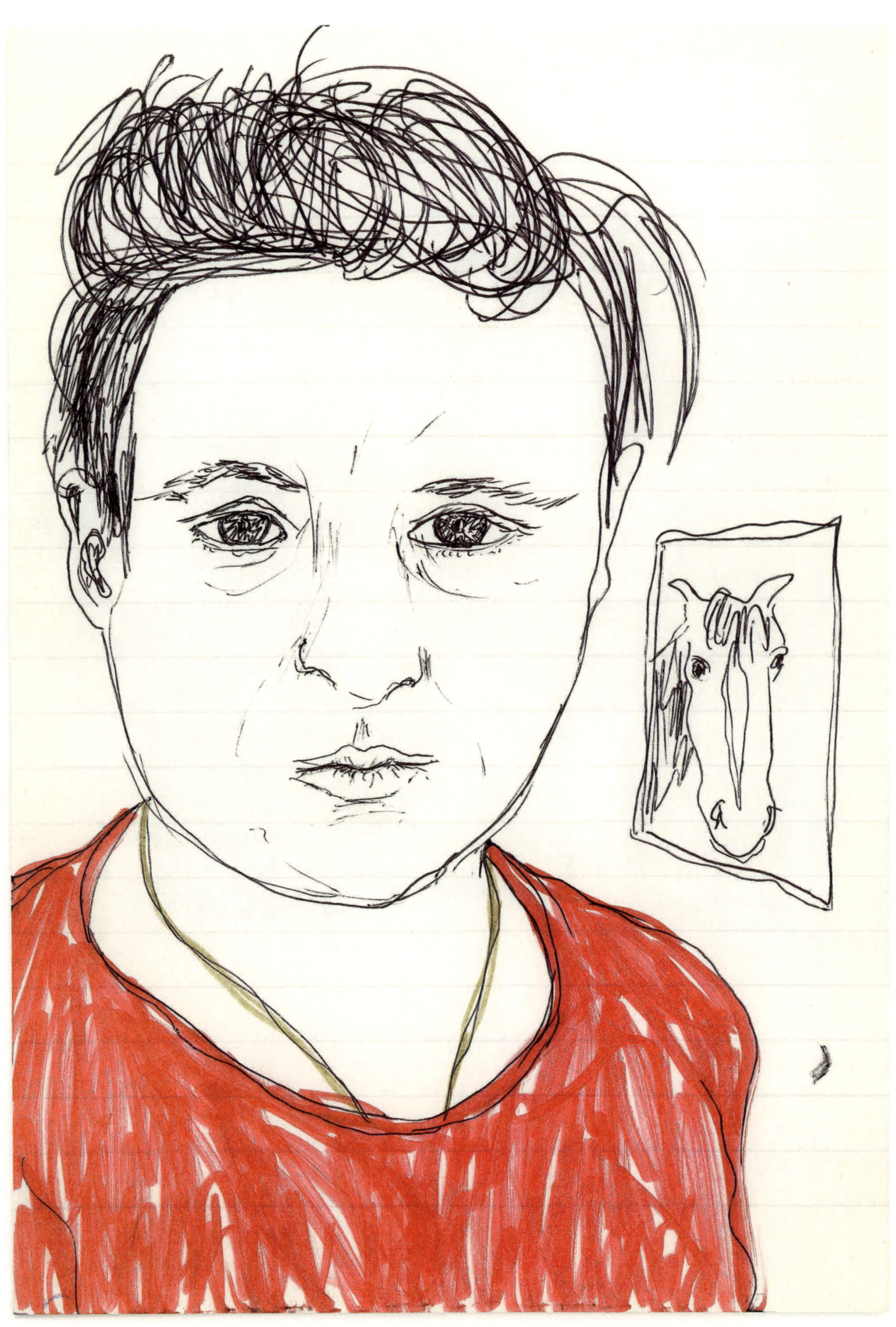

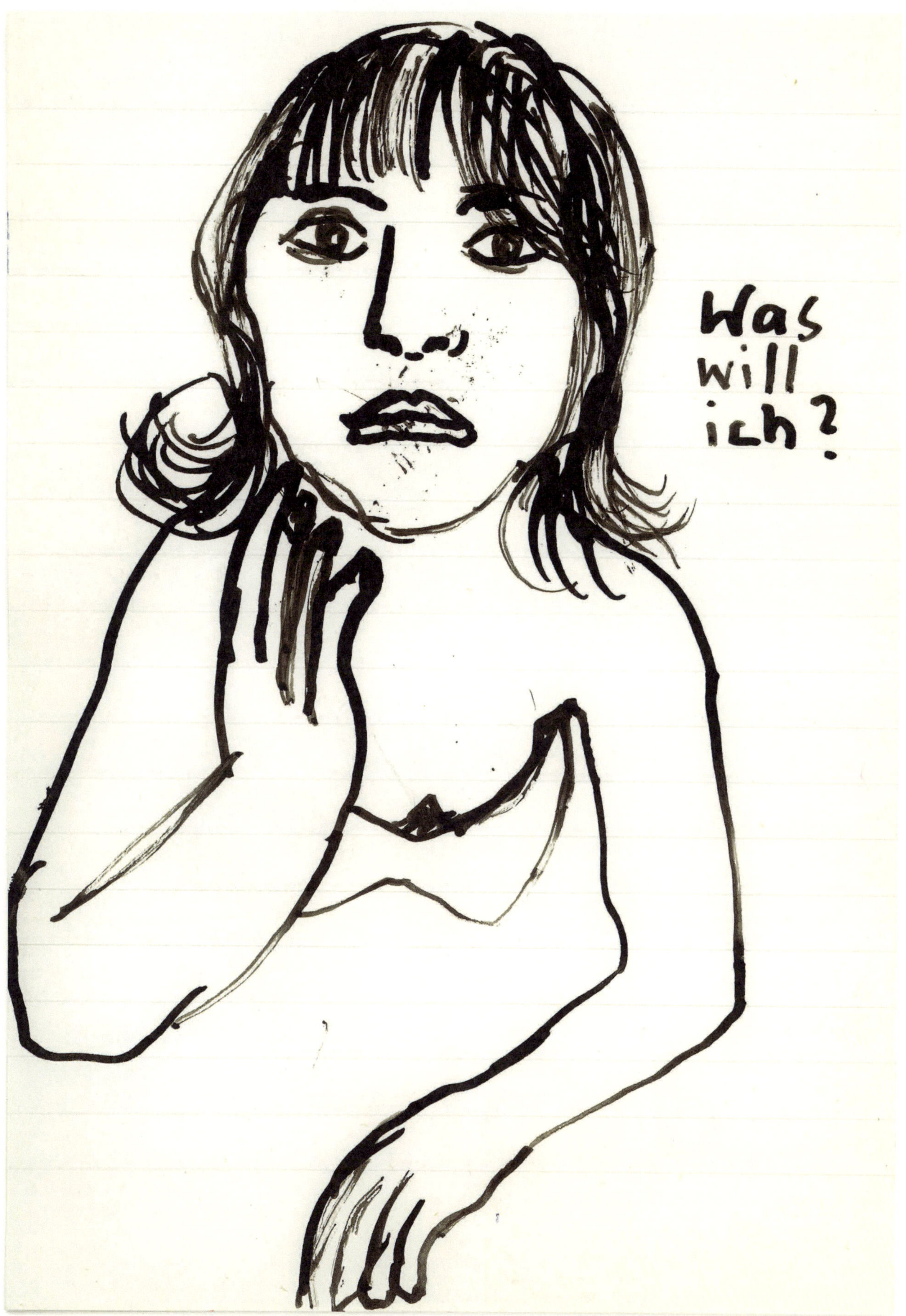
Was
will
ich?

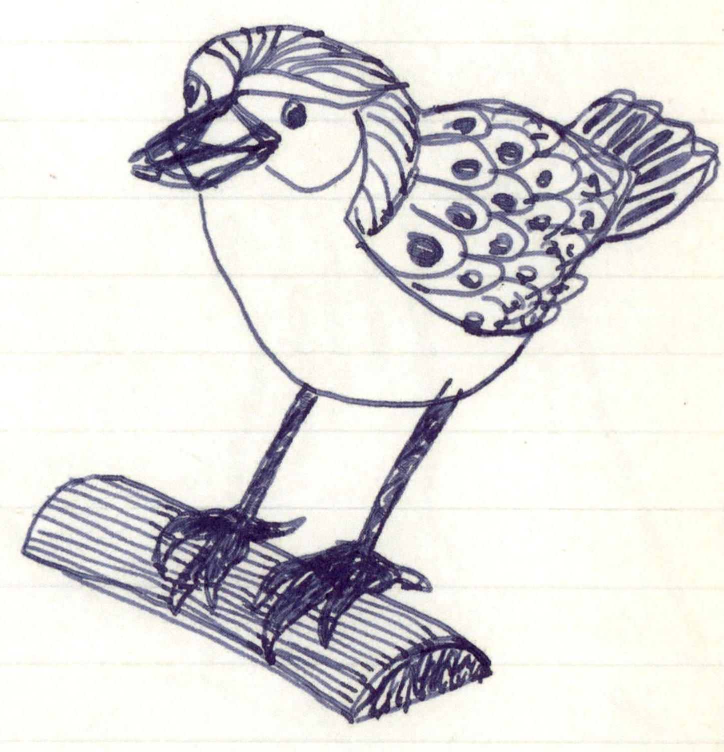

duplo

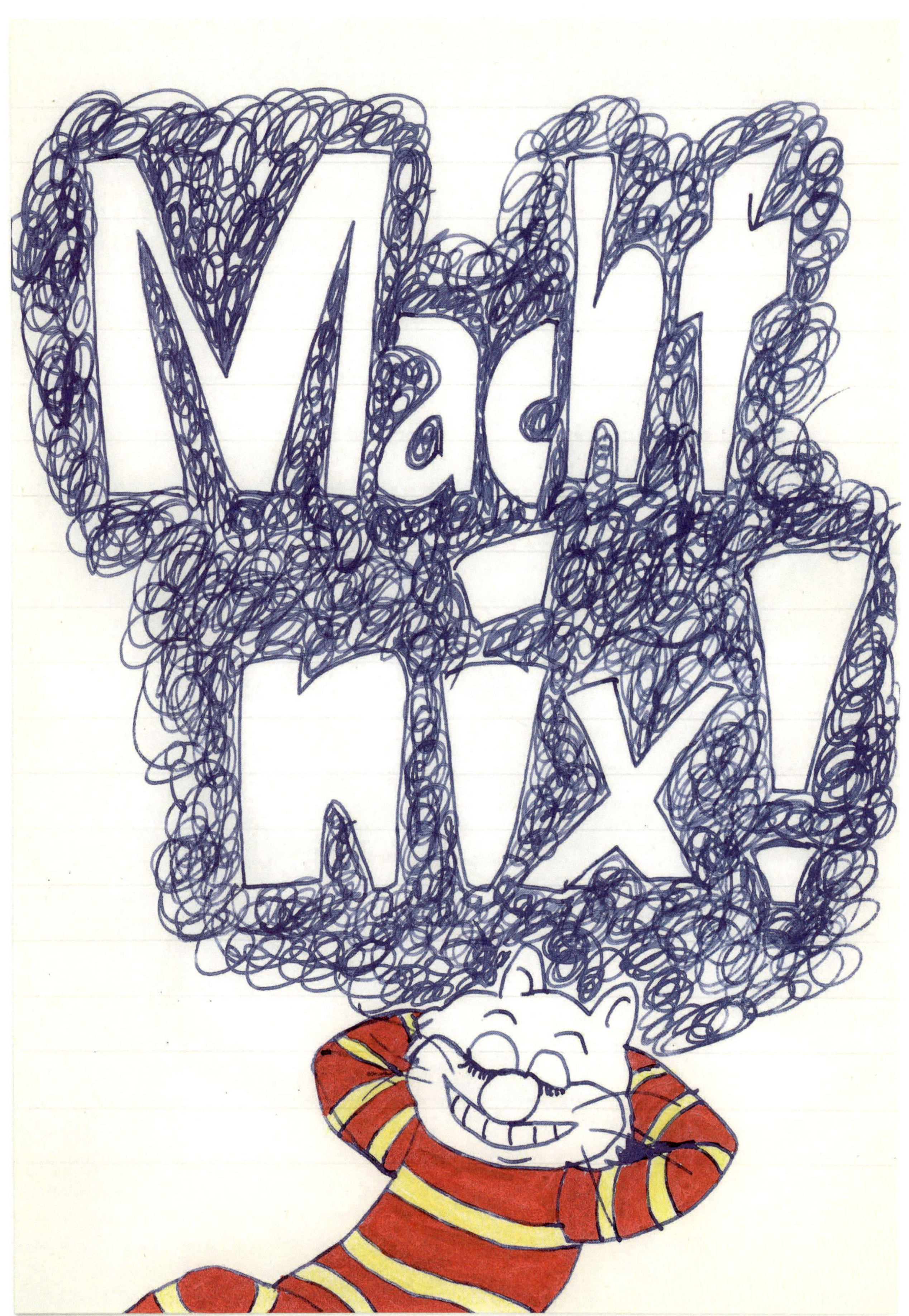
Macht nix!

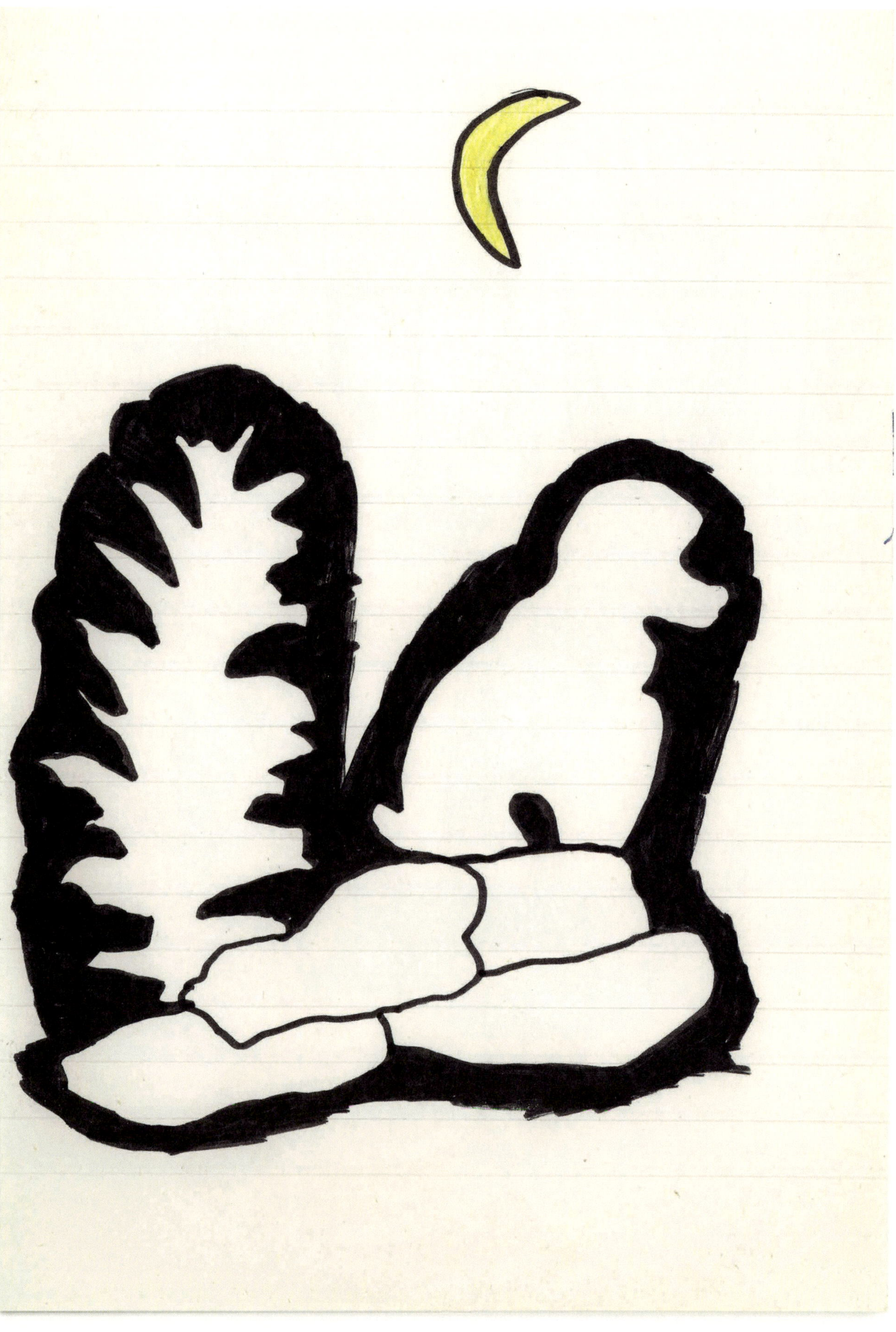

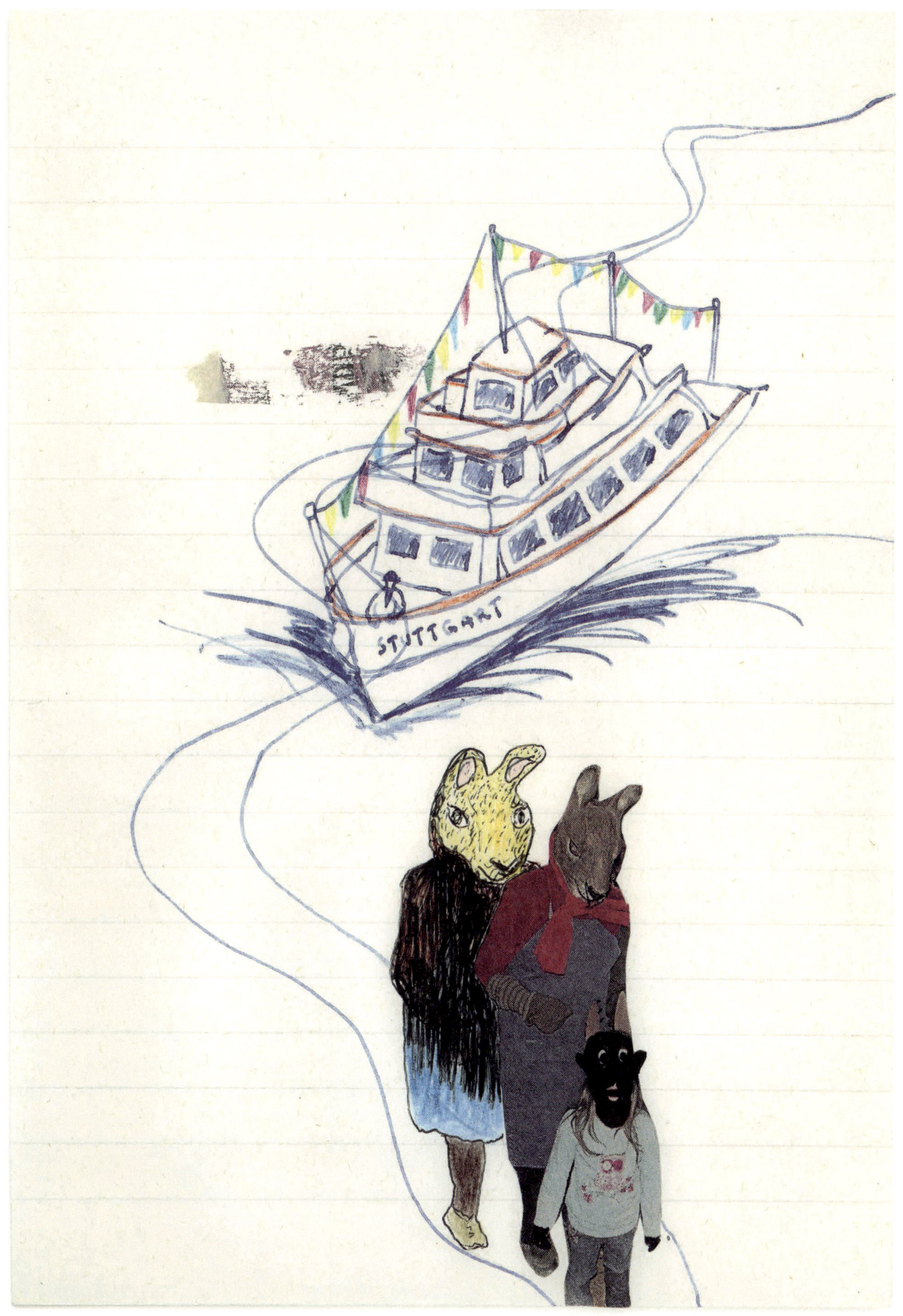
STUTTGART

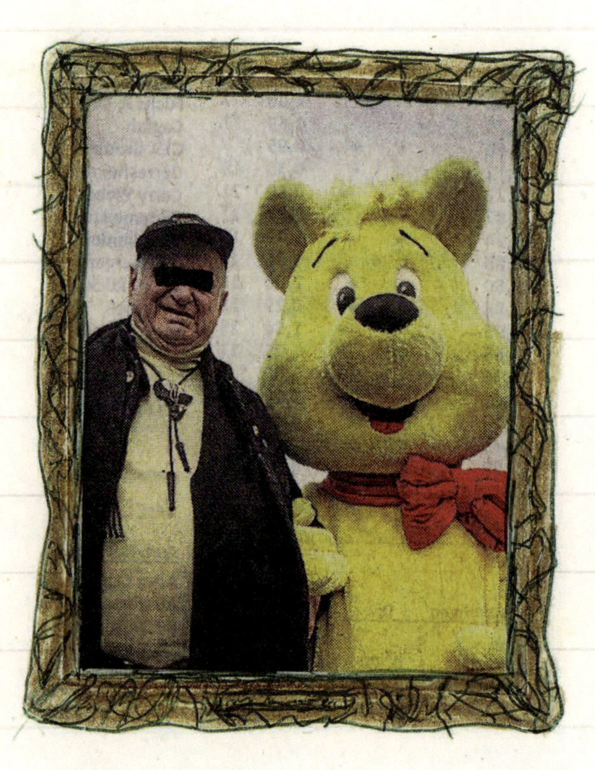

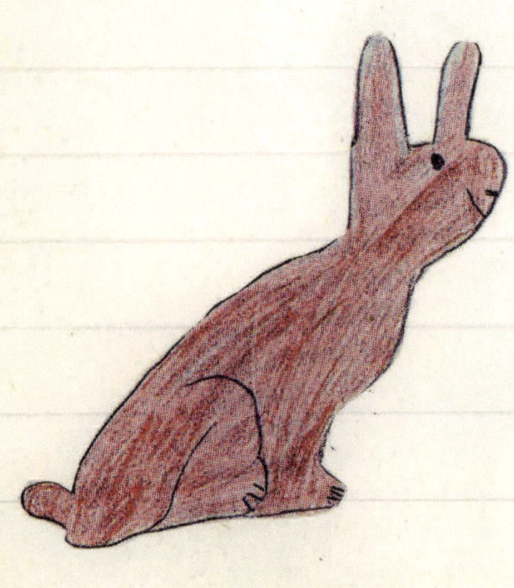

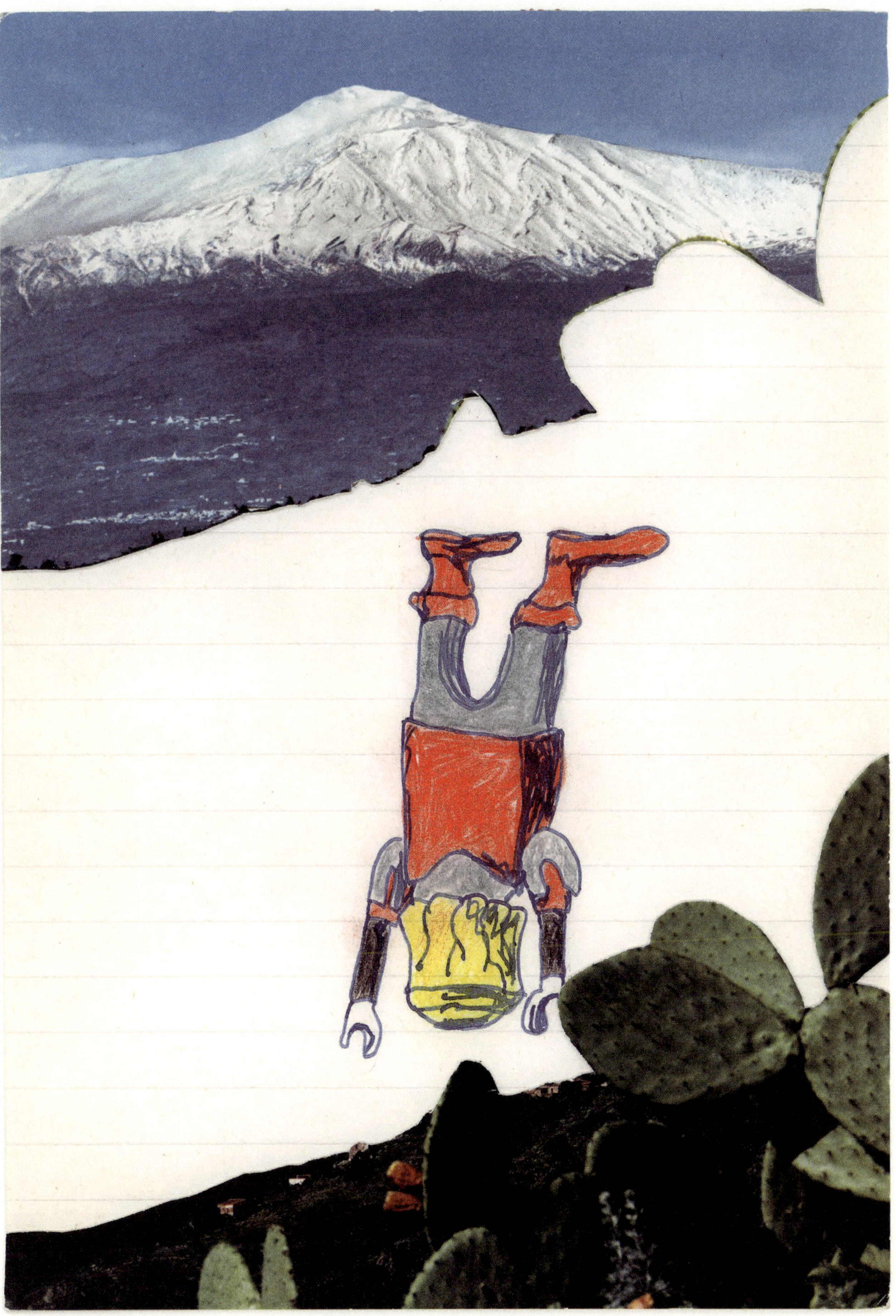

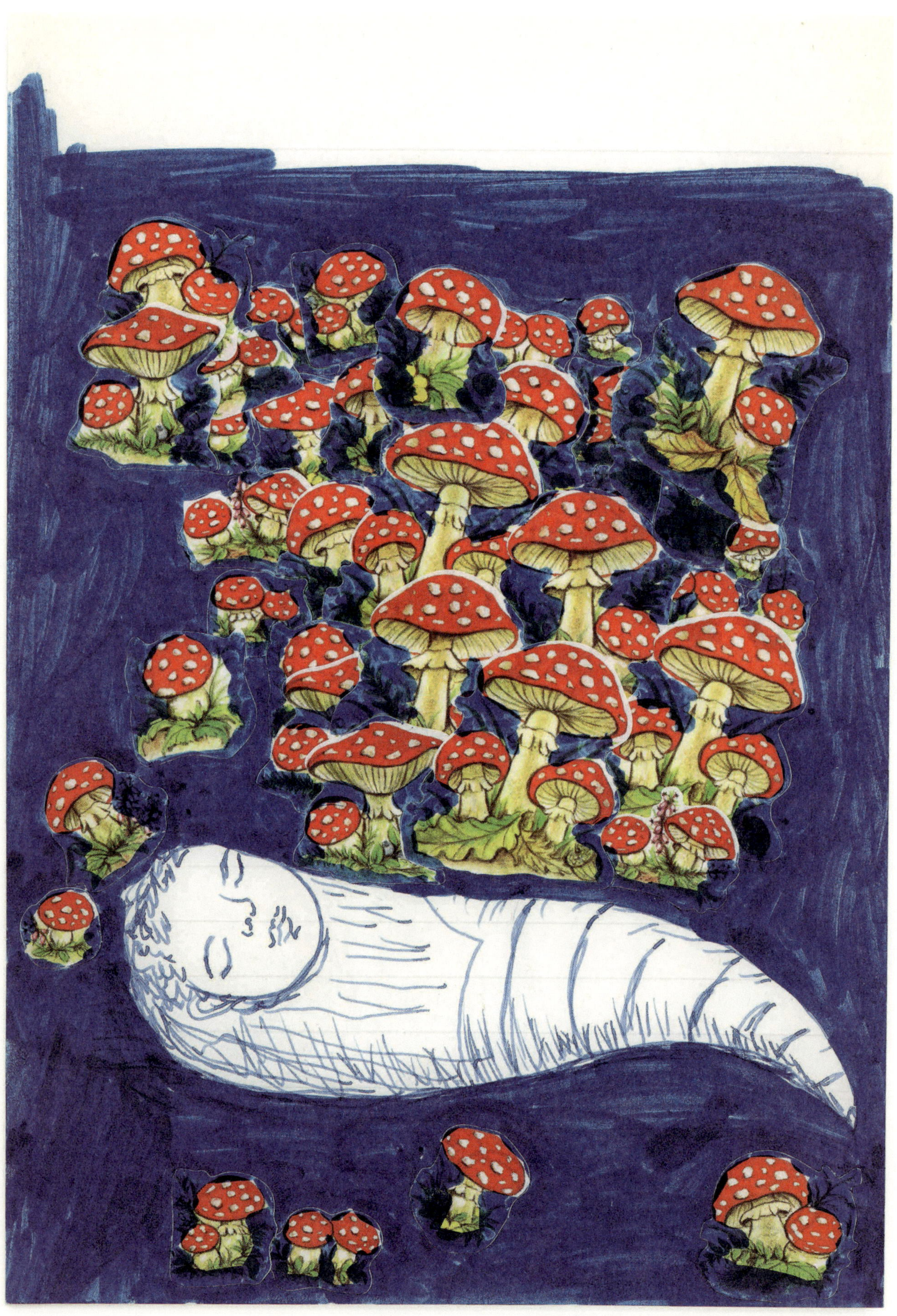

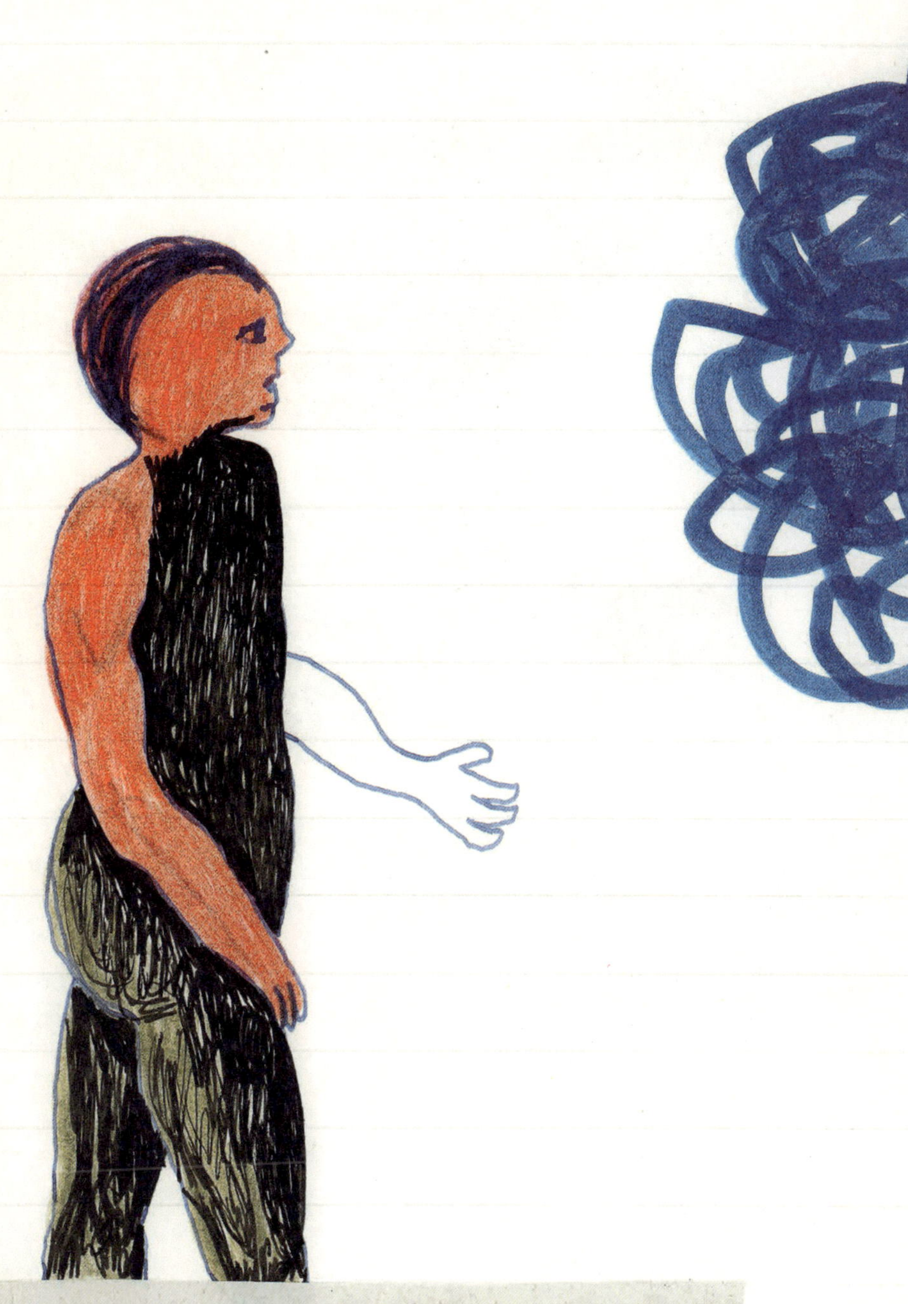

Verlieben

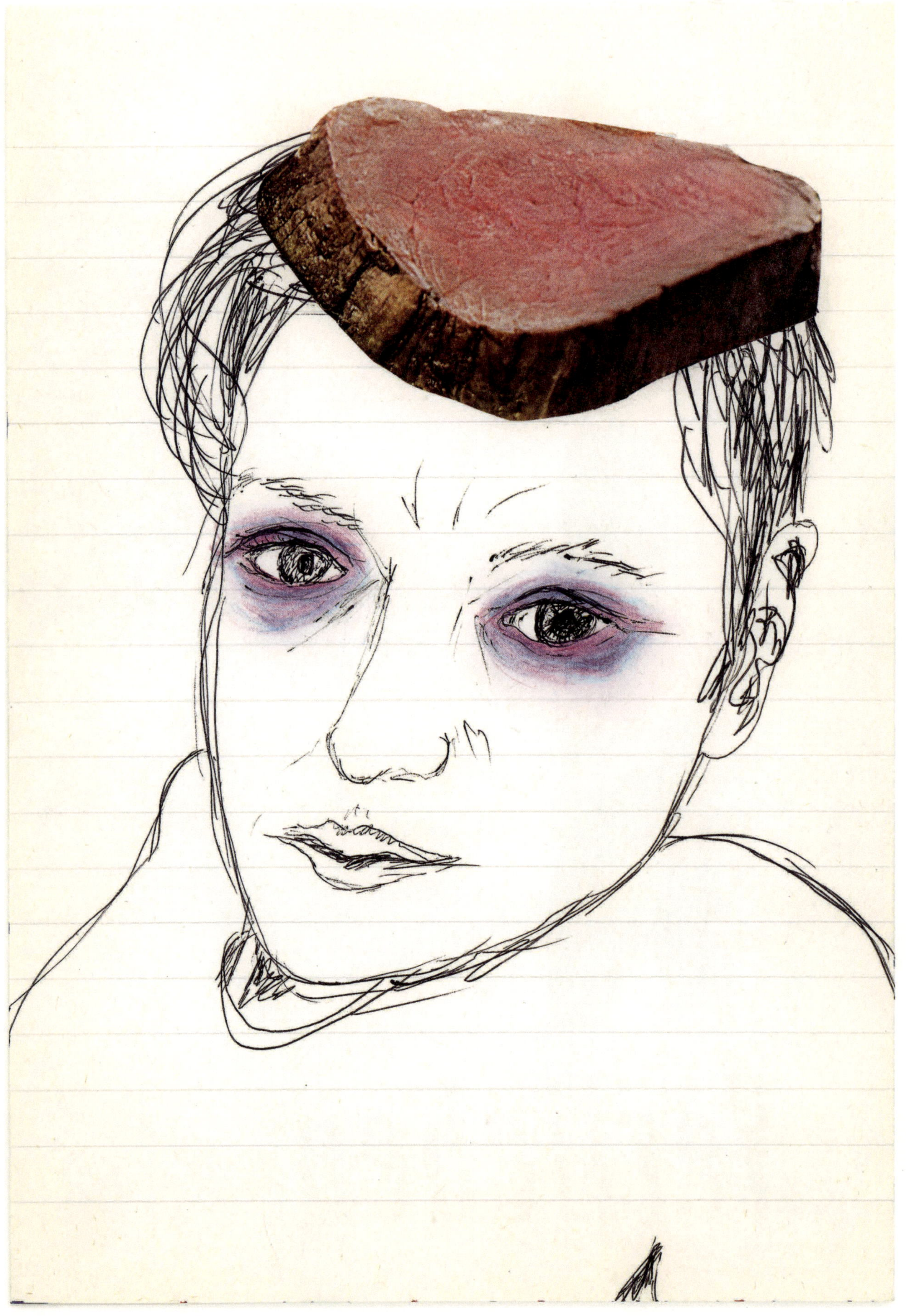

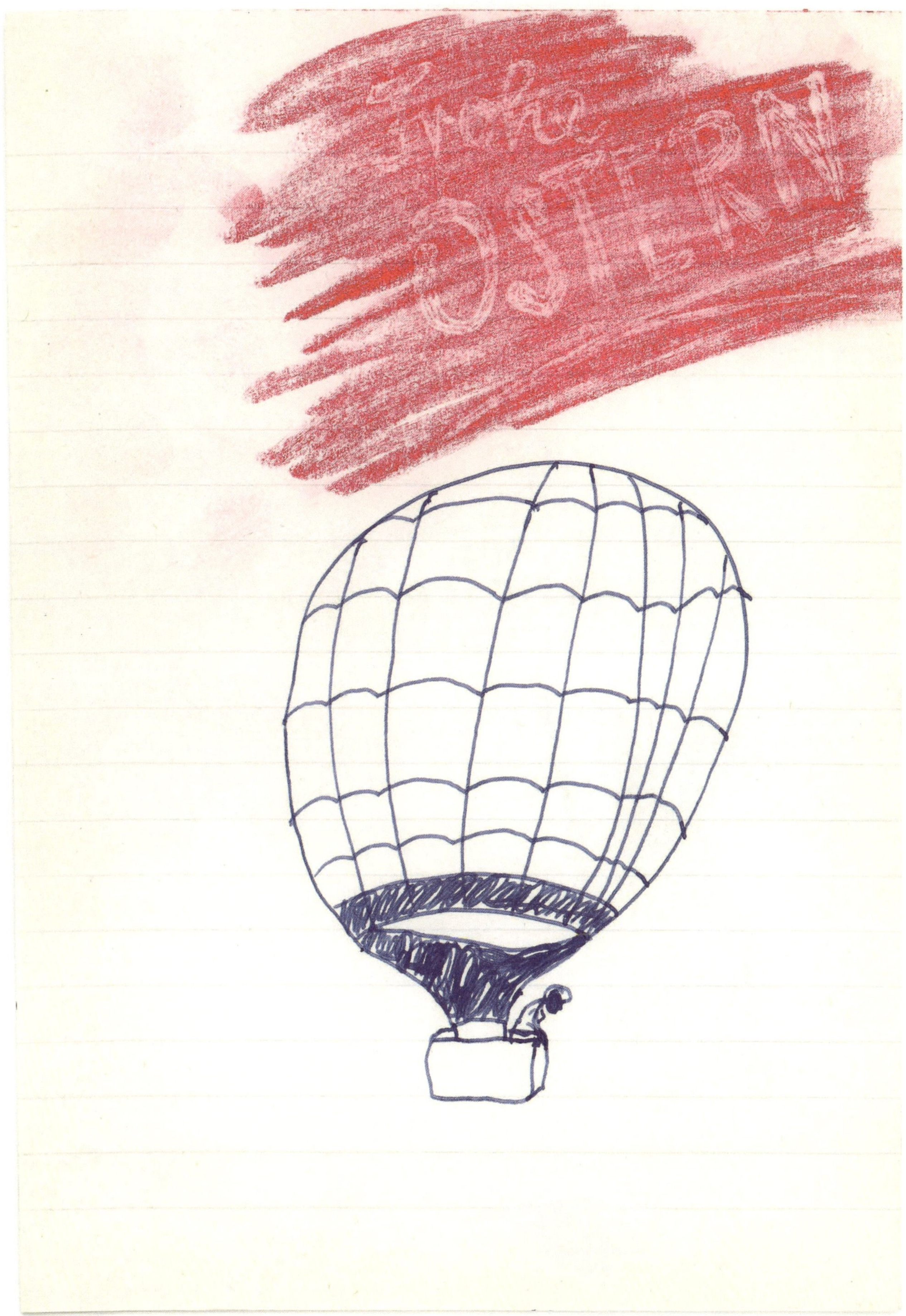
Frohe
OSTERN

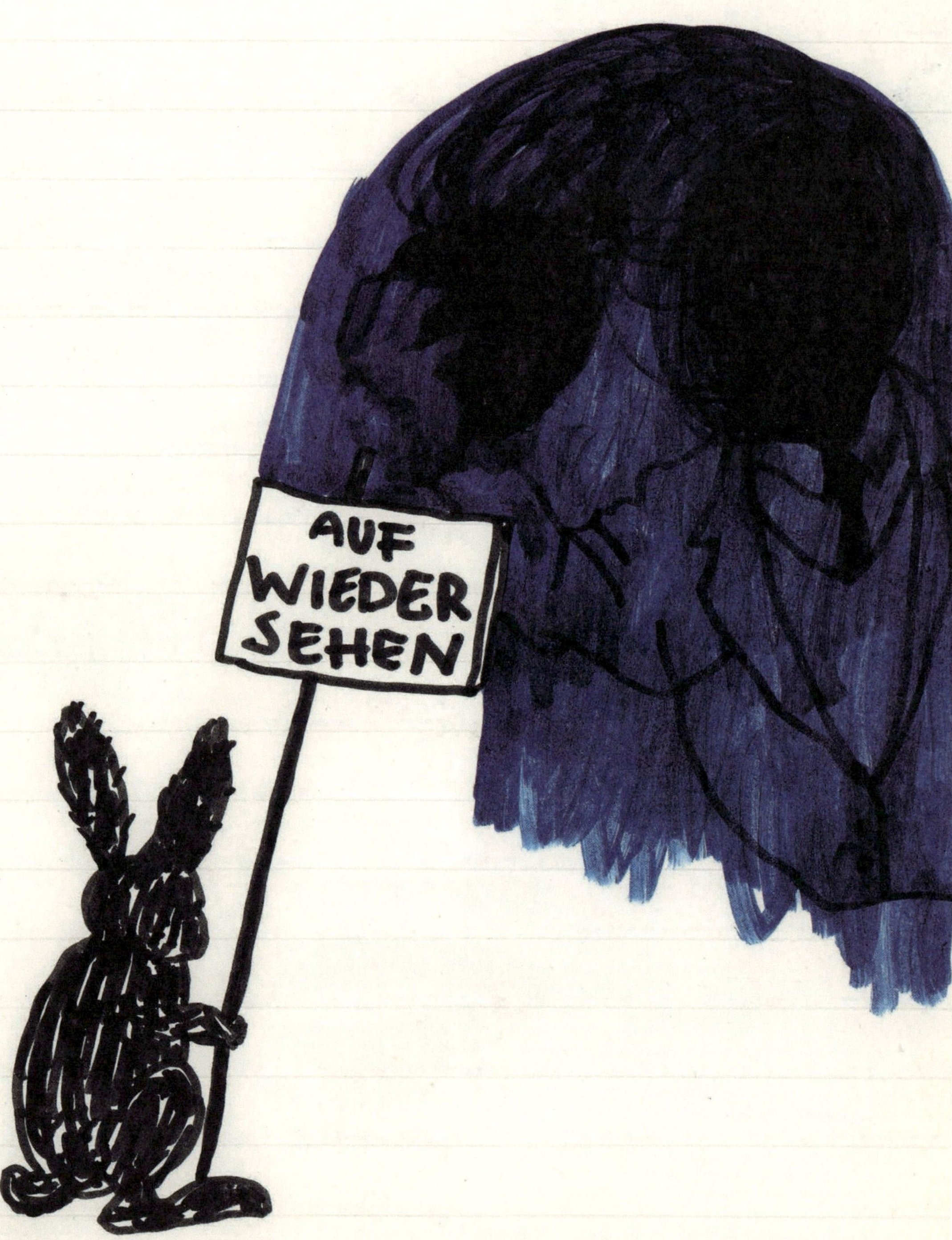
AUF
WIEDER
SEHEN